应用型本科经济管理类专业系列教材

零 售 学

主 编 曾 锵

副主编 高孟立 吴俊杰

西安电子科技大学出版社

内 容 简 介

　　本书系统介绍了零售经营与管理活动的基本理论、基本知识和基本技能，揭示了零售经营活动的规律、方法并用以指导零售实践。本书内容包括宏观介绍篇(零售导论)、中观环境篇(零售商圈与零售选址)、微观运营篇(零售商品管理与零售价格管理、卖场布局与商品陈列、零售采购管理、零售促销管理、零售战略)、网络零售篇(网络零售、新零售)。

　　本书可作为高等院校市场营销、电子商务、国际经济与贸易、连锁经营管理等专业本科或专科学生的教材，也可作为零售相关工作从业人员的自学用书。

图书在版编目(CIP)数据

零售学/曾锵主编. — 西安: 西安电子科技大学出版社，2021.7
ISBN 978-7-5606-6071-4

Ⅰ. ①零… Ⅱ. ①曾… Ⅲ. ①零售学—商业经营 Ⅳ. ①F713.32

中国版本图书馆 CIP 数据核字(2021)第 093268 号

策划编辑	李鹏飞
责任编辑	杜敏娟　李鹏飞
出版发行	西安电子科技大学出版社(西安市太白南路 2 号)
电　话	(029)88202421　88201467　　邮　编　710071
网　址	www.xduph.com　　　　　电子邮箱　xdupfxb001@163.com
经　销	新华书店
印刷单位	陕西天意印务有限责任公司
版　次	2021 年 7 月第 1 版　　2021 年 7 月第 1 次印刷
开　本	787 毫米×1092 毫米　1/16　印　张　15
字　数	353 千字
印　数	1～3000 册
定　价	40.00 元

ISBN 978-7-5606-6071-4 / F

XDUP 6373001-1

***** 如有印装问题可调换 *****

前　言

自 1852 年法国巴黎的邦·马尔谢百货商店开业，从而开启了现代零售业发展的开端以来，现代零售业的发展已近 170 年，其间经历了杂货店、百货店、超级市场、专业店、专卖店、仓储式商店、便利店、购物中心等十几种零售业态的出现和演变，可以说现代商业的发展史就是一部波澜壮阔的现代零售业发展史。

进入 21 世纪以来，零售业的发展又呈现出许多新的面貌和新的特点，尤其是网络零售发展得如火如荼，甚至出现了新零售。不论零售业如何发展，还会出现哪些新的业态和新的模式，并不能从根本上改变传统零售业的基本理论和基本框架，但这些基本理论在数字化时代会呈现出新的表现形式和新的特点。所以，我们依然要高度重视具有逻辑自洽性的零售理论框架，这样才能了解和理解传统零售业态的规律和特点，更好地审视和理解零售新业态和新模式的发展。鉴于此，编者基于十多年零售学的教学经验和研究成果，编写了本教材。

基于人才培养定位的考量，在编写本教材时，编者努力在学术理论与实际应用之间寻找一个合理的平衡，既让学生了解并掌握一些具有一定前沿性和实践性的理论内容，又使其在实践中有条件、有场所、有可行性地践行所学习到的知识。同时，编者舍去了一些过于脱离实践的学术理论，增加了符合零售实践发展大趋势的内容，以及能够培养学生创新思考和实践能力的内容。

综合而言，本书具有如下特点：

一、定位清晰合理。

本书适用于以培养高级应用性人才为目标和要求的本科院校。本书紧扣高级应用型本科人才培养的目标和要求，在内容范围、结构体系和实践实训指导等方面力图符合应用型本科生的特点，适应该学生群体的学习习惯和理解能力；在内容选择方面，注重理论与实践相结合，在理论上侧重介绍已经成熟的理论与方法，并将零售前沿的相关问题引入本书，让学生更好地理解现代零售的新进展，在实践实训中主要突出目前零售企业的常规业务。

二、框架逻辑性强。

本书力图做到内容系统、逻辑连续和文风一致，同时不过于追求面面俱到，删减了脱离实践的学术理论与纯操作层面的内容，增加了符合零售实践发展大趋势的内容、能够培养学生创新思考和实践能力的内容以及符合当前零售发展趋势的网络零售和新零售的内容。本书框架基本上按照由宏观到中观、由中观到微观的逻辑关系来搭建。

三、选择性吸收大量学术研究成果。

本书中有选择地吸收了大量学术研究成果，包括本书编者的部分研究成果。

曾锵担任本书主编，高孟立、吴俊杰担任副主编。

由于编者水平有限，书中难免存在不足之处，敬请广大读者批评指正。主编邮箱：zengqiang-2003@163.com。

编　者

2021 年 3 月

目　　录

第一章 零售导论

【学习要点】

1. 掌握零售的概念，零售商活动的特点、职能和内容；

2. 了解西方零售业发展的四次重大变革，掌握西方零售业第一次和第二次重大变革的背景、内容和历史标志性事件及其在商业史上的意义；

3. 了解中国零售业的发展阶段和特点；

4. 掌握零售业态的概念，掌握几种基本的零售业态的含义和特点，能够辨析现实零售企业的业态属性，掌握零售业态谱序和零售业态的演化逻辑。

第一节 零售与零售业

一、零售

零售(Retailing)是指向最终消费者个人或社会集团出售生活消费品或非生产性消费品及相关服务，以供其最终消费之用的全部活动。

这一定义包括以下几个要点：

(1) 零售是将商品及相关服务提供给消费者作为最终消费之用的活动。如果购买商品不是为了直接消费，而是为了转售或者生产加工，则这种商业活动就不属于零售活动的范畴。例如，零售商将汽车轮胎出售给顾客，顾客将之安装在自己的车上，这种交易活动便是零售；若购买者是车商，车商将它装配于汽车上，再将汽车出售给消费者，则不属于零售。出售商品或服务用于最终消费是零售活动的基本特征。

(2) 零售活动不仅向最终消费者出售商品，同时也提供相关服务。零售活动常常伴随商品出售提供各种相关服务，如包装、送货、维修、安装等，多数情况下，顾客在购买商品时，也就买到了某些服务。零售商会通过提供变化多样的服务来增加商品的价值或促进销售。例如，为消费者提供信贷保证，让消费者先得到商品，再付钱；向消费者提供商品相关信息的咨询服务；为消费者展示商品，让消费者在购买前能够认识、测试其性能；等等。

(3) 零售活动不一定非在零售店铺中进行，也可以采用一些使顾客便利的设施及方式进行。也就是说，零售不限于在固定的营业场所进行，很多无店铺的销售活动也是零售，如上门推销、邮购、自动售货机、网络零售等。这些无店铺的零售采用一些使消费者便利的方式，为消费者创造便利条件，也增加了零售活动成功的机会。无论商品以何种方式出售或在何地出售，都不会改变零售的实质。

(4) 零售的顾客不限于个体的消费者，非生产性购买的社会集团也可能是零售顾客。例如，公司购买办公用品，以供员工办公使用；某学校订购鲜花，以供其会议室或宴会厅使用。所以，零售活动提供者在寻求顾客时，不可忽视团体对象。

二、零售商活动

零售是商品分销的最终环节，商品经过零售环节，卖给最终消费者，就从流通领域进入消费领域。在现代社会，消费品从生产领域向消费领域转移的过程中有不同的路径，如图 1-1 所示。

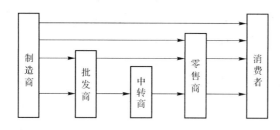

图 1-1 消费品的流转路径

从图 1-1 中可以看出，制造商也可以通过自建零售店，或者通过上门推销、邮售、网络零售等方式将生产出来的产品直接送达消费者手中，这些活动都属于零售的范畴。因此，并不是只有零售商才提供零售活动，任何将商品及相关服务直接出售给最终消费者的机构或组织都是零售活动的提供者。

零售商是指以零售活动为基本职能的独立中间商，介于制造商、批发商与消费者之间，是以盈利为目的的从事零售活动的组织。零售商的角色有两个：销售代理角色和购买代理角色。销售代理角色就是零售商站在供应商的角度帮助供应商销售商品，购买代理角色就是站在顾客的角度帮助顾客采购商品。零售商实际上受到了消费需求和工业生产两种力量的制约。在供给力量大于消费力量的卖方市场，谁适应工业生产要求，谁就能生存发展，此时零售商更多地承担了销售代理角色；而在买方市场，在供给日益过剩的情况下，消费者几乎成为市场的主宰力量，此时零售商更多地承担了帮助消费者采购的购买代理角色，它提供便利的场所及众多的商品，以便于消费者在最短的时间内花最低的代价购进最满意的商品，同时零售商在此活动过程中取得应得的报酬——利润。

(一) 零售商活动的特点

(1) 交易规模小，交易频率高。

由于零售主要面对的是个人消费者，他们一次的需求量小，因而每次交易的数量和金额比较少，在一定时间内交易次数比较多。限于家庭储存场所、设备和财力等因素的制约，消费者每次购买的商品数量不可能很多，同时由于许多消费品是一次性消费或使用寿命较短，这就使消费者频繁购买这类消费品。这和零售商主要面对的消费者市场的特点是非常吻合的。

【小知识】

客单价(Per Customer Transaction)是指商场(超市)每一个顾客平均购买商品的金额,也即平均交易金额。客单价的计算公式是:客单价=销售额÷顾客数。

由上述公式可知,门店的销售额是由客单价和顾客数所决定的,因此,要提升门店的销售额,除了尽可能多地吸引进店客流,增加顾客交易次数以外,提高客单价也是非常重要的途径。

(2) 即兴购买多,且受情感影响较大。

顾客在惠顾商店过程中发生的购买行为有可能是事先计划好的,也可能是一时冲动而做出的决策。有许多顾客喜欢在去商店前写一个购物清单,这种购买方式称为计划性购买;也有一些顾客主要根据他们对于购物过程的感受而决定购买与否,这种购买方式称为非计划性购买或冲动性购买。研究表明,大部分顾客在购物前并不注意广告,也不事先准备购物清单;有些顾客即使有购物清单,但受商店气氛的影响往往也会增加额外购买或转移商品品牌。这种行为表明,现场展示、吸引人的商店布局、组织良好的商店货架和商店橱窗具有重要价值。同时,零售商还必须注意服务员的态度、礼仪及服务效率,使顾客受到尊重,获得满意的购物体验,维持对商店的忠诚。

不同的消费者存在冲动性特质的差异,即冲动性购买倾向的差异。一般而言,女性的冲动性特质要比男性明显。研究表明,以灯光、音乐、气味为环境因素会加剧冲动性购买行为。对于冲动性特质较明显的消费者,他们对卖场中的灯光、音乐和气味的即时和强烈的刺激也更容易产生强烈的购买欲望,卖场要善于运用这些刺激手段,如配以柔和舒缓的背景音乐,在蔬菜、水果的卖场区域用绿色的灯光照射在这些商品上进行补光,在糕点、面点区要让消费者感觉到现场烹制、热气腾腾的场面,闻到糕点、面点的香气扑鼻的气味。

(3) 非店铺的网络购物成为一种新兴的购物方式。

在商品或服务从商家转移到个人用户(消费者)的整个过程中,资金流、物流和信息流中的任何一个环节有网络参与,都称之为网络购物。根据中国互联网络信息中心(CNNIC)发布的《第 47 次中国互联网络发展状况统计报告》显示,截至 2020 年 12 月,中国网民规模达 9.89 亿人,互联网普及率达 70.4%,网络购物用户规模达 7.82 亿,自 2013 年起,我国已连续多年成为全球最大的网络零售市场。因此,很多消费者也认为网上的东西比较便宜,只要鼠标轻轻一点,就可以查找到任何自己想要的商品,而且也不用到人流拥挤的商业中心去,只要在家等待货物被送上门来就可以了。电子商务在经过了多年的快速发展后,已经把用户想买的绝大多数东西都挂到了网上,其力量已经渗透到生活的方方面面。"只有你想不到的,没有你买不到的。"这句话成了网购的最高评价。

即便如此,绝大部分零售额还是通过商店零售完成的,去商店购物仍然是顾客的主要购物方式,这是因为消费者数量众多,许多消费者仍对亲自购物及在不同品牌和款式之间选择感兴趣,去商店购物也被当作一种休闲方式。因此,零售商应当适时采用现代化的营销手段开展非店铺购物,同时在店址选择、营业时间、商品特色、服务设施等方面营造舒适便利的购物环境,满足顾客的购物及休闲需求。

(二) 零售商活动的职能

在整个流通体系中，零售商处于社会再生产过程中交换环节的终端，承担着将商品从生产领域或流通领域向消费领域转移的使命。为了完成这一使命，零售商不仅要满足不同消费者的消费需求，还要协调生产与消费在时间、空间、数量、质量、品种和信息等方面的矛盾。社会再生产赋予零售商以下职能：

1. 分类、组合和配货职能

消费者为了生存与发展，需要衣、食、住、行等多方面的生活用品，但消费者不可能自己寻找制造商，去购买自己所需的物品，而是需要零售商代替消费者从制造商、批发商那里大量购进商品，并按消费者的需求分类、组合，使消费者不仅易于购买，还可以在零售店得到多种需求的满足。

2. 服务职能

零售商在销售商品的同时也向消费者提供各种服务，通过提供服务来满足消费者的日常生活需求，并且保持零售商与消费者的良好关系。零售商一般只承担与商品销售直接相关的服务，如咨询、包装、免费送货、电话预约、经营礼品、发售商品券等；有的零售商还提供免费停车、临时保管消费者物品等服务；还有的零售商提供儿童娱乐、食堂就餐、茶室品茗、照看婴幼儿以及参观文化展品、画廊等服务。

3. 储存商品及风险承担职能

为了满足消费者随时购买商品的需求，零售商需要储备一定量的各种商品。商品在储存期间可能会发生许多风险，如商品可能会发生物理变化或者遇到自然灾害，有的商品会有时尚更新以及技术废弃等问题，这些风险的损失将由零售商承担。

4. 信用职能

零售商采用信用销售商品的方式，对消费者起到了融资的作用。零售商采用的信用销售主要有赊销、分期付款等方式。信用销售方式对于消费者而言，不仅可以避免每次购物都要支付现金的麻烦，而且即使手头现金不足也可以购买商品，使消费者能用将来的收入购买到现在需要的商品；对零售商而言，也能发展与消费者的良好关系。零售商的这一职能也表现在对制造商和批发商方面。零售商通过预付购货款，使制造商和批发商的商品销售得以预先实现，以促进生产和流通的循环。

5. 信息传递职能

由于零售商处于商品流通的最终阶段，直接连接着消费市场，所以零售商能够最快地获得消费市场的信息，并将消费者的需求变化迅速反馈给制造商和批发商，使他们能够及时地生产和组织到适合消费者需求的商品。另外，零售商可以通过现场营业传播、售货员的销售活动及其他宣传手段将制造商的新产品信息传递给消费者，激发消费者的购买欲望，并方便消费者购买。

6. 娱乐职能

零售商店不仅是销售商品的场所，也是陶冶消费者情操并给消费者提供娱乐的去处。零售商通过商品的艺术陈列、店堂的精美装饰、各种宣传品的艺术造型以及霓虹灯的彩色照明等方式,可营造出具有魅力的环境和气氛,给消费者在购买商品的同时带来美的感受。零售商若同时提供娱乐服务,则更能体现商店的娱乐职能。

(三) 零售商活动的内容

零售商要成功地承担起制造商、批发商及其他供应商与消费者之间的中介作用(如图1-1 所示),必须合理地安排以下活动:

(1) 企业战略规划;

(2) 组织系统设计;

(3) 商店选址;

(4) 商店设计;

(5) 商品规划;

(6) 商品陈列;

(7) 商品采购与存货;

(8) 商品定价;

(9) 商品促销;

(10) 商店服务。

无论是中小零售商店,还是跨国零售公司,它们的成功主要取决于对零售活动各要素的科学合理的组织与安排。本书的内容也是围绕这些零售活动的组合要素展开的。

三、零售业

零售业是指以向最终消费者(包括个人和社会集团)提供所需商品及其相关服务为主的行业。

(1) 零售业是一个国家最古老的行业之一。沿街叫卖是最早的零售活动写照,人类早期的商业就从这种沿街叫卖的行商中起步并逐渐发展成为后来的坐商形式,即现在的有店铺零售业。直到今天,在我国很多乡镇一级的农村地区,依然在每个月的一天或两天存在集市,这时商贩云集,人流熙攘。

(2) 零售业也是一个国家最重要的行业之一。这不仅仅是因为零售业所创造的产值在国内生产总值中占有举足轻重的地位,零售业税收是国家税收的主要来源之一,还在于零售业的发展与人们的生活水平息息相关。零售商店聚集了世界各地的最新产品,让消费者充分享受人类文明智慧的结晶;超级市场为消费者提供了整洁舒适的购物场所,让人们告别了肮脏、杂乱、潮湿的集贸市场;网络零售和手机购物的兴起让消费者足不出户就能满足需求。可以说,零售业的每一次变革和进步,都带来了人们生活质量的提高,甚至引发了一种新的生活方式。同时,由于零售业属于流通经济,与上游的生产制造有很强的连带关联,控制了零售,就控制了流通,也就控制了生产,因此零售业的发展事关一个国家的产业经济安全。从宏观的角度考虑,如果外资零售业借助占据我国主要商业渠道的便利,大肆"倾销"母国制造业产品,抑制我国民族工业的发展,则会对我国的民族工业构成威胁。

(3) 零售业是反映一个国家和地区经济运行状况的晴雨表。一个国家的国民经济是否协调发展，社会与经济结构是否合理，首先在流通领域，特别是在消费品市场上表现出来。流通如同国民经济的命脉，不断地循环，不断地运作，随时调节着肌体内部各器官的协调与平衡。如果这个肌体出现问题，则最先由零售业反映出来。同时，宏观上的经济、政治、社会的各种大事件的风吹草动都会对零售业产生影响。

(4) 零售业是一个国家和地区的主要就业渠道。零售业的一个基本特征是对劳动力的吸附性强，正因为这个特征，才使零售业成为一个对充分就业有特别贡献的产业，特别是中小零售业，各个国家，尤其是日本都制定了一系列制度、法律以保障中小零售业的发展，以充分发挥零售业的就业吸纳能力高的特点。

(5) 现代零售业是高投资与高科技相结合的产业。零售业不再仅仅是零星分散、门槛低、准入容易、没有技术含量的劳动密集型行业，现代零售业也可以是高投资与高科技相结合的产业，随着云计算、大数据、物联网、人工智能、智慧城市等新科技的发展，零售业尤其以移动网络为代表的网络零售也表现出前所未有的发展活力和丰富多彩的业态表现。同时，以购物中心为代表的新兴业态也不仅仅单纯是零售业，而是混合了零售业和房地产业的需要高投资的商业地产。

第二节　西方零售业的四次重大变革

一、西方零售业的第一次变革：百货商店的诞生

1852 年在法国巴黎诞生了世界上第一家百货商店，名叫 Le Bon Marche 商店。这在世界商业发展史上是一个里程碑的事件，具有划时代的意义，它标志着现代零售业发展的开端。

引发第一次零售业变革的百货商店，其业态的"先进性"是划时代的，坐落在城市繁华地段，建筑富丽堂皇，"体积"巨大，内部有许多不同的商品部，品种繁多，价格统一，营业员彬彬有礼，服务周到。这个空间对于所有消费者来说，是一个"自由""平等"的符号，与新兴资产阶级坚持的核心理念相一致：自由出入，自由观赏，自由选购，买与不买都没有限制；只要你愿意掏钱，无论你的身份、种族、性别，都可以把商品拿回来，甚至可以免费试用。消费从此进入大众时代、平民时代。这个空间具有"快乐""富有"的符号意义：消费者进入其中后，尤其是女性，欣赏着琳琅满目的商品，各种包装和造型让人赏心悦目，买不起的人憧憬着将来拥有时的快乐，买得起的人更是在柜台前获得了满足、炫耀的乐趣；商场内部设施和布置的豪华，"使商场蒙上了一层高贵和优雅的气派和氛围，这种氛围使摆放其中的商品(包括日用商品)摆脱了'廉价低档'的形象，从而提升了社会和文化档次"，经常出入其中的人，就有可能被周围的人视为"富有"的人。百货商店的革新性体现在以下几方面：

(1) 销售方式的根本性变革。顾客可以自由自在、没有顾忌地进出商店；商店陈列出大量商品供顾客任意挑选；实行明码标价，在商业史上第一次出现了价格标签，对所有顾客都实行同价销售；顾客不满意可以退换商品。

(2) 经营上的根本性变革。百货商店是以销售生活用品为主，实行大量综合性经营的

销售组织，即店铺把许多商品按照类别分设为不同的部门，并由部门来负责进货和销售，实行综合经营。

(3) 组织管理上的根本性变革。百货商店按照商品系列实行分部门、分层次的组织与管理，经营活动由各部门分解完成，实行分工与协作；其管理活动按层次进行，有统一的计划和组织原则，各职能部门分头执行。

百货商店是世界商业史上第一个实行新销售方法的现代大量销售组织，被誉为现代零售业发展的开端，它是零售商业领域对以机械化为基础的大量生产的迅速发展以及城市化进程加快在组织上的直接反映。19 世纪中叶，蒸汽机的广泛应用使得西方国家爆发了第一次产业革命，随着大机器生产广泛运用于纺织业、制造业等生产领域，劳动生产率有了极大的提高，社会上的物质迅速丰富起来。一方面，这种机械化大生产的结果，造成了"商品庞大的堆积"，传统小商店根本无法满足社会化大生产的需求，这就客观上要求有一种大型零售组织来大量销售日益堆积的商品。另一方面，在大量生产方式走向成熟的同时，城市化进程的加快，把越来越多的人口和现代化产业积累于大城市空间，从而使得大量消费成为普遍的社会消费格局。在大量生产和大量消费之间，越来越需要流通部门加快组织创新和经营方式创新，从而使其有机地衔接起来，实现协调运转。百货商店的产生，正是在这种发展格局下出现的。它表明，商品流通系统通过自身的发展变革，能够在大量生产与大量消费之间，通过创造大量销售的组织形式，充分发挥协调功能。

二、西方零售业的第二次变革：超级市场的诞生

1930 年 8 月，世界上第一家超级市场金·库伦(King Kullen)超市在美国纽约开业。超级市场的诞生被称为零售业的第二次革命，它带来了零售业整个销售方式的变革，既方便了顾客购买，又节约了流通费用，符合市场发展的内在要求。

1. 第二次变革的特点

(1) 开架售货方式流行。开架售货尽管不是超级市场的首创，但它因超级市场而发扬光大。超级市场采用的自选购物方式，作为一个重要的竞争手段不仅冲击了原有的零售形态，而且影响了新型的零售业态，后来出现的折扣商店、仓储式商店、便利店等都吸收了超级市场的这个开架自选或完全自我服务的销售方式。

【小思考】

相比较于百货商店的柜台销售，超级市场的开架售货带来怎样的影响？我们可以从对消费者的影响和对零售企业运营的影响两个方面展开论述。

(2) 人们购物时间大大节省。超级市场是以经营食品、日常用品为主的综合性经营场所，所采用的众多商品汇集、关联性商品陈列和统一结算等方法大大节省了人们选购商品和结算的时间，迎合了人们购物更方便、更快捷的需要，满足了消费者一次性购齐的需求。

(3) 舒适的购物环境的普及。一是超级市场用整洁明亮、宽敞有序的店内环境取代了人们传统印象中脏乱嘈杂的生鲜食品市场；二是自助式购物使顾客在店内可以自由选购，不受打扰，从而在心理上产生一种自主感，营造了一种宽松舒适的购物环境。

(4) 促进了商品包装的变革。包装是无声的促销员，开架自选迫使厂商进行全新的商品包装设计，展开包装、标志等方面的竞争，出现了大中小包装齐全、装潢美观、标志突出的众多品牌，这也使商场显得更整齐，更美观，造就了良好的购物环境。

2. 超级市场出现和发展的经济社会背景

超级市场的出现和发展也有其深刻的经济社会背景。

(1) 经济危机是超级市场产生的导火线。20 世纪 30 年代，席卷全球的经济危机使得居民购买力严重不足，零售商纷纷倒闭，生产大量萎缩，店铺租金大大降低，超级市场利用这些租金低廉的闲置建筑物，采取节省人工成本的自助购物和薄利多销的经营方针，降低了售价，因而受到了当时被经济危机困扰的广大消费者的欢迎。

(2) 生活方式的变化促成了超级市场的出现。第二次世界大战后，越来越多的妇女参加了工作，人们生活、工作节奏加快，加上城市交通拥挤，原有零售店停车设施落后，许多消费者希望能到一家商场，停车一次，就购齐一周所需的食品和日用品，超级市场正是适应消费者的这种要求而产生的。

(3) 技术进步为超级市场创造了条件。制冷设备的发展为超级市场存储各种生鲜食品提供了必要条件，包装技术的完善为超级市场中顾客自选提供了极大的方便，而后来的电子技术在商业领域的广泛运用更是促进了超级市场利用电子设备来提高经营效率。此外，冰箱和汽车在家庭中的普及使消费者的大量采购和远距离采购成为可能。

三、西方零售业的第三次变革：连锁经营的兴起

零售业第一、第二次变革着重反映的是零售业经营方式的重大变化，而以连锁经营为主要内容的零售业第三次变革，则是反映零售业组织方式和内部管理的变革，它在更大范围内和更高层次上，推动着零售业向现代化产业转变。

连锁经营是现代化大工业发展的产物，其实质就是工业化、标准化的大生产原理在流通领域的体现，达到提高协调运作能力和规模化经营效益的目的。连锁经营的基本特征体现在以下四个方面：

(1) 标准化管理。在连锁商店中，各门店统一店名，使用统一的标志，进行统一的装修，在员工服饰、营业时间、广告宣传、商品价格方面均保持一致性，从而使连锁商店的整体形象标准化。

(2) 专业化分工。连锁商店总部的职能是连锁，而门店的职能是销售。表面上看，这与单店没有太大区别，实质上却有质的不同。总部的作用就是研究企业的经营技巧，并直接指导门店的经营，这就使门店摆脱了过去靠经验管理的影响，大大提高了企业管理水平。

(3) 集中化进货。连锁商店总部集中进货，商品批量大，可以得到较低的进货价格，从而降低进货成本，取得价格竞争优势。而且各门店在进货上克服了盲目性，不需要过多的商品库存，库存成本又得到了降低。各门店不负责进货，就有更多的精力集中于销售，从而加速了商品的周转。

(4) 简单化作业。连锁商店的作业流程、工作岗位的商业活动尽可能简单，以减少经验因素对经营的影响。连锁商店体系庞大，在各个环节的控制上都有一套特定的运作规程，

要求精简不必要的过程，达到事半功倍的效果。

连锁商店的出现早于超级市场。1859年，大西洋和太平洋茶叶公司在美国纽约建立了两家茶叶店，这是世界公认的连锁商店鼻祖，但连锁商店的真正普及是在20世纪40年代以后，故将其称为零售业第三次变革。连锁经营方式之所以在美国兴起，有其深刻的经济社会背景。当时美国的企业与消费者已经有了商品的品牌意识和商标保护意识。例如，1851年美国的一个企业为了使装运货物的搬运工分清蜡烛和肥皂的包装箱而在不同箱子上打上的"星"和"叉"符号，成为经销商识别商品真伪的关键因素。美国许多州也有了地方性的商标注册与保护法规。自然，商业企业的商号也一定会成为消费者认知商业企业经营方式和服务质量的关键因素。广阔的市场空间和商业机会在客观上诱导了美国当时的商业企业，以不断发展分店的途径来达到不断扩大市场占有率和实现商业扩张的目的；不断增强的品牌意识启发了某些商业企业家在发展分店时，按不断"克隆"同一种商号、同一种经营模式的方式来快速发展分店，以达到减少市场投资风险、提高扩张分店的成功率的目的。这样，连锁经营方式的产生就从偶然到必然、从不成熟到逐渐成熟、从小规模到大规模逐步发展起来。

归纳上面的分析可知，促使美国连锁经营方式产生的是两个相互关联的原生性因素：一是美国当时资本主义工业化和市场化经济的初期繁荣发展、城市化水平的快速提高和完全商品化、货币化的城市居民消费方式，造就了比较宽松的商业发展与扩张的市场环境；二是美国的商标保护法规的初步建立与消费者品牌意识的形成，为广大消费者认知和接受以商号为代表的某些规范化、模式化的商业经营方式和服务质量，打下了思想意识基础。

要深入理解连锁经营所带来的革命性变化，需要将它与传统单店经营进行比较分析。连锁经营和传统单店经营的优劣势比较见表1-1。

表 1-1　连锁经营与传统单店经营的优劣势比较

	连 锁 经 营	传统单店经营
优势	(1) 整合资源，获取规模效益； (2) 形象、商品和服务统一，易于维持消费者的忠诚； (3) 网络化组织带来迅速扩张； (4) 实行制度化规范管理，消除人为因素的影响	(1) 商店自主性强，主动性高，能调动管理者的积极性； (2) 商店具有较高的灵活性，能随时根据消费者需求变化调整经营策略； (3) 管理层级少，沟通容易，能迅速做出决策； (4) 特色经营，能弥补市场空缺
劣势	(1) 门店独立性有限，缺乏灵活性，难以完全满足当地消费市场的特殊需求； (2) 门店无法单独核算，盈利水平难以体现，影响了员工的积极性； (3) 容易出现总部与门店沟通不足与延误决策的现象	(1) 辐射有限，难以获得规模效益； (2) 无法采用现代管理技术，仍是人工操作的粗放型管理； (3) 以经验管理为主，容易受个人因素的影响； (4) 规模小，难以吸引消费者和合作者

四、西方零售业的第四次变革：信息技术的兴起

信息时代，网络技术的发展对零售业的影响非常大，绝不亚于前三次生产方面的技术革新对零售业的影响的广度和深度。网络技术引发了零售业的第四次变革，它甚至正在改变整个零售业。这种影响具体表现在以下几个方面：

(1) 网络零售对传统零售形成冲击。

随着淘宝、天猫、京东、当当等网络零售店的兴起，越来越多的消费者从网上甚至移动端购物，这给传统零售业造成了非常大的分流。根据中国互联网信息中心(CNNIC)发布的第 47 次《中国互联网络发展状况统计报告》显示，截至 2020 年 12 月，我国网民规模达 9.89 亿，较 2020 年 3 月增长 8 540 万，互联网普及率达 70.4%。我国网络购物市场依然保持着稳健的增长速度。与此同时，我国手机网络购物用户规模增长迅速，截至 2020 年 12 月，我国网络支付用户规模达 8.54 亿，较 2020 年 3 月增长 8 363 万，占网民整体的 86.4%。

移动互联网开启了互联网的下一次变革，对传统零售业进一步造成了影响和冲击。基于移动互联的网络零售能够以位置为基础、以用户需求为核心、以社交营销为手段实现零售创新。未来，移动互联网和互联网将会融合，PC 只是互联网的终端之一，智能手机、平板电脑、电子阅读器已经成为重要终端，电视机、车载设备正在成为终端，冰箱、微波炉、抽油烟机、照相机甚至眼镜、手表等穿戴设备都可能成为移动互联网终端，由此实现了消费者全时间、全空间、不受任何时空限制的购物。

(2) 互联网技术催生消费者主权时代。

在互联网高速发展的今天，消费者主权时代已经到来，体现在消费者购物生命周期里，一是消费者拥有自由选择线上线下渠道的权利，消费者会综合利用线上线下各种渠道完成购物；二是在实施购买行为之前，消费者拥有选择接收信息渠道的权利，在购买之后可对商品和服务进行监督、评价。过去"以产品为中心"的单渠道零售模式，已经被新一代的"以顾客为中心"的全渠道体验模式所取代。

而且，通过移动互联网和社交网络，每个消费者都可以开设自己的私人微店，自由地选择喜欢的零售店、自己喜欢的品牌和钟爱的商品。购物本身就是社交，借由他们的社交网络，每个人的私人微店自主地连接起来，成为所有消费者的社交商店。消费者第一次大规模地通过社交圈子连接起来，每个人可以相互逛自己朋友的私人商店，分享他们的购物见闻和发现。

(3) 信息技术助推多渠道的零售变革。

随着网络购物市场交易规模节节攀升以及在线商店的广域覆盖、全天候和高互动性的优势被越来越多的零售商所认同，在线市场成为传统零售商扩大市场份额的重要领域，吸引着传统零售企业纷纷开展线上业务；而网络零售的虚拟化、高竞争、信任危机、物流不畅等一些不利因素也迫使纯粹的电子商务企业开始向线下延伸。结合了实体门店与在线商店的多渠道零售模式已经成为全球零售业发展的趋势。多渠道零售不仅可以利用原有的品牌效应和顾客忠诚度，减少市场营销的成本，而且可以为顾客提供更方便的渠道选择机会和更多样化的服务，如顾客可以在线上搜寻后再到实体店购买，或者先到实体店试用再到网上订货，这样更有助于培育顾客对零售商的忠诚度。

(4) 互联网技术的应用助力零售业迈入技术商业时代。

当前，互联网技术正在渗透至零售业的全过程中，大数据、无线网、电子标签、智能货架、自动收银、自动打包、移动互联、线上 App 等新技术都在推动传统零售业的革新。而在门店的收货、检验、上架、价签管理、订货、销售等流程也开始使用移动采集设备来提高采集数据的实时性和准确性。

与技术商业时代密切相关的就是大数据时代的来临。大数据最大的特点就是量大及多样性。各种智能终端、传感设备等数据采集工具的爆发性增长引发了数据爆炸式增长。零售业大数据、社交数据、视频数据、物联网数据、车联网数据、智慧城市数据等各类数据呈井喷式增长。零售企业可以结合经济学、人口统计学和天气数据对消费者大数据进行分析，从而决定在什么店选择什么商品上架，基于这些分析结果预测在何时何地进行促销活动，实现精准营销。

第三节　中国零售业的发展

一、中国零售环境发展的阶段性

中国零售环境发展分为三个阶段，各个阶段有着明显的特征。

从总体上看，1978—1990 年是国有零售业占主导的阶段，政府强调的是有计划的市场经济制度，商品短缺，民营经济在零售领域的表现还是以个体户和小企业的形式为主，被视为市场的补充，买卖大多为一手钱、一手货的交易形式，小店铺成为交易的空间场所。

1991—2000 年是零售业多种所有制并存的阶段，政府提出建立社会主义市场经济体制，强调的是零售业属于竞争性行业，因此外资可以进入，国有零售业可以实行股份制，小型零售企业可以改制，多种经济成分共同发展，商品丰富起来，民营零售企业出现，并批量进入中国零售百强排行榜，大中型店铺成为交易的空间场所。

2001—2012 年是中国零售业全球化的阶段，外资和内资的多种所有制零售企业并存发展，民营零售企业成为中国零售业的一支重要力量，市场份额逐渐增大，诸多商品出现了供不应求的态势，居民消费已经从量的增加向质的提高转化。由于电脑和手机的普及，以及互联网和移动网的发展，催生了具有巨大规模的民营网络零售公司，它们灵活的机制、卓越的胆识所取得的快速发展成效，成为现代零售业的新标杆。

中国零售环境发展的三个阶段的具体特征见表 1-2。

表 1-2　中国零售业 30 多年发展环境的特征描述

零售行业特征			零售业国有化主导 (1978—1990 年)	零售业多元化并存 (1991—2000 年)	零售业全球化发展 (2001—2012 年)
零售环境	宏观经济环境	人均国内生产总值	200 美元(1990)	1 000 美元(2000)	3 000 美元(2008) 6 000 美元(2012)

续表

零售行业特征			零售业国有化主导 (1978—1990 年)	零售业多元化并存 (1991—2000 年)	零售业全球化发展 (2001—2012 年)
零售环境	政府政策环境	零售市场进入	扶持大型国有零售企业的发展,严禁外国零售企业进入;1984 年小国有零售企业实行改、转、租、卖	政府放松对零售业的管制,1992 年开放外资进入零售业试点,进行股份制改造	零售业对外开放程度扩大,"国退民进"政策实施,2004 年政府提出扶持 20 家大型零售集团
		企业行为控制	实行直接的行政指令控制,重点是稳定市场和调节需求	限制干扰正常市场秩序的行为,出台相关法规条例	继续限制干扰正常市场秩序的行为,出台相关法规
	消费购买环境	恩格尔系数	51%～59%,处于温饱型消费结构	农村由 57.6% 下降为49.1%,城镇由 53.8%下降为 39.2%	农村由 47.7% 下降为39.3%,城镇由 38.2% 下降为 36.2%
		冰箱拥有率	每百户居民拥有率为:农村 1.22 台,城镇42.33 台	每百户居民拥有率为:农村 12.31 台,城镇 80.13 台	每百户居民拥有率为:农村 67.30 台,城镇98.50 台
		小轿车拥有率	没有进入家庭	没有进入家庭,公共交通和自行车是主要代步工具	每百户城市居民家庭拥有数量上升至 21.5 辆
		电脑拥有率		2000 年每百户居民电脑拥有率为:城镇9.42 台	2012 年每百户居民电脑拥有率为:农村 21.40台,城镇 87.00 台
		手机拥有率		2000 年每百户居民手机拥有率为:农村4.32 部,城镇 19.49 部	2012 年每百户居民手机拥有率为:农村 197.80部,城镇 212.60 部
		购买诉求点	按政府规定的零售价格,购买方式受到种种限制	高质量的产品和满意的服务	体现为物有所值
	供求竞争环境	供不应求比例	短缺。505 种工业品中有 201 种供不应求,占 39.7%;141 种农副产品中有 55 种供不应求,占 39%	短缺状况明显缓解,1998 年"买方市场"格局逐渐形成,供不应求不再出现	生活消费品供求平衡和供过于求,中国零售业经营进入综合竞争时代
	技术环境	零售信息手段	1981 年出现电子收款机	电子收款机普及,但是主要用于收款和简单统计;出现电子商务	PC 和手机随着互联网和移动网发展,成为顾客购买的"商店",网店快速发展

续表

零售行业特征			零售业国有化主导 (1978—1990 年)	零售业多元化并存 (1991—2000 年)	零售业全球化发展 (2001—2012 年)
规模结构	零售企业总量 (2000 年和 2011 年数据为限额以上)	零售网点数量	全部法人企业由 1981 的 202.3 万个增至 1990 年的 870.9 万个	2000 年限额以上法人零售企业为 10174 个	2011 年限额以上法人零售企业为 58 471 个
		从业人员	全部法人企业从业人员由 1981 年的 762.8 万人增加至 1990 年的 2091.4 万人	2000 年限额以上法人零售企业从业人员为 216 万人	2011 年限额以上法人零售企业从业人员为 527.6 万人
	结构	规模结构	市场集中度非常低。CR4 由 1980 年的 0.46%降为 1990 年的 0.28%，CR8 仍然为 0.67%	市场集中度逐年缓慢增加。CR4 由 1990 年的 0.28%升至 2000 年的 0.87%，CR8 由 1990 年的 0.67%升至 2000 年的 1.42%	市场集中度稳定在低水平。CR4 由 2001 年的 1.03%升至 2007 年的 3.64%；CR8 由 2001 年的 1.80%升至 2007 年的 5.14%。之后没有增加
		业态结构	大多为传统零售类型	城市百货商店销售额占整个零售商业的比重较大，但从 20 世纪 90 年代中期开始下降	并存着大型综合超市、百货店、标准超市、便利店、专业店、折扣店及线上商店等多种零售业态
		所有制结构	全民所有制、集体所有制处于主导稳定的地位，个体经营者得到迅速发展，合营比重很小	企业类型有内资企业、港澳台商投资企业、外商投资企业，主要特征为多种所有制并存，投资主体多元化	以内资企业为主，有限公司和私营企业二者比例接近 60%，股份制公司数量增长较快

(资料来源：李飞. 中国民营零售集团商业模式研究. 北京：经济科学出版社，2014.)

2013 年至今，中国零售业朝着多元化、综合化、体验化、无界化、线上线下融合化方向发展。对于实体零售，以单店为表现形态的大型超市和大型百货商店发展速度放缓，而集零售、餐饮和娱乐休闲为一体的大型购物中心和小型便利店发展迅速；对于网络零售，一方面受大数据、云计算、人工智能、物联网、5G 等现代信息技术的推动，一方面在互联网技术环境下不断成长起来的年轻人越来越成为消费主体，网络零售的形态更加丰富化、个性化、生活化甚至娱乐化，网络零售不再局限于传统电商，而是表现出通过微博、微信、短视频和直播等工具或手段进行的新的零售方式并不断演化发展。

二、中国零售业发展趋势

未来中国零售业发展趋势表现为以下十个方面：

(1) 线上线下加速融合。电商与传统零售业谁将主导未来市场的话题，历来令人津津乐道。如今，传统零售商也已经开始斥资进军电商，而电商企业则纷纷探索新的商业模式和盈利渠道。可以预见，未来的争夺与融合还将继续。

(2) 行业集中度会进一步提高。相较于发达经济体的欧美国家和日本，目前中国零售业的集中度仍然偏低，行业集中度的提升是大势所趋。未来零售业仍将面临增速放缓、要素成本高、企业利润收窄的压力，行业整合并购加剧，市场集中度将进一步提高。

(3) 便利店势头更劲。目前便利店业态在中国整个零售业态中虽然占比不高，但处于最快的增长水平，远高出其他业态。同时，新进业者以二、三线城市为中心开始加速布局。便利店渠道在经历过高速成长期之后，未来仍将保持快速发展的趋势。

(4) 资本运作手段频出。现阶段资本市场的并购主要体现为线上大鳄代表的新型资本对线下有价实体资本整合并购。未来，资本的拼装、融合、大吃小等现象会更加频繁，资本运作设计和组织能力将是许多零售集团的基本能力，也会体现企业发展的差别。从资本走向而言，接下来的时代可能是线上线下资本融合的时代，这种合并会强化企业品牌，虽然经营内容可能没有质变，但规模效益会有一定的显现。

(5) 社区商业将体现品质升级。在当下经济新常态、消费升级、电商冲击和移动互联时代，实体商业的传统形态都在寻求转型，寻找新的发展契机，社区商业成了新的肥沃战场，城市社区商业崛起，出现了"集聚—扩散"的趋势，众多企业开始"微"化，落位社区商业。

(6) 跨境电商会进一步发展。跨境电商从萌芽到兴盛的整个过程中，衍生出了各种业务模式，或是跨境电商企业通过在跨境平台上开设店铺直抵国外终端消费者，或是跨境商家通过网络寻找外国经销商开展国际批发业务，或是建立和运营品牌独立的官方跨境网站。在竞争越激烈的情况下，跨境电商企业将会越来越专业化、垂直化。

(7) 个性零售逐渐代替"千店一面"。随着越来越多的企业开始创新和变革，实体零售企业百花齐放、百花争艳的格局也将逐步形成。未来线下零售的调整转型会进一步提速、纵深推进，各种多元化跨界、特色化经营、更多形式的触网、更多形态的 O2O、全渠道会陆续涌现。

(8) 店铺形态越来越多样化。新业态能力储备是任何时候都需要面临的挑战。消费者在变，那就必须有更适合消费者的业态去满足消费者的需求，未来会出现更加多样化的店铺形态。

(9) 跨界混搭成为新常态。对零售业来说，跨界绝不是简单的 1+1>2，而应该有更多的次幂法则效应，要"用互联网思维做离互联网最远的事情"，好与不好，不在于形式，而在于引爆了多大程度的社群量。

(10) 探索新方式成为当务之急。在新的互联网时代，组织形式和激励的变革是零售更为重大的主题。零售企业必须找到新时代框架下的组织形式，对合伙制、去中心化组织、股权激励等进行一定的思考，在员工合伙制的基础上探索出更适合时代的组织形式。

第四节　现代零售业态介绍

一、零售业态的含义

一般认为，"业态"一词来源于日本，是典型的日语汉字词汇，大约出现在 20 世纪 60

年代。中国从 20 世纪 80 年代为介绍日本商业开始引入"业态"一词，直到 90 年代中期，"零售业态"一词才被人们接受并得到广泛使用。

零售业态是指零售商为满足不同的消费需求而形成的不同的经营形态，是零售商的经营方式的外在表现，它是由零售商的目标市场、选址策略、卖场规模、商品结构、价格水平、购物氛围、服务功能等多种要素组合构成的。

要准确理解零售业态的概念，还要将之与零售业种的概念区分开来。零售业态是现代意义上的零售词汇，它是由零售业种发展演变而来的。所谓零售业种，就是按所经营的商品类型划分或组建的零售商店。这种商店自古有之，诸如古代就存在布店、粮店、肉店、鞋店、杂货店等。那时候，商店规模小，经营品种有限，人们进一家店仅能买一种商品，这种商店存在是与当时手工业作坊的生产方式、消费需求的单一化和偶然化、商业资本的小规模条件相适应的。零售业态与零售业种的区别体现在以下几方面：

(1) 目的不同。业种商店的主要目的是推销自己所经营的商品，而业态商店的目的是满足目标顾客的需求。

(2) 核心不同。业种商店的经营以商品为核心，而业态商店的经营以顾客为核心，体现了营销观念由销售导向向消费导向的转变。

(3) 经营重点不同。业种商店强调的是卖什么，业态商店强调的是怎么卖。

在零售竞争中，许多零售店竞相采取不同的零售策略组合以加强企业形象，避免陷入与竞争者过于雷同的境地，从而使零售经营形式多样化。零售策略组合是零售业态的内在组合要素，包括目标顾客、价格策略、商品结构、商品时尚性、服务方式、购买便利、店铺环境等要素，如图 1-2 所示。由于各要素选择余地大，组合变化多，这就使现代零售业态的经营内容精彩纷呈，即使同一业态的零售商店也表现出不同的经营特色。

细分化市场顾客	目标顾客	大众化市场顾客
低价策略	价格策略	高价策略
经营品种少，挑选范围窄	商品结构	经营品种多，一次性购足
保守性商品	商品时尚性	时尚性商品
服务有限或自助服务	服务方式	服务项目多，设专业人员
远离居民区，固守营业时间，休闲式购物	购买便利	靠近居民区，全天24小时营业，便捷式购物
装饰简朴，商品陈列简单，橱窗偶尔更换	店铺环境	装饰豪华，商品陈列富于变化，常变化橱窗

图 1-2　零售业态的组合要素

在零售业态的内在组合要素中，目标顾客是指零售店铺所选择的服务对象；价格策略是指零售商所采用的高价或低价策略；商品结构是指零售店铺为满足目标顾客需求所确定的经营各类商品的比例；商品时尚性是指零售商的商品是否具有审美性、潮流性甚至艺术性，是保守性商品还是时尚性商品；服务方式是指零售店铺采取的售货方式和提供的服务内容；购买便利是指零售商的选址是靠近居民区还是远离居民区，营业时间是有时间段还是全天候的；店铺环境是指店铺的内部装饰与商品展示所营造的购物氛围。缺少其中任何一个要素，零售活动就不能正常进行，也无法确定它的业态类型。因此，零售业态的实质就是这些要素的组合，其组合不同，就有不同的业态。

二、零售业态的分类

根据我国 2004 年 10 月 1 日起实施的《零售业态分类》标准，依据零售店铺的选址、规模、商圈与目标顾客、商品(经营)结构、商品售卖方式、服务功能和管理信息系统等基本特点，将零售业态分为食杂店、便利店、折扣店、超市、大型超市、仓储式会员店、百货店、专业店、专卖店、家居建材商店、购物中心、工厂直销中心、电视购物、邮购、网上商店、自动售货亭、电话购物等 17 种零售业态。其中前 12 种业态为有店铺零售业态，后 5 种业态为无店铺零售业态。本节重点对百货店、超级市场、专业店、专卖店、便利店、仓储式商场、购物中心 7 种有店铺零售业态展开介绍。

1. 百货店

百货店(Department Store)是指经营包括服装、鞋帽、首饰、化妆品、装饰品、家电、家庭用品等众多种类商品的大型商店。它是在一个大建筑物内，根据不同商品部门设销售区域，采取柜台销售和开架面售方式，注重服务功能，满足目标顾客追求生活时尚和品位需求的零售业态。

根据我国 2004 年 10 月 1 日起实施的《零售业态分类》标准，对百货店的要求如下：

(1) 选址在市、区级商业中心或历史形成的商业集聚地；

(2) 目标顾客以追求时尚和品位的流动顾客为主；

(3) 营业面积在 6 000～20 000 平方米；

(4) 商品结构为综合性，门类齐全，以服饰、鞋类、箱包、化妆品、家庭用品、家用电器为主；

(5) 采取柜台销售和开架面售相结合的方式；

(6) 注重服务，设餐饮、娱乐等服务项目和设施；

(7) 管理信息系统应用程度较高。

2. 超级市场

超级市场(Supermarket)是实行自助服务和集中式一次性付款的销售方式，以销售包装食品、生鲜食品和日常生活用品为主，满足消费者日常生活必需品需求的零售业态，普遍实行连锁经营方式。超级市场的特征如下：

(1) 以自助服务、一次性结算为经营方式。超级市场内尽量利用视、听、嗅觉来刺激购买。为了方便购买，超市门口通常都备有手推车或提篮；货架陈列的商品摆放整齐、有序，价格标签都清楚明了；结账时在收银台一次性付款。这种经营方式极大地节省了营业人员费用及各种流通费用，为降低商品价格提供了条件。

(2) 以食品和日常用品为主要经营品种。超级市场是以经营食品崛起于零售业的，以后逐渐发展到综合经营。总的来说，传统的超级市场仍是以经营食品和日常用品为主。

(3) 以大量销售为经营原则。超级市场经营的指导原则就是大量销售，所以扩大店铺营业面积和所售商品品种，就成为它顺利发展的必要条件。在许多国家，为贯彻大量销售的原则，超级市场大多采用连锁经营形式，通过多店铺来扩大销售额，这正是超级市场得以迅速发展的关键。所以，日本流通界将"多采用连锁经营形态"作为超级市场定义的一部分。总之，大量销售就是超级市场的经营原则，是超级市场进行廉价销售的前提之一。

(4) 以低费用、高周转为经营特色。超级市场采用自助销售服务，不仅节约了人力费用，而且市场中顾客与营业员可以共享货架和店铺通道，相比非自助服务的零售店来说，超级市场的营业面积扩大了，可以多陈列和销售 20%～30%。另外，食品类、日用品类的商品销量大，因此周转也快。据统计，美国超级市场的流通费用比标准价格的百货店和一般商店低一半，每平方米面积的流通额则高出 50%，每年商品库存周转次数比标准价格的百货店和一般商店高 35 倍。

(5) 以廉价销售为经营方针。超级市场从诞生之日起，就以其销售价格低、经营品种多、营业面积大、选购方便而大受欢迎并迅速发展起来。其中，销售价格低是超级市场能够在不景气的经济背景中脱颖而出并受消费者青睐的主要因素。国外超级市场一贯把廉价销售作为其经营方针。以美国为例，超级市场的食品价格比一般市场的价格低 15%～25%，超级市场的净利润一般只占零售额的 1.5%～2%。

总之，超级市场具有营业面积大、商品陈列直观、流通成本低、节约购买时间、刺激消费欲望等特点，因而对消费者和零售企业有很强的吸引力。但它的意义远不止于此。超级市场的出现使零售业完成了从手工劳动到工业化生产的转变，使商业劳动获得了大幅提高效率的机会。其原因是传统的商业劳动包括售货员的商品介绍、展示、称重、记价、包装、收款等劳动，同顾客的购买活动同步进行，商业劳动是一系列不能储存的服务劳动。超级市场的出现使这些商业劳动可以在工厂或商店中预先完成，将这部分劳动固化并存储在商品中，实现了商业劳动与顾客购买活动的分离，大大提高了流通效率。

3. 专业店

专业店(Special Store)是指以经营某一大类商品为主的，并且具备有丰富专业知识的销售人员和适当的售后服务，满足消费者对大类商品的选择需求的零售业态。专业店一般包括办公用品专业店(Office Supply)、玩具专业店(Toy Store)、家电专业店(Home Appliance)、药品专业店(Drug Store)、服饰店(Apparel Store)，以及家具店、花店、书店、体育用品商店等。不管是哪一种形式的专业店，它们都具有以下几个特征：

(1) 选址多样化，多数设在繁华商业中心、商店街或百货商店、购物中心；

(2) 营业面积根据主营商品的特点而定；

(3) 商品结构体现专业性、深度性，品种丰富，选择余地大，主营商品占经营商品的 90%；

(4) 经营的商品、品牌具有自己的特色；

(5) 采取定价销售和开架销售相结合的方式；

(6) 从业人员需具备丰富的专业知识。

专业店是一种不同于百货店和超级市场的零售业态，它具有更加细化和更加纵深化的商品结构。其独特的经营特色体现在以下几个方面：

(1) 围绕某一门类商品纵深化经营。专业店将市场瞄准在一个明确的细分区间，经营商品的门类虽然单一但在同类商品中，品牌、品种、规格、花色、款式一应俱全，以其商品在某一专业领域的齐全性为卖点吸引消费者。因此，并不是什么门类的商品都适合在专业店经营，只有贵重商品、耐用消费品和装饰性、观赏性强的商品(如家用电器、家具、礼品饰品、玩具、专业性建材、居住用品、主题时装)才适合在专业店经营,从而增强对顾客的吸引力;使用频率高的普通日用品适合在超市等其他业态形式中销售。

(2) 实行连锁化经营。现代意义上的专业店均采取连锁的形式实现规模化经营,以控制零售终端;通过控制零售终端,达到控制厂家,掌握销售主动权的目的。在中国,具有规模的正规化专业店大多为连锁经营模式,如国美、苏宁。

(3) 优质服务,价格低廉。优质,包括产品和服务质量两个方面。专业店要求经营的商品有一定档次,杜绝假冒伪劣。由于销售的是专业化产品,具有很强的知识性和文化性,因此提供规范化的优质服务尤其重要;同时,商品价格能低于其他竞争对手以赢得消费者青睐。

(4) 注重品牌经营和独家专营。专业店的品牌效应依靠的是定位准确的特色经营和专业化服务,它树立的是商铺的品牌,而非商品品牌,因此,专业店将商誉和经营特色作为宣传重点。例如,国美的宣传口号是“买家电,到国美”,便利、便宜、优质成为国美的象征。独家专营,是指特定品牌产品在指定的专业店独家经营。据了解,在美国,每年会有4万个新产品诞生,而很多新产品只在一家专业店里销售,通常属于专业店自己的品牌商品,在其他商店买不到。因此,从某种意义上说,专业店具有对某一特定需求的垄断性,这正是专业店吸引消费者的真正魅力。

专业店有时被誉为“品类杀手”(Category Killer Store),是指营业面积相对较大,在它经营的范围内可选品种很多,而且价格很低,能够“杀死”那些经营同种商品的小商店和综合商店的专柜。在美国,家具用品、家用电器、运动用品、办公用具、玩具等“品类杀手”店发展十分迅猛,如家居商场(Home Deport)、办公用品商场(Office Deport)、玩具反斗城(Toys “R” US)等。以玩具专业店 Toys “R” US 为例,其所经销的玩具和游戏器具占到全美国玩具和游戏器具销售总量的40%以上。因为“品类杀手”控制着某类商品的主要营销渠道,所以,能利用购买力作为要求较低的进价、优惠的交货条件和稀缺商品保证供应的条件。一家临近 Toys “R” US 商店的百货商店或折扣商店不得不减少玩具和游戏器具商的供应量,因为它们的消费者已经为 Toys “R” US 公司的商品种类多和价格低的条件所吸引。

随着生活水平的提高,适应休闲生活的发展需要,一些新型的专业店应运而生,如圣诞用品专业店、美甲专业店、护肤用品专业店、宠物专业店、贺卡专业店、NBA 专业店、野外生活用品专业店和家庭用品专业店等。

4. 专卖店

专卖店(Exclusive Store)是指专门经营或授权经营制造商品牌,适应消费者对品牌选择需求的零售业态。专卖店的特点如下:

(1) 选址在繁华商业区、商业街或百货店、购物中心内;

(2) 营业面积根据经营商品的特点而定;

(3) 商品结构以著名品牌、大众品牌为主;

(4) 销售体现在量小、质优、毛利高;

(5) 商店的陈列、照明、包装、广告讲究,具有个性化;

(6) 采取定价销售和开架销售相结合的方式;

(7) 注重品牌名声，从业人员必须具备丰富的专业知识，并提供专业知识性服务。

【小思考】

专卖店和专业店的区别是什么？

同仁堂药店和海王星辰药店哪个是专业店，哪个是专卖店？

专卖店是改革开放后才在国内出现的新型零售业态。1984 年，第一家皮尔·卡丹特许专卖店在北京正式营业，拉开了专卖店发展的序幕。从此，专卖店发展出现高潮，20 世纪 90 年代初期北京王府井大街、上海南京路、广州北京路迅速改变了面貌，被各种品牌专卖店所充斥。其中，除了外资品牌和中外合资品牌外，国内专卖店也开始成长，如李宁服装店、三枪内衣店和杉杉服装店等。

但随着互联网时代的到来，受到电商冲击，面对消费者多极化导致的客源流失，加之市场竞争的日趋激烈，传统专卖店也面临着转型，专卖店的发展呈现出新的发展趋势：

(1) 专卖店品牌化。专卖店未来的发展必须依靠品牌，过去推崇高利润杂牌的做法，使得店铺的定位较低，从而使专卖店缺乏影响力和竞争力，也难以留住顾客，培养顾客对品牌的忠诚度，顾客很容易转向其他品牌。制造企业推出专卖店也有利于企业产品品牌的进一步提升，成为公司品牌、形象、文化的窗口，有利于实现产品渠道的多元化，通过专卖店占领品牌形象制高点。

(2) 专卖店体验化。专卖店升级到体验店已是大势所趋，这种体验店不再兜售产品，而是向顾客提供一种全新的生活方式；这种体验店不再强调推销，而是鼓励顾客自己参与到"游戏"中来；这种体验店不再是简单的销售场所，而是梦想的发源地和创意工厂。

(3) 专卖店商场化。随着消费水平的日益提高，专卖店迅速发展，一间、两间的小型专卖店店铺已经不能满足城市经济发展的需求，具有竞争实力的专卖店开始谋求专卖店商场化经营模式。专卖店商场化做法符合城市开店原则，容易吸引顾客、容易宣传、容易树立品牌形象。目前，专卖店的投资越来越大，面积越来越大，形象越来越好，柜台越来越豪华，装修越来越奢华。

(4) 专卖店电子商务化。在互联网时代，传统专卖店要能够主动拥抱互联网，实现线上线下的联通融合，专卖店贵在发挥体验职能，与线上协同发展，发展 O2O 模式，成为线上品牌在线下的物流节点、体验节点、产品展示节点、销售节点和售后节点。

5. 便利店

便利店(Convenience Store)是一种以自选销售为主，销售小容量应急性的食品、日常生活用品和提供商品性服务，满足顾客便利性需求为主要目的的零售业态。

根据国外衡量标准和国内规范，便利店有以下特征：

(1) 选址在居民区、交通要道、娱乐场所、机关、团体、企事业办公区等消费者集中的地方；

(2) 商店面积在 100 平方米左右；

(3) 步行购物 5~7 分钟可到达；

(4) 商品结构以速成食品、饮料、小百货为主；

(5) 营业时间长，一般在 16 小时以上，甚至 24 小时，终年无休日；

(6) 以开架自选为主，结算在收银机统一进行。

便利店的竞争优势体现在两个方面：一是选址在靠近居民区或交通要道等消费者集中的地区；二是除了在商品结构上满足消费者的便利性需求，还在便民服务上有所体现，包括免费送货、代售各种票务(影剧院票、足球票、彩票)、代收代寄包裹、充值公交 IC 卡、充值话费等。由于便利店的商品价格一般高于超市，所以在与超市的竞争当中，除了在商品结构上满足消费者便利性、应急性需求外，还一定要在服务上做足功夫，以充分体现便利店"便利"的竞争优势。

比如日本特色的流通业态 24 h 便利店，从产生至今不断通过技术、管理、体制的创新，使之成为日本消费者生活中不可缺少的重要组成部分。日本的便利店不但提供日本消费者几乎所有的日常生活需求，包括从商品到金融、信息等服务(银行 ATM、水电气、通讯缴费等)，还通过商品种类、内容、服务的创新，引领着日本的消费潮流，成为日本现代生活方式的象征。近年来，日本的便利店通过特许加盟方式扩大规模，并通过 IT 技术革新进一步完善信息管理体系，不但增强了商流、物流功能，甚至还带动了日本生产领域的革新。

从 20 世纪 90 年代连锁便利店业态引入中国以来，发展势头强劲。经过三十年的不断发展，目前已经形成以上海为中心的华东、以北京为中心的华北以及以广东为中心的华南三大中国便利店聚集群。便利店数量最多的是华东地区，不仅在上海快速扩张，目前还以上海为中心向周边地区如江苏、安徽、浙江等省份的发达地区开设连锁分店。华北不仅是一个重要的消费市场，更是零售行业巨头的必争市场。但是由于京客隆、物美等国内连锁便利店品牌深入当地消费者，因此就目前而言外来品牌尚未具备改变格局的强大力量。在华南地区，最为成功的连锁便利店品牌无疑是 7-11，该品牌依照其在亚太地区的成熟经验，成功占领华南市场。

6. 仓储式商场

仓储式商场(Warehouse Store)是仓库与商场的合二为一，主要设在城乡接合部，特点如下：

(1) 经营范围广泛，包括食品、日用品、耐用品等；

(2) 规模较大，设备简陋，人员较少，费用和价格低廉；

(3) 批量作价，多是成件或大包装出售；

(4) 开架售货，附设大型停车场；

(5) 多实行会员制。

仓储式商场在 1968 年起源于荷兰，最具代表性的是 SHV 集团的"万客隆"(Makro)。"万客隆"货仓式批发零售自选商场大多建于城市郊区的城乡接合部，营业面积可达 2 万平方米，并附设大型停车场。商场只做简易装修，开架售货，以经营实用性商品为主。其业务现已拓展到欧洲和东南亚，平均年出口销售额 4 至 5 亿美元。

美国仓储式连锁销售概念是由 Price Club 的创始人 Soloman Price 于 20 世纪 70 年代提出的。S.普莱斯最初的设想是建立一个购物俱乐部，将个别会员的零散购买力聚集起来，统一直接向生产厂家大批量订货，在省去中间分销商及批发商的层层附加成本的同时，又可从厂家获得更大的价格折扣，使它给会员的零售价格降到可能实现的最低水平。1976 年，他们在美国圣地亚哥开办了第一家"价格俱乐部"(Price Club)。俱乐部的会员们在精心策划的巨大工业建筑内感受到一种从未体验过的购物氛围，这里的商品多以大包装的形式摆放在超级屋顶下的钢制货架上，漫步其中就好像走进了一座大型的储货仓库。此间大多数商品的零售标价比其他传统超市和商场的零售标价低很多，按通常的市场情况，食品百货店的毛利率(进销差价)都在 20%～25% 之间，有些超级市场甚至高达 40%，而仓储式商场的毛利率仅为 8%～10%。"价格俱乐部"的仓储式商场内所售商品品种保持在 3 000 种左右，但却是当地市场上最畅销的商品。这种大规模、仓储式、会员制、精选商品、连锁销售形式一经出现，就在北美地区备受欢迎，当即发展成为一种新型的商业形式。近 10 多年由于西方经济持续滞胀，美国消费者的购物习惯也在不知不觉中发生着变化，原来追求高档、舒适、时髦的购物风尚有所收敛，经济、实惠的购物行为增多。于是，这种 20 世纪 70 年代在美国萌芽的购物俱乐部就以其独具的魅力吸引了越来越多的家庭主妇，而以家庭为单位的生活消费则成为这种销售方式的一个主要客源。这就是为什么 90 年代初在美国经济仅以 2% 低速增长的情况下，仓储式连锁商业年销售额仍以较高速度递增的原因。仓储式连锁商业在美国已形成相当规模。据不完全统计，全球共有 14 家仓储式连锁商业集团，下辖 700 多个仓储式连锁商场(店)。它已发展成为年销售额近千亿元的庞大产业。

仓储式商场的经营方式是避开与大型百货商场竞争的焦点，转而搞薄利多销的特色经营。与大型商场和综合百货商场相比较，仓储式商场有其自身的优势和经营特色，主要表现在以下几方面：

(1) 薄利多销的营销战略。这是仓储式商场的最主要特征。国外仓储式商场的销售价格一般低于市场价格 20% 以上，毛利率为 8% 左右。低价销售无疑赋予了仓储式商场较强的竞争力，从而吸引了众多的顾客，以较大的营业额赢得较多的利润。在经营过程中，商场刻意创造条件，使经营成本和各项费用最低，通过低成本达到低价格，实现薄利多销的战略。仓储式商场以其廉价特征，招徕顾客，形成自己的经营特色。一般的仓储式商场都是通过以下途径来降低成本和价格的：一是将商场建在地价便宜的城乡接合部或远离市区，由于地价较低，从而降低了经营成本；二是商场内外只进行简单装修，利用廉价设施，降低费用；三是大批从厂家直接进货，省略中间环节，降低进货成本；四是商品开架陈列，自助式售货，品种多，人员少，并且商品整箱整盒堆放，定量包装，便于顾客批量购买，从而节约大量的人工成本；五是仓场合一，即把仓库与商场结合起来，节约了仓储费用；六是一般不做商业广告，而以其营销特色和服务质量吸引消费者。总之，仓储式商场让消费者真正体验到了实在、优惠、方便，满足了消费者现实的购物消费生活水准的需要。仓储式商场这样运行，尽管商品价格低、利润薄，但消费群体大、运转快、购物次数频繁，薄利照样可以有可观的效益。

(2) 建立与消费者合作的稳定的营销关系。进入 20 世纪 90 年代，面对日益激烈的市场竞争和消费者需求特性的多样化，传统的企业和消费者的服务与被服务的关系受到挑战，企业普遍感到为消费者提供满意的产品和服务更加困难，认为企业与消费者可能而且有必要建立一种合作关系，这种合作是多方面的，会员制就是其中之一。国外仓储式商场经营大都实行会员制销售方式，即向特定的消费者发放会员卡，一般交纳少量费用或不交费用以组织入会，会员持卡可以享受信息、商品、价格等方面的优惠，通过这种组织可以稳定基本客源和骨干客源。同时，会员卡制度也是一种价格促销制度。我国因消费者购买心理和习惯与西方消费者不同，所以仓储式商场会员制的采用没有像发达国家和地区那样普遍，但作为一种新型的价格促销制度和建立一种与消费者稳定的购销关系的有效途径，一些商场也在积极寻求能被我国消费者普遍接受的购销制度。

(3) 实行科学规范的连锁经营管理。仓储式商场兼有百货商场、超级市场和连锁商店的多重功能，集批发、零售于一身，这种商场规模大、投资少、价格低，并且对商品的进、销、存采取了科学规范的电脑控制管理，有利于实现规模经营。作为现代化的大商业，仓储式商场盈利的基本要领就在于规模化和连锁化。规模化可以通过大批量进货，享受厂家给予的价格折扣、数量折扣、优惠条件，可以低价渗透，从而大幅度节约流动资金，提高资金的周转率。连锁化是通过经营活动中的"八个统一"，把复杂的商品流通活动分解成相对简单的一些环节，实现采购、送货、销售、经营的专业化，以提高经营效率，降低经营成本，实现规模效益。许多仓储式商场采用连锁化经营后，其规模迅速扩大，销售额和利润也较大地攀升，这说明仓储商场经营方式中蕴涵着连锁化的客观机理。当今一些实力雄厚的仓储式商场，大都通过实行连锁化经营，在一个城市或同一国家的其他地区开设多家分店，通过连锁化提高了规模经济和效益，树立了企业的整体形象，在更大程度上提高了企业的知名度。

(4) 精选大众化的畅销日用商品。与大型百货商店比较，仓储式商场经营商品的种类并不很多，但却形成了自身的商品特色。一是从商品大类中筛选出最畅销的大众化日用名牌商品经营，并在经营过程中根据大众消费者需求的变化不断调整，以确保其销售的商品占有较大的市场份额，不断加快商品的流通速度。二是商品质量好。通过从厂家直接进货，严格把好商品质量关，防止假冒伪劣商品混在其间，确保向顾客出售货真价实、质量优良的商品。三是市场上出现的新产品，仓储式商场都要领先于其他商场经营和销售，满足消费者对新产品的追逐。

7. 购物中心

购物中心(Shopping Center/Shopping Mall)是由开发商统一规划、建设和管理的商业设施，拥有大型核心店、多样化商品街和停车场，能满足消费者的购买需求与日常生活活动。购物中心的出现给人类社会生活带来了巨大变化，是现代生活的重要组成部分，它适应了现代社会高效率、快节奏的需要，满足了人们购物与休闲活动相结合以及对购物环境舒适性与安全性的要求，成为名副其实的现代乐园。购物中心的特点如下：

(1) 由开发商有计划地建造，实行统一管理，共同开展广告宣传活动；

(2) 内部结构由百货商店或超级市场作为核心店，以及各类专业店、专卖店等零售业态和餐饮、娱乐设施构成；

(3) 服务功能齐全，集零售、餐饮、娱乐为一体，根据销售面积，设相应规模的停车场；

(4) 地址一般设在商业中心区或城乡接合部的交通枢纽点；

(5) 商圈根据不同经营规模、经营商品而定；

(6) 设施豪华、店堂典雅、宽敞明亮，实行卖场租赁制；

(7) 目标顾客以流动顾客为主。

"摩"(Mall)起源于欧美20世纪中期，是现代工业文明与商业文明的产物，为目前世界上最先进、最高级的商业形态。它作为美国商业发展的典型模式，行业增长速度较快。在20世纪30年代，美国得克萨斯州出现第一家Shopping Center设计概念的商场，它就是Shopping Mall的最初概念。1975年，美国出现第一家直立式的Shopping Mall即美国的

Watertowen Place，1992 年开业的 Simon 则以 40 万平方米的面积将"摩"推向新的层次，到现在"摩"已风靡全球。能够称之为"Shopping Mall"至少要具备三个条件：一是处于城市的核心位置，有人流及消费基础；二是规模至少要达到 10 万平方米；三是从招商层面来讲，应该是国内、国际的综合性招商，项目的产业结构应为综合型，涵盖了品牌主力店、大卖场、酒店公寓、写字楼等多种产业形态。

一般认为，20 世纪 90 年代初北京的"赛特购物中心"是我国大型购物中心的真正开始，以后购物中心开始大量出现。清华大学商学院的李飞教授把中国购物中心的发展分为三个阶段，即萌芽期、摸索期、发展期。第一个阶段是购物中心的名称受到追捧，全国各地的大小商场都热衷于改名为购物中心，但是从功能和面积来说它们都不是名副其实的购物中心；第二阶段是由房地产开发商、港台海外华商投资兴建的购物中心，这一时期的购物中心都具有了购物中心的外形，也具有了餐饮、娱乐、休闲、购物的综合功能，但是从购物中心的类型来说还比较单一，管理上还在摸索阶段；第三阶段是发展期，也就是现在。

一般认为，购物中心是一种整体规划、统一管理、分散经营的特殊的商业集聚形态，是由业态不同的零售商店和多种服务功能设施以一定的方式组合在一起的商业服务有机整合体。因此，商业集聚是购物中心的外在表现形式，购物中心首先产生商业集聚效应。这主要体现在以下五个方面：

第一，消费者需求外部性。一个购物中心往往是百货店、专卖店、精品店、餐饮、酒吧、娱乐、休闲、健身等多种商业元素的集聚地，是各种商业企业在空间上的联合。消费者可以在购物中心内实现多种消费活动，因此产生了消费需求的外部性。同时，购物中心通过集中化、大规模的商业活动并提供相关的生活服务，在其开发和运营过程中也带动了所在地区的金融、房地产、建筑、广告、装饰装修及交通运输等行业的发展，促进了所在区域的商业规模化和专业化。当这种集聚的规模和专业化程度达到一定水平时，还会对消费者的消费行为、消费结构和消费观念产生影响，从而进一步促进地区消费环境的提升。

第二，节约社会成本效应。购物中心所形成的规模经济使各种商业、服务业及相关配套设施的配置更具经济上的合理性。从消费者角度讲，由于购物中心聚集的各类商业企业之间提供的商品和服务具有明显的互补性、配套性，使商品拥有较大的广度和深度，可以满足不同层次消费者的需求，增强了其来店购物的愿望。同时，由于同类商家的集中，消费者在价格搜寻过程中节约了时间和搜索成本，使消费者成为购物中心最大受益者。从零售商角度讲，选择进入购物中心开设店铺可以迅速、准确地掌握市场信息，减少市场盲目性，节省了交易成本。

第三，区位品牌效应。购物中心一旦运营稳定，获得较好的客流和销售业绩，则可以形成一定的区位品牌效应。这种效应是购物中心内集群各企业共同拥有的无形资产。这使购物中心不仅有稳定的服务商圈，更能开创新的商圈。购物中心通过集聚，集中广告宣传力度，减少了单个企业的广告宣传费用，使单个企业获得稳定乃至不断增长的顾客流和商誉。

第四，知识外溢效应。信息的流动是按距离递减的，所以知识在当地的传播要比远距离流动更容易。购物中心因其使地理上临近的企业易于建立协调与信息沟通机制，这种联系有利于通过模仿和学习改进管理、业务和市场观念。在购物中心内形成的专业人才市场也降低了雇员和企业之间相互搜寻的成本，使人员流动更趋于方便。而人员的流动导致专业的"技术转移"是普遍存在的，促使相关技术、管理知识和经验得到共享。更重要的是，这种知识外溢能够营造一种协同创新的区域环境，不断促进购物中心的经济持续增长，进而吸引更多的商业企业加盟其中。

第五，资本的积聚、集中和溢出效应。购物中心开发的最终目标是盈利。这种盈利绝不是简单、静态地将租金的总收益减去开发的总成本，开发者更多关注的是资本有机构成的提高，他们希望其购物中心本身不断盈利，并不断复制，开发新的购物中心，以使其资本像雪球一样越滚越大。购物中心开发的资本积累是基于所开发物业资产的增值和经营手段带来的附加值的累计形成的资本的积累，在其总额增大和竞争实力增强的过程中，由于购物中心是资源型行业，为了避免不合理的规模开发带来的边际递减的风险，开发者往往会寻求新的投资，这样，个体资本溢出效应的方向在内部结构调整饱和的情况下，只能溢出。新的投资具有资本溢出效应，将带来资本溢出效应递增，这也加速了资本集中的进程。

三、零售业态谱序理论

(一) 消费者需求角度的零售业态谱序维度构建的理论分析

1. 零售业态的消费者需求层次

对于需求层次理论学术界普遍接受和认可的是马斯洛的需求层次理论(Maslow's Hierarchy of Needs)。该理论认为，人的需求包括五个层次，由低到高分别是生理需求、安全需求、爱与归属的需求(社交需求)、尊重需求和自我实现的需求。不论处于哪一个需求层次的购物消费，购物的成本是影响购物最强烈的一个决定因素，每一个层次的需求都可以通过相应的商品和服务满足。零售业态也就是零售企业为满足不同的消费需求而形成的不同的经营形态，消费需求又具有层次性，故零售业态也应当具有消费需求的层次性。

零售业态所反映的消费者需求层次性首先体现在所销售的商品上。不同的商品所满足的消费者需求层次是不一样的。例如，食品、饮料、服装满足的是消费者的生理需求，药品、消防用品(灭火器、应急灯、水枪、防毒面具、防毒口罩等)、环境卫生用品(杀虫剂、电蚊香、樟脑丸、干燥剂等)满足的是消费者的安全需求，通信产品、出版物、体育娱乐用品满足的是消费者的社交需求，金银珠宝、化妆品满足的是消费者的尊重需求。《中国零售业监测与分析报告》将监测商品类别分为基本生活必需品、选择性消费品、服装类消费品、文娱类商品、消费电子类商品、居住及其他类商品，此种分类基本上反映了消费者的需求层次。不同的零售业态所销售的商品性质和特点有所差异，所以业态所反映的消费者需求层次亦有所差异。例如，超市销售的是以包装食品、生鲜食品和日常生活用品为代表的日常生活必需品，百货店销售的是以服装、服饰、鞋类、箱包、化妆品、珠宝、首饰为代表的时尚商品，由此，百货店所代表的消费者需求层次要明显高于超市所代表的消费者需求层次。大类商品的品种与结构应与全社会的消费需求和消费结构相吻合。根据这一观点，反映不同消费者需求层次的零售业态其结构亦应与全社会的消费需求和消费结构相吻合。

零售业态所反映的消费者需求层次其次体现在与销售商品相应的服务上。有关零售服务的论述较有经济学意味的观点是 Roger R. Betancourt(2009)的论述，他首先认为零售组织的实质在于能够为消费者提供具体商品以及相应的分销服务，然后将分销服务归为五类：环境服务(Ambiance)；品类服务(Assortment)；区位服务，即零售店的地理便利性(Accessibility of Location)；交付服务(Assurance)和信息服务(Information)。为了更好地论述零售服务与消费者需求层次间的关系，下面以百货店为例进行说明。

百货店零售服务与消费者需求层次关系的丰富内涵，整理如表 1-3 所示。

表 1-3　百货店零售服务与消费者需求层次关系

零售服务	文 字 描 述	主要所体现的需求层次
环境服务	商场内部设施和布置豪华，使商场蒙上了一层高贵和优雅的气派和氛围	社交需求、尊重需求
品类服务	内部有许多不同的商品部，有品种繁多、琳琅满目的商品	生理需求、安全需求
区位服务	坐落在城市繁华地段，经常出入其中的人，就有可能被周围的人视为"富有"的人	尊重需求
交付服务	只要你愿意掏钱，无论你的身份、种族、性别，都可以把商品拿回来	生理需求、安全需求
信息服务	自由出入，自由观赏，自由选购，尤其是女性，欣赏着琳琅满目的商品，各种包装和造型，让人赏心悦目	安全需求、社交需求

所以，零售业态的需求层次性是可以通过零售服务来反映和体现的。

2. 确定零售业态需求层次的方法

在判定了零售业态具有消费者需求层次之后，进一步的，零售业态的需求层次该如何度量呢？也就是说诸多不同零售业态的需求层次的层次位序应通过什么方法进行确定呢？

1) 比较价格水平

比较价格水平是一个比较简单但是操作性较强的方法。它是通过比较不同零售业态的价格水平来确定需求层次。不同业态定位的消费群体不同，提供的服务存在差异，商品价格是作为体现业态差别的集中反映指标。按照这一方法，我们可以比较轻松地判定超市和百货店的层次位序，即百货店满足的消费者需求层次要高于超市。但是，对于经营不同大类商品的各种专业店之间，这种方法则略嫌不足。这种情况可以考虑这样两个有关价格的指标：一个是专业店经营的大类商品的平均价格水平，一个是价格的需求弹性。一般认为专业店经营的大类商品的平均价格水平越高，该专业店业态满足的消费者需求层次越高，价格的需求弹性越大，满足的需求层次也越高。例如，就平均价格水平而言，如果珠宝店高于家用电器商店，家用电器商店高于药店，则可以判定珠宝店满足的消费者需求层次高于家用电器商店，家用电器商店高于药店，对于价格需求弹性的分析亦是如此。但是，不管怎样，以上的这些方法都是简单甚至略嫌粗糙的方法，它只能大致判断而无法相对较精确地判断各零售业态之间的层次位序。例如，一般而言，大型超市的价格水平要高于仓储式商店，便利店的价格水平要高于大型超市，但很难断定大型超市满足的消费者需求层次一定高于仓储式商店，便利店一定高于超市。

2) 引入顾客价值理论

引入顾客价值理论是一个相对可以较精确地判定零售业态层次位序的方法。从消费者需求的角度看，顾客价值从根本上讲就是为了满足消费者的需求，即决定顾客价值的最终标准是对顾客需求满足的切合程度。从这个层面上讲，顾客价值就是企业与顾客交易过程中，企业提供给顾客，并由顾客自己判断，最终指向顾客需求的价值。如果要对顾客价值进行深入一步的量化研究，则需要探明顾客价值的构成，即顾客价值要素。借助马斯洛的需求层次理论，笔者构建了一个针对零售业态的顾客价值层次模型，每一个层次包含了一个顾客价值要素，如图 1-3 所示。

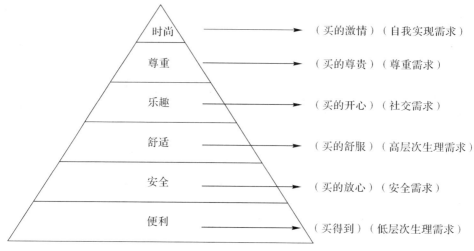

图 1-3　零售业态的顾客价值层次模型

零售业态最低的顾客价值层次是便利，是要满足消费者"买得到"的需求，属于低层次生理需求。它是指消费者通过一定的方式、方法、工具能够到达零售企业所在地并购买到所需要的商品的便利性。便利主要包含两方面内容：一是到达零售企业选址的可达性，如距离的远近、交通的方便；二是进入零售企业卖场后搜寻、挑选和购买商品的方便性，零售企业为了增加这种方便性，会有许多相应的硬件设施，如购物车、购物篮、存包柜、导视牌、停车场等。

零售业态的第二个顾客价值层次是安全，是要满足消费者"买得放心"的需求，属于安全需求。它是指零售企业销售商品的商品质量要达到和满足基本规范和要求，包括食品安全、售后服务、维修保养、三包服务、退换货服务等，总之要求消费者在零售企业购买到的商品能够实现消费者期望的使用价值。消费者对零售企业销售的商品的"安全性"会存在一种风险感知，这种风险感知的信号会通过多种方式、形式和渠道传递给消费者，如相同种类商品的丰富性会降低风险感知，商品价格的经常变动会增加风险感知，"人气"的多少、零售企业品牌的知名度和美誉度等都会影响风险感知。

零售业态的第三个顾客价值层次是舒适，是要满足消费者"买得舒服"的需求，属于高层次生理需求。它主要指消费者在零售企业卖场中购物的环境舒适性，如整洁的地面、明亮的灯光、宽敞的通道、整齐的陈列、适宜的温度、统一的工作服、快捷的收银速度等。消费者在店内购物所追求的已不仅仅是简单的买到需要的商品的理性利益，而是同时在追求整洁、卫生乃至舒适、宜人的购物环境的感性利益。

零售业态的第四个顾客价值层次是乐趣，是要满足消费者"买得开心"的需求，属于社交需求。它是指零售企业的卖场不仅是一个销售商品的场所，同时也可以提供一个社会活动的场所，消费者在这样一个场所挑选和购买商品的同时，也获得了社会活动的"社交"乐趣。例如，年轻情侣、丈夫和妻子、父母和小孩、老人和子女在零售卖场购物的同时，也增进了恋人或家庭成员间的感情；又如，三两个女性朋友相邀购物，面对琳琅满目的精致商品品头论足，相互间交流购物体验和心得；再如，上班族为排遣压力、改善心情，在卖场自由浏览，随意观赏，漫无目的，悠然自得，这些都属于"社交"乐趣。

零售业态的第五个顾客价值层次是尊重，是要满足消费者"买得尊贵"的需求，属于尊重需求。它是指消费者在零售企业的购买行为过程中，希望获得高贵和被尊敬的感觉。消费者更愿意在受到尊重的环境中购物，如服务人员的礼貌礼仪、店容店貌、所有为消费者切身考虑的服务细节等，满足了消费者体现社会地位、拥有声望的需求。

零售业态最高的顾客价值层次是时尚，是要满足消费者"买得激情"的需求，相当于自我实现的需求。这种时尚不仅指消费者对流行或时髦商品的需求，更是指对商品的一种天然的审美需求，同时在购物过程中融入了大量的情绪和情感，零售企业销售的商品甚至购物行为本身是体现和展现消费者个性，实现消费者"理念"和"理想"的方式和载体。

通过零售业态的顾客价值层次，我们可以探测不同的零售业态主要是在哪一个层次满足消费者的需求，从而确定不同的零售业态满足消费者需求的层次位序。

(二) 商业集聚角度的零售业态谱序维度构建的理论分析

与上述角度类似，对于商业集聚角度的零售业态谱序也必须选择一个指标既能够反映和刻画这一角度，又能够基本满足量化要求，本书选择"聚客力"(Attractiveness)作为这样一个指标。多种多样的零售业态集聚一起，商业集聚角度的业态差异性体现在什么地方呢？一个很重要的方面是聚客力，聚客力是指吸引并凝聚顾客的能力。商业集聚视角下不同的零售业态的吸引和凝聚顾客的能力是有差异的。

我们可以从三个方面考量零售业态聚客力，分别是营业面积、商圈范围、业态店铺成为目标商店的比率。

1. 营业面积

营业面积是零售业态实现聚客力的空间条件，营业面积越大，零售业态店铺所能够容纳和凝聚的消费者的数量则越多，聚客力也就越大。从这个角度讲，百货店和大型超市的聚客力要大于便利店。再则，营业面积越大，店铺越能够发挥除购物基本功能之外的休闲、社交、游览等其他功能，也越能够"凝聚"顾客。

2. 商圈范围

商圈是零售店铺吸引顾客的辐射区域和地理范围，是零售业态聚客力的外在空间表现，商圈范围越大，则意味着业态店铺的聚客力也越大。从这个角度讲，百货店和大型超市的聚客力要大于便利店，并且在营业面积相差无几的情况下，大型百货商店的聚客力要大于大型超市，因为一般而言前者的商圈范围要大于后者。

3. 业态店铺成为目标商店的比率

业态店铺成为目标商店的比率越高，则该业态的聚客力越大。举个例子，有三种业态店铺分别是超市、专卖店和便利店集聚在一起，如果60%的消费者是以超市作为目标商店，

30%的消费者是以专卖店作为目标商店，10%的消费者是以便利店作为目标商店，则在此例中超市的聚客力大于专卖店，专卖店的聚客力大于便利店。业态店铺作为目标商店的这个概念借鉴于购物中心主力店的概念，如果在一个具体空间范围内，业态店铺成为目标商店的比率是较高的，则相当于购物中心的主力店，其目的主要是吸引人气，聚客力也应该是较大的。

业态店铺成为目标商店的比率是有着业态差异的，这和业态本身的特点是息息相关的。研究表明，对于生鲜食品、一般食品和日用品，成为目标商店比率最高的业态是大型综合超市；对于家电，比率最高的业态是专业店；对于健身用品、外出服装、家用服装，比率最高的业态是大型百货商店。不同的业态，所主要满足的商品需求是不同的，而不同的商品，消费者对其的需求频度也是不同的(一般而言，越是生活必需品，对该商品的需求频度越高)，所以业态店铺成为目标商店的比率也是不同的。从这个角度讲，大型超市成为目标商店的比率要大于大型百货商店，即大型超市的聚客力要大于大型百货商店。

(三) 基于消费者需求层次和商业集聚的零售业态谱序

通过前面对消费者需求角度和商业集聚角度的零售业态谱序维度构建的理论分析，我们可以从这两个角度来构建零售业态的谱序。这两个角度分别选择消费者需求层次和聚客力作为代表指标，消费者需求层次可分为高、中、低三个划分段，聚客力也可以分为高、中、低三个划分段，如图1-4所示。

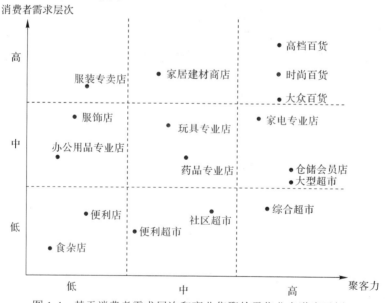

图1-4　基于消费者需求层次和商业集聚的零售业态谱序示例

任何一个零售业态都可以在基于消费者需求层次和商业集聚的零售业态谱序中找到它的位置，即任何一个零售业态必然位于图中九个方格中的其中一个。为了更好地列示诸多零售业态在这张谱序的位置，图1-4进行了一个示例。在图1-4中可以清晰地看出各零售业态的相对位置，相互之间"有多远"，以及在消费者需求层次和聚客力上有多大的差异。

四、零售业态的演化逻辑

零售业态的演化逻辑图如图 1-5 所示，演化的起点是杂货店；世界上第一家百货店的诞生标志着现代零售业发展的开端；在百货店的基础上，把百货各商品部经营的大类商品做深度专业化，延长和加宽某个品类的商品线，则演变成专业店；在原来百货的基础上降低价格档次，经营商采取开架自选，则演变成超市，沃尔玛公司的英文原名是"Wal-Mart discount department Store company"，意为"折扣百货公司"，由此也可见超市与百货存在的天然"血缘"关系；对百货作专业化集成，集购物、餐饮、娱乐、休闲为一体，则演变成购物中心；在超市的基础上，进行商场和仓储的合二为一，目标顾客由个体消费者转变为以企事业单位的组织或机构顾客，并采取会员制，超市则演变为仓储式商场；在超市的基础上，缩小经营面积，减少经营商品品类，选址与居民区亲密接触，超市则演变为便利店。由此，可以下一个结论：杂货店是现代零售业态的鼻祖。

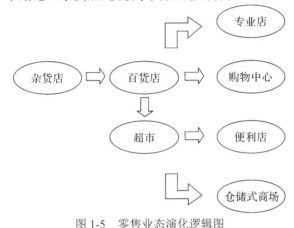

图 1-5 零售业态演化逻辑图

本 章 习 题

一、选择题

1. 世界上第一家百货店出现在(　　)。

A. 美国　　　　　　B. 英国　　　　　　C. 法国　　　　　　D. 德国

2. 红星美凯龙和迪卡侬属于(　　)。

A. 百货店　　　　　B. 超市　　　　　　C. 专业店

D. 专卖店　　　　　E. 便利店

3. 以下不属于零售商活动特点的是(　　)。

A. 交易规模小，交易频率高　　　　　　　B. 即兴购买多，且受情感影响较大

C. 属于专家购买　　　　　　　　　　　　D. 去商店购物仍是顾客的主要购物方式

4. 以下不属于仓储式商场零售业态特点的是(　　)。

A. 规模较大，设备简陋，人员较少，费用和价格低廉

B. 批量作价，多是成件或大包装出售

C. 开架售货，附设大型停车场

D. 目标顾客以追求时尚和品位的流动顾客为主

5. 以下属于连锁经营优势的是(   )。

A. 资源整合，获取规模效益

B. 商店自主性强，主动性高，能调动管理者的积极性

C. 管理层级少，沟通容易，能迅速做出决策

D. 商店具有较高的灵活性，能随时根据消费者需求变化调整经营策略

二、问答题

1. 零售的概念是什么？

2. 零售商活动的特点是什么？

3. 西方零售业的第一次和第二次变革是什么？革新性的特点有哪些？

4. 零售业有哪些零售业态？每种零售业态的基本特点是什么？

三、思考题

在不久的将来网络零售会替代传统零售吗？

第二章 零售商圈与零售选址

【学习要点】

1. 掌握商圈的概念，掌握商圈划定的方法；
2. 掌握商圈调查的过程与方法，掌握商圈调查报告的一般框架；
3. 掌握零售选址的一般原则和技巧；
4. 掌握客流的类型和选址的客流分析。

第一节 零售商圈

一、商圈构成及影响因素

(一) 商圈的概念及类型

商圈(Trading Area)也称零售交易区域，是指以零售商店所在地为中心，沿着一定的方向和距离扩展，吸引顾客的辐射范围。简言之，商圈就是零售商吸引其顾客的地理区域，也就是来店购买商品的顾客所居住的地理范围。按不同的划分标准可以把商圈分为不同类型。

(1) 按层次的不同可分为：① 核心商圈(Primary Trading Area)，是指接近商店并拥有高密度消费者群的区域，通常商店55%～70%的顾客来自核心商圈；② 次级商圈(Secondary Trading Area)，位于核心商圈之外，是顾客密度较稀的区域，占商店顾客的15%～25%；③ 边缘商圈(Fringe Trading Area)，位于次级商圈以外，是顾客分布最少、商店吸引力较弱的区域，占商店顾客的5%～10%，规模小的商店在此区域几乎没有顾客。

任何一家店铺都有自己特定的商圈，商圈范围及形状常根据店铺内外部环境因素的变化而变化。从形状上看，商圈实际并非呈同心圆形状，而表现为各种不规则的多角形，为了便于分析，一般将商圈视为同心圆形，如图 2-1 所示。需要指出的是，零售商由于经营规模、经营形态、经营能力、市场定位的不同，其所处商圈的构成及顾客来源情况也会有所不同。例如，便利店几乎没有边缘商圈的顾客，对边缘商圈的分析和研究可以忽略；大城市内处于商业中心的大型百货商场、大型购物中心等，其辐射范围主要为全市的消费

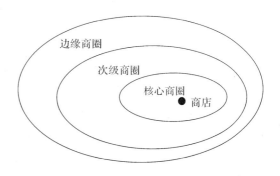

图 2-1 商圈构成示意图

者，其边缘商圈可以辐射到全省甚至全国。

(2) 按顾客购物所选择的交通方式不同可分为：① 徒步商圈，也称为第一商圈，是指顾客可以接受的以步行方式前来购物的地理范围，一般以单程 10 分钟为限度，商圈半径在 0.5 千米以内；② 自行车商圈，也称第二商圈，是指比较方便骑自行车前来购物的地理范围，一般以单程 10 分钟为限度，商圈半径在 1.5 千米以内；③ 汽车(机动车)商圈，也称第三商圈，是指比较方便开车或乘车前来购物的地理范围，一般以单程 10 分钟为限度，商圈半径在 5 千米以内；④ 捷运、铁路、高速公路商圈，属于零售店的边缘商圈，是指顾客通过捷运、铁路或高速公路前来购物的地理范围。

(3) 按辐射范围的大小可分为：① 小商圈，是指范围最小的商圈，如徒步商圈、自行车商圈，小商圈的消费习惯主要以生活必需品的高频率购买为主，一般分布在城市的住宅区或郊外的住宅区；② 中商圈，是指范围一般不超过 5 千米，以自行车商圈、汽车(机动车)商圈为主的中型商圈，中商圈的消费习惯是顾客以购买选购品为主，供周末、假日全家一次性消费；③ 大商圈，是指范围在 10 千米左右，以汽车(机动车)商圈为主的大型商圈，大商圈属于零售店的边缘商圈；④ 超大商圈，是指以铁路商圈、高速公路商圈为主的超大型商圈。只有少数大型百货商场、大型购物中心才可以形成超大商圈。

按顾客购物选择的交通方式不同以及辐射范围大小不同划分的商圈如表 2-1 所示。

表 2-1　商圈范围关系表

商圈	徒步商圈	自行车商圈	汽车(机动车)商圈	捷运、铁路、高速公路商圈
小商圈	√	√		
中商圈		√	√	
大商圈			√	√
超大商圈				√

(4) 按所在地域性质的不同可分为：① 市级商圈，也称为城市中心商圈，是指位于城市中心繁华区域或城市主要商业区的商圈，如北京的王府井、深圳的华强北等，这类商圈辐射范围可达全市，是全市购买力最强、消费水平最高的地方，适合开设各类特大、大、中、小型零售店，适合开设本市最高档的大型百货商场；② 区域商圈，是指位于城市二级行政区(如区、街道、镇)中心区或繁华商业区内的商圈，这类商圈的辐射范围一般不超出本行政区范围，是本行政区购买力最强、消费水平较高的地方，一般适合开设各类大、中、小型零售店；③ 社区商圈，是指位于城市三、四级行政区(如村、社区、工业区)内，辐射范围主要为本区域的商圈，这类商圈的购买力一般不强，不适合开设大型零售店。

【小思考】

商圈的广义定义和狭义定义

杭州的商圈，经历了一个又一个的时代变迁。湖滨商圈曾是杭州最著名的商业中心，之后随着武林商圈的崛起，湖滨商圈黯然失色，然而最近两年又重现其辉煌的影子，沉寂已久的吴山商圈也成为炙手可热的商业地块……这是十多年城市发展、商业进步的见证。随着杭州城市规模的不断扩大、城市格局的演变、功能结构的变化，杭州走向多商圈时代是必然的趋势。

请问这段话中出现的商圈概念是广义定义，还是狭义定义？

商圈(广义定义)是在城市中某些特定区域内，由商业企业网点集聚所形成的与周围企业、消费者产生交互作用(包括辐射、吸引双向活动)的一定空间范围。这些商贸网点集聚的特定空间区域既可能在一个城市的中心，也可能在城市的次中心或边缘地带。

商圈概念有三个层面：微观层面、中观层面和宏观层面。微观层面的商圈概念以零售单店作为考察对象；中观层面的商圈概念以由若干个地理上靠近的零售单店组合形成的商业网点集聚体作为考察对象；宏观层面的商圈以一个行政区划单位(一个县或一个市)的商业网点集聚体作为考察对象。

本书中商圈的定义是狭义的定义，是指以零售商店所在地为中心，沿着一定的方向和距离扩展，吸引顾客的辐射范围。简言之，商圈就是零售商吸引其顾客的地理区域。在生活中商圈的定义有可能是广义的定义，我们在本书中取狭义的定义。

(二) 商圈的形态

根据主要顾客群体的类型和其消费特点，商圈的形态可以划分为以下五种类型：

(1) 商业区：是指商业气氛浓、商业行业集中的区域。其特点为商圈大，流动人口多，热闹，人气旺，各种店铺林立。这些特点使得商业区具有集体性优势，其消费习性为快速、流行、娱乐，冲动购买多，消费金额不等。

(2) 住宅区：是指家庭住户多、住宅楼房集中的区域。其特点是流动人口少，本地人口和常住人口多。其消费习性为消费群体稳定，日常用品和家庭用品购买率高，购买金额大等。

(3) 文教区：是指文化气氛浓、学校多、教育集中的区域。在这里会有各类大、中、小学及其他各种职业学校，人口以学生和教师为主。其消费习性为消费金额不高，文化教育用品、体育用品、休闲用品、食品购买率高，平时购物者少，周末购物者多等。

(4) 办公区：是指办公大楼林立、企业(单位)云集、上班人员多的区域。其消费习性为外地人口多，上下班购物者多，时尚，消费水平高。

(5) 混合区：是指商业区和住宅区混合在一起或者有两种以上区域混合在一起的区域。其社会功能趋于多元化，具备单一商圈形态的消费特色，属于多元化的消费习性。

(三) 影响商圈形成的因素

1. 企业外部环境因素

(1) 家庭与人口。零售店所处外部环境的人口密度、收入水平、职业构成、性别、年龄结构、家庭构成、生活习惯、文化水平、消费水平，以及流动人口的数量与构成等，对于零售店商圈的形成具有决定性的意义。

(2) 地理状况。零售店所处的外部环境是市区还是郊区，是工业区还是商业区，是人口密集区还是人口稀少区等，对商圈的形成都有着重要的影响。另外，零售店所处外部环境是否有大沟、河流、铁路、高速公路、高架桥、山梁阻隔等，也会影响到商圈的形成。

(3) 交通状况。零售店周边交通状况的优劣，如道路状况、公交状况、电车或地铁状况等，对商圈的形成有着重要影响。例如，规模相同的百货店 A 和 B 相距 1 000 米，A 的交通便利，B 的交通非常不便利，那么 A 的商圈就大，B 的商圈就小。

(4) 城市规划。城市规划对零售店商圈的形成有很大的影响。如果零售店选址于城市的市级商业中心规划区，其商圈就可能辐射全市；如果选址于区域商业中心规划区，其商圈一般只辐射区域性地方。另外，城市交通、住宅、产业等方面的规划对零售店的商圈也会有很大的影响。例如，某大型百货商店位于老城区的商业中心，人流大，店铺多，商业旺盛，但道路狭窄，交通不便利，如果在城市规划中其道路状况得到改善，那么该百货店的商圈将会变大；如果政府规划了新的商业中心，那么该百货店的商圈未来将会变小。

(5) 商业集聚。商业集聚是指大量相互关联密切的商业在空间上的集聚，从而形成一定区域内商业网点密度和专业化程度很高的商业经营场所集中分布的状况。商业集聚一般有四种状况：第一，异种业态的商业集聚，即业态不同、经营品种完全不同的零售店铺的集聚，如百货店、超市、家电专卖店、家居店等聚集在一起，这时各店铺之间一般不产生直接竞争，而是形成扎堆效应，使市场产生更大的吸引力，吸引更多、更远的消费者，使店铺的商圈辐射范围变大。第二，相同业态的商业集聚，即有竞争关系的相同业态、经营同类商品的店铺在同一个地区的集聚，如同一商圈内有多家规模、内容相近的大型超市。这种集聚的结果使位于同一商圈内的店铺之间既产生竞争效应，又产生集聚效应。这一方面能使消费者在同类型商店进行商品质量、价格、款式及服务的比较，从而加剧商店之间的竞争性；另一方面商店的集聚又会产生集聚放大效应，吸引更多的顾客。不过，在同一商圈内若同业态的零售商过度集聚，就会引发过度竞争、恶意竞争。第三，有补充关系的商业集聚，即经营的商品互为补充品，以满足消费者连带需求的零售商集聚。如家电零售商与家电配件销售零售商的集聚，百货店周围集聚的服装专卖店、饰品专卖店、鞋帽专卖店、快餐店等，它们提供了互相补充的、更加全面的商品种类，能共同吸引客流。这种形式的商业集聚在国内大城市的中心商业区随处可见。第四，不同行业的商业集聚。如零售业、餐饮业、娱乐业、电信部门、金融机构等集聚在一起，这是一种多功能型集聚情况，将会产生极大的扎堆效应，有利于产生放大的集聚效应，从而有效地扩大该地区的购物与服务商圈。

2. 企业内部因素

(1) 零售店的规模。一般来说，零售店的规模越大，经营的商品就越多，商圈就越大；反之，商圈就越小。当然，零售店的规模并非越大越好，应该视所在地区的具体情况而定。

(2) 零售店的业态。业态对零售店的商圈也会产生很大的影响。例如，在同一地点，便利店的商圈就很小，超市的商圈就会大很多，而大型百货商场、家电专业店的商圈会更大。

(3) 零售店的市场定位。同一零售店，如果市场定位不同，目标顾客也会有所不同，商圈范围就会有所改变。例如，同一百货店，如果定位于中低档流行百货，商圈就很大；如果定位于中高档时尚百货，商圈就可能辐射全市范围。

(4) 零售店的经营管理水平。零售店的经营管理水平高，信誉好，知名度和美誉度就高，吸引顾客的范围就会变大；如果其经营水平低，服务不好，口碑就会很差，吸引顾客的范围就会变小。

(5) 经营商品因素。商店经营商品的类别、品种规格、价格不同，商圈的大小也不同。一般来说，经营日用品的商店的商圈较小，而经营贵重商品(如电器、珠宝首饰等)的商店的商圈较大。

(6) 促销活动。商店可以通过各种促销手段扩大知名度和影响力，吸引更多边缘商圈的顾客慕名光顾，从而使其商圈的规模扩大。

二、商圈划定方法

商圈理论中最负盛名的理论有两个，一个是雷利法则，另一个是赫夫法则，后续的许多有关商圈的研究多是雷利法则或赫夫法则的延伸、演化或改进。

（一）雷利法则

雷利法则，亦称零售吸引力法则，是美国学者威廉•雷利通过对 150 个城市调查分析后于 1931 年提出的。它的具体内容为：具有零售中心地机能的两个城市，对位于其中间一城市的零售交易的吸引力与相应两城市的人口成正比，与两城市的距离的平方成反比。

假设有 a、b 两个城市，其中间地带有 c 城市，居住在 c 城市的消费者分别会有多少去 a、b 两个城市购物呢？按雷利法则可得到以下公式：

$$\frac{B_a}{B_b} = \frac{P_a / D_a^2}{P_b / D_b^2}$$

式中：B_a 为流向 a 城市的销售额；B_b 为流向 b 城市的销售额；P_a 为 a 城市的人口；P_b 为 b 城市的人口；D_a 为 a 城市中心区距离 c 城市的距离；D_b 为 b 城市中心区距离 c 城市的距离。

后来，美国经济学家康维斯(Converse)进一步修正了雷利模型，以确定在 a、b 两个城市之间的顾客到任何一个城市购物的分界点。位于分界点至 a 城市之间的顾客更愿意到 a 城市购物，位于分界点至 b 城市之间的顾客更愿意到 b 城市购物，数学表达式为

$$D_{ab} = \frac{d}{1 + \sqrt{P_b / P_a}}$$

式中：D_{ab} 为分界点到城市 a 的距离；d 为城市 a 与城市 b 之间的距离；P_a 为城市 a 的人口；P_b 为城市 b 的人口。

康维斯模型是雷利模型的延伸，它明确了商圈划分分界点的位置，因此这个模型更加实用，也可以说是雷利模型更一般化的表达形式。

假设 a 城市人口 9 万人，b 城市人口 1 万人，a 距 b 之间相距 20 千米，代入公式得

$$D_{ab} = \frac{20}{1 + \sqrt{1/9}} = 15(千米)$$

$$D_{ba} = \frac{20}{1 + \sqrt{9/1}} = 5(千米)$$

则该中介点与 a、b 两城市的相对位置如图 2-2 所示。

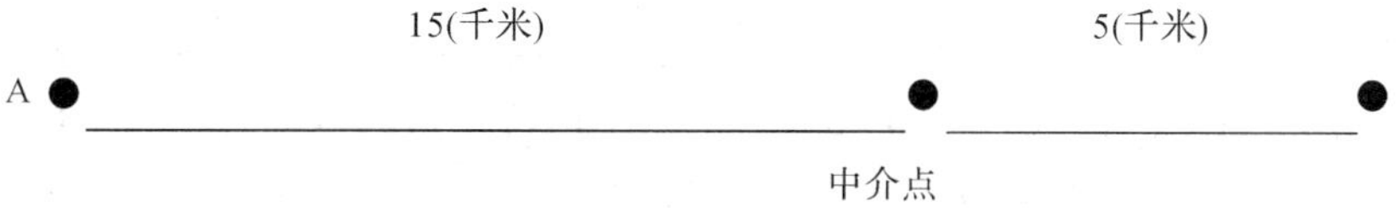

图 2-2　中介点位置图

　　计算结果表明，a 城市吸引与中介点距离为 15 千米内的顾客，b 城市吸引与中介点距离为 5 千米内的顾客，即中介点往 a 城市这边的居民主要在 a 城市购物，中介点往 b 城市这边的居民主要在 b 城市购物。这就帮助零售商划定了 a 城市中的商店和 b 城市中的商店的商圈范围。

　　如果有各自独立的 a、b、c、d 四个城市，a 城市到其他城市之间的距离也测算出来，且每个城市的人口也已知道，则可以利用上述公式分别计算出 a 城市吸引顾客的距离 b、c、d 三个城市之间的中介点，将三个中介点连接起来，就可以得出 a 城市的大致商圈范围，在此范围内居住的顾客通常都愿意到 a 城市购买所需商品，如图 2-3 所示。

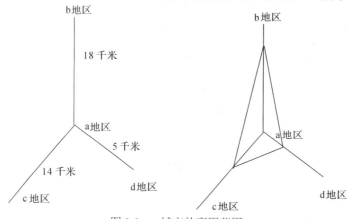

图 2-3　a 城市的商圈范围

　　雷利法则是商圈理论研究的开端，为后续的研究奠定了重要的基础，但是雷利法则本身也是有缺陷的，一个比较明显的缺陷就在于雷利法则假定消费者对零售店会做出非此即彼的选择，这明显与现实的消费者行为不相吻合。事实上，在现实生活中消费者有可能会同时选择两家地理上较近的零售店进行购物，雷利法则从较宏观的层面对商圈进行考察，并没有从较微观的消费者层面进行考察，而赫夫法则较好地克服了这一理论的缺陷。

（二）赫夫法则

　　赫夫法则是美国零售学者戴伟·赫夫(David Huff)于 20 世纪 60 年代提出的，他认为一个商店的商圈取决于它的相关吸力。在数个商店集中于一地时，顾客到哪个商店购物的概率是由商店的规模和顾客到该商店的距离决定的，即一个商店对顾客的相关吸引力取决于两个因素：商店的规模和距离。其数学表达式为

$$P_{ij} = \frac{S_j / T_{ij}^{\lambda}}{\sum_{j=1}^{n} S_j / T_{ij}^{\lambda}}$$

式中：P_{ij} 为 i 地区的消费者到 j 商店购物的概率；S_j 为 j 商店的规模(营业面积)；T_{ij} 为 i 地区的消费者到 j 商店的时间距离或空间距离；λ 为通过实际调研或运用计算机程序计算的消费者对时间距离或空间距离的敏感性的参数；S_j/T_{ij}^{λ} 为 j 商店对 i 地区消费者的吸引力；$\sum$

为同一区域内所有商店的吸引力。

由赫夫法则可以看出影响商圈的两个重要因素：商店的规模(一般用营业面积指标表示)和距离。日本学者甚至进一步把赫夫模型修正为全国统一的客观尺度，将 λ 赋值为 2，认为消费者在某个商圈购物的概率与商店的卖场面积大小成正比，而与到达该处距离的二次方成反比。

消费者在诸多商店中选择特定的商店购买商品，取决于该商店的相关吸引力，该模型认为消费者到特定商店的可能性等于该商店对消费者的吸引力与这一地区内全部同类型商店的综合吸引力的比率。

例如，一个消费者有机会在同一区域内 3 个超市中的任何一个超市购物，已知这 3 个超市的规模与 3 个超市和该消费者居住点的时间距离如表 2-2 所示。

表 2-2　3 个超市的规模与 3 个超市和该消费者居住点的时间距离

商　店	时间距离/分钟	规模/平方米
a	40	50 000
b	60	70 000
c	30	40 000

如果 $\lambda=1$，则每个超市对这个消费者的吸引力是：

a 的吸引力是：50 000/40＝1 250；

b 的吸引力是：70 000/60＝1 166.67；

c 的吸引力是：40 000/30＝1 333.33。

该消费者到每个超市购物的概率分别是：

到 a 店的概率＝1 250/(1 250＋1 166.67＋1 333.33)＝0.33；

到 b 店的概率＝1 166.67/(1 250＋1 166.67＋1 333.33)＝0.311；

到 c 店的概率＝1 333.33/(1 250＋1 166.67＋1 333.33)＝0.356。

赫夫法则是一个很实用的模型，国外在调查大型零售店对周边商圈的影响时也经常使用该模型。赫夫法则对预测新设商店的销售非常有意义，零售店在进行新店址策划时，可以借助赫夫法则的数学模型评估新店址的潜在商圈，预测销售额。

但是随着现代零售业的发展，我们会发现决定一个零售商店吸引力大小的因素可能还包括商品的价格、商品种类的丰富程度、服务水平，甚至可能还包括店内的环境和商店周围的环境，所以赫夫法则认为决定零售商店吸引力的因素只有营业面积和距离，是有局限性的。

由此，美国学者布莱克(Black)于 1987 年对赫夫模型进行了改进和延伸，提出了多个因素的作用模型：

$$P_{ak} = \frac{\left| A_{ak}^{N} / D_{ak}^{N} \right|}{\sum \left| A_{ak}^{N} / D_{ak}^{N} \right|}$$

式中：P_{ak} 为区域 a 内顾客到零售店 k 购物的概率；A_{ak} 为零售店 k 吸引区域 a 内顾客到零售店 k 的因素总和；D_{ak} 为阻碍区域 a 内顾客到零售店 k 的因素总和；N 为经验指数。

在考察零售商圈的吸引力因素时，营业面积和距离是两个重要因素，也是以往相关文献中考虑比较多的因素，然而除了考虑这两个传统因素外，还应当考虑一些什么因素呢？第一，超市商品种类的丰富程度，这个因素反映的是超市更新商品种类的速度以及商品适应消费者需求的程度；第二，超市的商品价格，有的超市采取低价格策略，对消费者是有很大吸引力的，对商圈是有影响的，如沃尔玛的"天天平价"；第三，超市的店内环境，包括店内的灯光、色彩、音乐、商品布局的整洁有序性以及地面的清洁卫生情况等，反映的是消费者在店内购物对环境反应的舒适程度；第四，超市的服务水平，包括超市的导购服务、咨询服务、收银服务、退换货服务等，反映的是消费者对超市服务水平的认可程度；第五，超市的周边环境，是指超市周边是否有其他商业配套(如银行、餐饮)，是否有其他具有互补性作用的异质性竞争业态存在(如超市旁边有专业店和专卖店)，超市是否位于人文气息较强、风景怡人的地理位置，反映的是消费者对超市周边环境的接受和期望情况。

布莱克模型作为赫夫模型的演进和深化，加深了对商圈理论的认识，但同时也加大了在实践中对商圈测度的复杂性和难度，布莱克模型更多的只是作为一种理论上的探讨。

三、商圈调查

(一) 问卷调查

问卷调查即通过向来店顾客发放问卷的方式实施问卷调查，一般在商店门口采取拦截式发放问卷的方式进行。

【小思考】

在商圈调查问卷中，最重要的问题是什么？

商圈的狭义定义是：以零售店所在地为中心，沿着一定的方向和距离扩展，吸引顾客的辐射范围。简言之，商圈就是零售商吸引其顾客的地理区域，也就是来店购买商品的顾客所居住的地理范围。所以，在商圈调查问卷中，最重要的问题应当是顾客从哪里来，或者顾客的居住地址。

【小知识】

商圈饱和度

商圈饱和度是判断某个地区商业竞争激烈程度的一个指标，通过计算或测定某类商品销售的饱和指标，可以了解某个地区同行业竞争者是过多还是不足，以决定是否选择在此地开店。

商圈饱和度指标(IRS)的计算公式为

$$IRS = \frac{C \times RE}{RF}$$

式中，IRS 为某地区某类商品商圈的饱和指数；C 为某地区购买某类商品的潜在顾客人数；RE 为某地区每一位顾客的平均购买额；RF 为某地区经营同类商品的商店的营业总面积。

商圈调查一般还需要设计的问题包括：

(1) 平均购买金额(客单价)：消费者每次去商店的平均购买金额或平均客单价。

(2) 通常的交通方式：包括步行，骑电动车、自行车，坐公交车，开小汽车，在一些大城市可能还有乘地铁、水上巴士等方式。

(3) 花费的时间：消费者到商店所需要花费的时间。

(4) 光顾商店的频率：在单位周期内，消费者到商店的次数。

(5) 购买力状况(家庭收入、可支配收入)：消费者的个人收入、家庭收入或可支配收入。

(6) 主要购买商品的类别：消费者到商店主要购买的商品类别。

(7) 选择商店的主要原因：吸引消费者到商店购物的主要因素，包括距离、营业面积、商品种类、价格、店内环境、店外环境、服务等。

(8) 消费者基本特征：消费者的年龄、性别、职业等。

【小案例】

欧尚超市商圈调查问卷

亲爱的各位消费者，我们现在正在做一份关于欧尚超市商圈的调查，请让我占用您一分钟时间，帮我填一下问卷，谢谢您!

1. 您的家庭住址：_____

2. 您最常去的超市是

□欧尚　　　　　　　□世纪联华　　　　　　□其他_____

3. 您去欧尚超市的方式是

□步行　　　　　　　□骑电动车(自行车)　　□坐公交车　　　　□开小汽车

4. 从家到欧尚超市需要花多少时间

□5 分钟及以下　　　□6～10 分钟　　　　　□11～20 分钟

□21～40 分钟　　　 □41 分钟及以上

5. 您去欧尚超市的频率是

□一个星期两次　　　□一个星期一次　　　　□一个月两次　　　□一个月一次

6. 您每次去欧尚超市购买商品的平均金额是

□50 元及以下　　　 □51～100 元　　　　　□101～200 元

□201～400 元　　　 □401 元以上

7. 您的性别是

□男　　　　　　　　□女

8. 您的年龄是

□25 岁及以下　　　 □26～35 岁　　　　　　□36～45 岁

□46～55 岁　　　　 □56～65 岁　　　　　　□66 岁及以上

9. 您的月收入大致是

□1 000 元及以下　　□1 001～2 000 元　　　□2 001～3 000 元

□3 001～4 000 元　 □4 001～5 000 元　　　□5 001 元及以上

10. 您认为欧尚超市最吸引您的地方是(可以多选)

□商品价格便宜　　　□商品质量好　　　　　□商品种类多

□交通方便　　　　　□离家近

(二) 商圈调查报告

进行完商圈问卷调查，要撰写商圈调查报告。商圈调查报告的基本内容包括以下几个方面：

(1) 商店周围地理位置特征表述：商店位于什么位置，在什么街道或道路上，一般要附图说明。

(2) 商店周围商业环境和交通环境情况：商店周围有什么酒店、写字楼、小区、学校，周边有哪些其他零售业态，如专业店、专卖店、购物中心等；商店所处位置的交通环境如何，马路的宽窄如何，车道有几车道，车流量和人流量多少，最近的公交站点在哪里，总共有多少路公交车经过等。

(3) 商店的营业面积和商品结构：商店的营业面积有多大，主要售卖的商品类别是什么。

(4) 商店的市场定位和经营特色：商店的市场定位是什么，主要面向的目标顾客是谁，经营特色是什么。

(5) 商店周围居民及流动人口的消费结构、消费习惯：相关资料可以通过零售商圈的问卷调查获得，也可以通过商店所在的街道居委会获得。

(6) 商店的竞争者分析：在商圈范围内，有没有与本商店构成直接竞争关系的竞争者，如有，竞争者是谁，它的经营情况如何。

(7) 商店能辐射的商圈范围：通过以上分析，在地图上用圆圈或椭圆大致绘出商店商圈所能辐射的范围。

第二节 零 售 选 址

一、零售选址的重要性

正确的选址对零售商的成功经营具有十分重要的意义。正如零售行业里公认的一句话，零售商获得成功的因素是 "Place, Place, Place" (选址，选址，还是选址)。选址就是店铺的选择、确定。对有店铺零售商来说，店铺选址是非常重要的，甚至可以认为零售业就是选址产业。这是因为顾客选择商店进行购物时，店铺的位置是所考虑的最重要因素，零售商可以随时改变商品的价格、商品组合、服务内容与促销手段等营销组合要素，但是店铺的位置一旦确定就很难改变了，所以，占据有优势的店铺位置是获得其他竞争者不易模仿的竞争优势的重要途径。具体来说，店铺选址的重要性主要有以下几点：

(1) 店铺选址是一项大的、长期性的投资，关系到零售企业的发展前途。零售店铺的地址不管是租赁的还是购买的，一经确定，就需要投入大量的资金进行建设、装修，当外部环境发生变化时，它不像其他零售要素那样容易进行调整，而是具有长期性、固定性的特点。因此，店铺选址要做深入细致的调查、周密的考虑、精心的规划与建设。

(2) 店铺选址是零售经营者确定经营目标、制订经营策略的重要依据。不同地区、不同地段有不同的社会环境、地理特点、交通条件、公共设施、人口状况和潜在的顾客群，这些因素既制约着零售店铺的商圈大小和顾客构成，也制约着零售店铺对经营商品、价格、服务及促销方式的选择，从而影响着策略的可实施性和目标的可实现性。

(3) 店铺选址是影响经营效率的重要因素。零售店铺的选址优越，就意味着拥有地利，店铺就会有人气，顾客流量就大，在规模、商品组合、服务水平及促销条件等不变的情况下，店铺的销售额就会更大，经营效率也会更高。因此，零售商在进行经营效率分析时，必须考虑到店址的影响，在进行店铺业绩考核、内部管理时也要考虑这一因素。

二、零售选址的类型

零售选址一般分为三种基本类型：独家店、无规划的商业区和规划的商业购物中心。

1. 独家店

独家店单独坐落在一定区域，独立开店，邻近没有其他竞争对手与之分享客流。

这类选址的优势在于：单独设店，无竞争对手，开店的成功率较高；如果租用营业场所，则租金较低，开店费用低。这类选址一般都会选择公路或街道旁边等能见度高的地方。若建筑物单独设店，则经营成功后有扩大规模的潜力。

但是，如果这类商店规模不够大，商品种类较少，就不容易吸引远距离的消费者，商圈较小；广告费用必须独立承担，广告费用较高；大多数情况下，商场建筑一般不能租用，而必须新建，开店的前期投入较高；消费者的选择余地较小，因此，消费者更愿意去店铺集中的商业中心购物。

由于独家店具有以上特点，因此这类选址一般比较适合开设大型综合超级市场和仓储商店。因为大型综合超级市场和仓储商店经营商品种类齐全、价格低，具有较大的主动吸引顾客的能力，能够满足顾客"一次性购齐"的需求。当然，顾客一次性购买量较大，需要较多的停车位以满足开车购物者。我国近几年兴起的大型综合超级市场和仓储商店大多选择在城乡接合部交通方便的地点独立选址，都比较成功。

2. 无规划的商业区

无规划的商业区是指两个或两个以上的零售商店相距较远，未经总体布局或长期规划而自然发展起来的商业中心。例如，很多城市在发展中，由于交通条件、地理环境等因素自然而然形成了比较繁华的商业区。

这种自然形成的商业区又可以分为中心商业区、次级商业区、邻里商业区和商业街四种类型。

1) 中心商业区

中心商业区是一座城市商业网点最密集的购物区，也是整个城市的最大购物区，吸引着来自整个市区的消费者。

中心商业区店铺林立，商品丰富，有较大的选择余地，交通方便，客流量大，在此开店可以借助商店的积聚效应吸引较多较远的顾客群，有利于扩大商圈；中心商业区店铺的种类设施齐全，具有一定的互补性，开店的成功性较高。

中心商业区的不足之处在于：中心商业区往往地处闹市区，建店费用和租金较高，开办费用较高；公交路线较多，容易形成交通拥堵；场地狭小，基本没有停车场，不利于开车购物族；一旦需要扩大规模，扩展潜力小。

中心商业区比较适合开设百货商店和专卖店。

2）次级商业区

次级商业区是分散在一座城市的无规划的多个繁华程度较低的购物区域，通常位于两条主要街道的交叉路口，至少有一家百货商店或大卖场和几家专业店或专卖店。

次级商业区主要面向城市的某一区域的消费者，交通比较便利，客流量较大；商品的品种比较齐全，便于消费者选购；比中心商业区更靠近居民区，顾客群比较稳定。但是与中心商业区相比，次级商业区供应的商品和服务不均衡，难以吸引较远的顾客。

次级商业区比较适合开设以销售家庭用品和日常生活用品为主的商店，商品在档次上略低于中心商业区的商品，以满足大量工薪阶层人士的消费需求。

3）邻里商业区

邻里商业区是为了满足住宅区居民购物和服务方便而自发形成的小型商业区，主要由若干小商店组成。

由于邻里商业区的商店数量相对较少，基本不存在同种业态的店铺，因此竞争程度较低；邻里商业区往往在住宅区的主要街道上，最接近顾客，顾客群最为稳定；营业时间较长，便于顾客购买。

但是邻里商业区的商圈较小，客流量较少；商品种类相对比较单一，不利于消费者选择；价格相对较高。

邻里商业区比较适合开设便利店、小型的社区超市、水果店、生鲜店、宠物商品店、烟酒店等。

4）商业街

商业街是由一组经营类似商品的商店未经规划聚集在一起而形成的小型购物区。

商业街与独立店往往具有类似的特点，店铺的规模较小，投资较少，而且租金较低，经营灵活。商业街的店铺具有一定的互补性，有利于消费。但是，由于店铺分布相对集中，客流量又较少，所以，同类店的竞争较为激烈。

商业街比较适合开设小型专业店或专卖店。

3. 规划的商业购物中心

规划的商业购物中心是经过统一规划设计、产权集中的商店群，统一兴建完工后再把各商店出租出售给零售企业，集中进行管理的购物区域。

这种事先规划的商业购物中心具备完善的设施，规划协调，商品和服务品种组合合理，拥有宽敞的停车场，以及统一规划的购物中心形象，容易形成较大的商圈。但是，受管理者的制约，经营的灵活性较差；竞争相对比较激烈。规划的商业购物中心在国外发展较快，在我国发展也比较迅速。由于兴建统一规划的商业购物中心投资较多，回收期较长，因此，投资统一规划的商业购物中心一定要谨慎。

三、零售选址的原则

不同行业、不同组织结构的商店，不论是小型专卖店还是大型购物中心，不论是小型居民区的便利店还是大型连锁综合超市，其选择商店位置的首要原则是一致的：最大限度地提高进店的客流量。

这个首要原则可以用决定商店销售额的漏斗模型来解释，如图2-4所示。

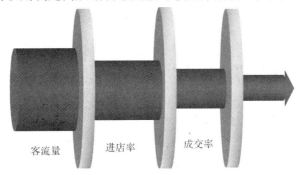

客流量　　进店率　　成交率

图2-4　商店销售额的漏斗模型

一个店铺的销售额可以用一个公式来表示：

店铺销售额=客流量×进店率×成交率×平均客单价

从公式来看，店铺销售额取决于店铺周边的客流量、进店率、成交率和平均客单价 4 个指标的乘积，客流量成为整个公式的基础基数，所以要获得较好的销售额，必须选址在周边客流较多的位置。但是客流量大，进店率未必就高，因此选址在汽车站和火车站旁边的店铺并不一定能够保证获得较好的销售额。由于旅客过往匆匆，往往并没有太多心情购物，进店率未必会高。所以还要努力提高进店率。

店铺的选址会直接影响客流量和进店率这两个指标，而成交率和平均客单价属于零售企业内部运营水平决定的因素，受店铺选址的影响作用相对较小。客流量与进店率的乘积就是进店的客流量，对于零售企业而言，不论其业态如何，规模如何，商品结构如何，选址的首要原则就是最大限度地提高进店的客流量。

具体而言，店铺选址的具体原则包括以下四点：

1. 选址在客流量大的位置

在人口集中的地方，如居民聚集区，人们有着各种各样的对商品的大量需求，本着"为民、便民、利民"的宗旨，那么店铺一般会销售额较高，收入比较稳定。新兴居民区往往也是店铺选址的好位置，因为该区域居民集中，收入水平高，商业设施少，地价相对低，未来变动拆迁的可能性小，而且人口有增加的趋势。总之，要尽可能选择接近人们聚集的场所，如公园、电影院、游乐场等场所，或者学校、机关单位、工厂集中的地区。

为了获得较大的客流量，尽可能选址在交通便利的地方。交通便利影响着店铺采购进货和服务送货的安全性、经济性和时间性，也影响区域范围内顾客到店的难易程度进而决定顾客入店频率和购买意向。当然，铁路、快车道、阻隔栏、河流等会在一定程度上限制客流，明智的投资者设立店铺要尽量避免这些障碍。通常把店铺设在客流量多的街道上，可以使多数人购物都比较方便；相反，在客流量较少的地方选址，销售额一般很难提高。

【小知识】

聚 客 力

聚客力就是聚集顾客、吸引顾客的力量，商业系统经常使用这个概念。

我们会发现在日生活中，有一些地方经常有较多的人群聚集，我们称这个地方的聚客力较强。

在店铺选址的时候，尽量要选择在聚客力较强的地方，或者通过一定的方式和手段提高店铺所处位置的聚客力。

一般来说，街角地段属于黄金地段，聚客力较高，原因有二：一是街角地段的店铺可视性较好，不论从哪个方向过往的消费者都能远远看见该店铺的存在；二是消费者行至此处，往往可能会稍作停留和休息，则增加了进入店铺的可能性和概率。

一些店铺为了增加店铺门口的聚客力，往往采取多种手段和方式，如在店铺门口增加可供行人休憩的座椅或放置可供儿童游乐的摇摇马等。

【小思考】

弧形商业街的选址

假设在一条弧形的商业步行街上，如图 2-5 所示，有两个可供选择的选址 A 和 B，在不考虑朝向、租金、面积等因素的前提下，即所有条件都是一样的情况下，请问：从商店选址的聚客力角度来讨论，是应该选择 A 选址还是 B 选址？

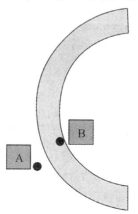

图 2-5　弧形商业街的选址

这基本上是一个较为开放的问题，从不同的角度来讨论可能会有不同的答案：如果从可视性角度来谈论，A 的选址可能会比 B 好；如果从步行半径的距离看，B 的距离会短一点，B 的选址要比 A 的选址好。

但是如果从聚客力的角度来讨论，A 和 B 的选址从理论上来分析哪个要稍微好一点呢？

答案：如果我们换一个类比的思路，假设这条弧形商业街是一条河流，A 和 B 的选址是盖房子的选址，自然是选择在 B 点盖房子更加安全，不会受到水流的冲刷。但是再反过来，这是一条弧形的商业街而不是河流，则商店选址是希望受到人流的冲刷，所以仅仅从理论上来分析，从聚客力角度上讲，A 的选址要好于 B。当然，在现实当中，不仅仅要考虑聚客力的因素，还需要考虑朝向、租金和面积等其他现实因素。

2. 对物业成本进行权衡

选址在商业繁华地段虽然客流较大，但往往租金(物业成本)会比较高；而在租金比较低的地方往往人流会比较小，这是一对矛盾，所以需要对店铺的物业成本进行权衡。

由公式来看：

$$销售额 = 客流量 \times 进店率 \times 成交率 \times 平均客单价$$

但是店铺的运营目的并不是获取销售额最大化，而是利润最大化，所以由公式来看：

利润＝销售额－进货成本－运营成本(物业成本)

　　　＝客流量×进店率×成交率×平均客单价－进货成本－运营成本(物业成本)

利润是销售额减掉进货成本再减掉运营成本，运营成本的很大一块比例由物业成本构成，如果物业成本过高，会吞噬掉大部分利润甚至全部利润。

如果零售企业选址在繁华地段愿意为获得较高的客流而承担较高的租金，在经过充分、仔细的调查和谋划后可以一试，但这也需要经营主具备一定的胆识和魄力。

如果零售企业对自身的店铺品牌有相当的信心，有自信消费者愿意为惠顾自己品牌的店铺而承受相对较远的距离，则零售企业可以选址在并非繁华的地段甚至相对较远的城郊地区，这样省下的租金则可以转化为更多的利润。

从战略层面上讲，有的零售企业选址在商业繁华地段，即使利润微薄甚至利润微亏也愿意这样做，是为了打造品牌形象，如零售旗舰店或者制造企业的品牌专卖店，这部分的损失可以通过其他地段连锁店或其他渠道的利润进行弥补。

也有一些做O2O的零售企业，商品出货渠道大部分是通过线上，线下渠道则为补充，这些零售企业没有必要为选址在商业繁华地段而承担较高的租金，而是选址在相对偏远的地区，线下的实体店是作为线上商品的线下展示场所和物流储运配送的节点。

3. 注重提高店铺门头的可视性

如何吸引顾客进入店内是零售选址的首要原则，特别是在行人和店铺密集的商业街，如何吸引行人的注意，进而诱导其进入店内，一直是零售卖场选址与设计的重点，所以要注重提高店铺门头的可视性。

店铺的门头是指顾客经过某一店铺时，映入顾客视野的店铺形象。其中包括建筑的形状、店名标示、店铺招牌、店铺的外壁、店面样式、店铺入口以及从街面看到的卖场景象等。如同人拥有表情一样，每一家店铺也都有表情。店铺的表情主要取决于店铺门头的设计水平，并对顾客能否进入店内产生重要的影响。

从心理学上讲，第一印象往往会对人的判断及行为产生重要影响。美国心理学家辛根的调查表明，大学教授在给学生成绩打分时，漂亮女生的分数往往高于长相一般的女生。从人的某一长处出发，进而扩展到其他方面的心理现象，在心理学上称为晕轮效应。

晕轮效应或先入为主的心理现象在零售业同样适用。心理学家在分析第一印象时认为，行人看到店铺门头外观时最初20秒往往会决定后面80%的行为。当顾客最初接触店铺时，通常会迅速形成对店铺的主观印象，并以此联想和推测到店内的商品种类、价格、质量、服务水平、价值观念，以及店铺的风格、档次等。当顾客对一家店铺的外观形成好的印象时，店内的商品和服务往往能得到正面的评价。美国的一些调查甚至表明，在商品、服务、价格相同的条件下，店铺门头形象好的商店，其销售额也会相应提高。

零售商店不仅是向顾客提供商品和服务，同时也是向顾客销售店铺的印象。能否给顾客留下深刻的第一印象，特别是通过店铺门头外观向顾客传递一种感情并引发顾客正面的联想和认同，往往是店铺成功经营的先决条件。

店铺选址的地段往往会决定周边的客流量，而店铺的门头可视性却会直接决定顾客的进店率，所以要提高店铺门头的可视性。具体而言，我们可以通过三种手段或方式提高门头的可视性。

(1) 通过招牌的设计提高门头的可视性。

行人在路过店铺时,往往首先是通过店铺的招牌来识别店铺的业态。从建筑学的角度上讲,行人在识别店铺时,是从建筑物高度3倍的距离开始的。如果建筑物的高度为4米,那么行人从12米远的距离开始识别店铺,在这个距离如果顾客不能识别出店铺的主要特征,那么就很难被顾客注意。对于驾驶汽车的人来说,至少在50米以外就要识别出店铺的招牌。

对于店铺经营者来说,鲜明醒目的招牌能吸引行人的注意,提高能见度。因此,具有高度概括力和强烈吸引力的招牌,可以对顾客的视觉产生强烈的冲击,从而吸引顾客来店。为了使招牌充分发挥其应有的功能,店铺经营者应在招牌的文字设计、招牌的命名、招牌材料的选择、招牌的装饰渲染上多下功夫。

招牌的文字设计应注意以下几点:

① 店铺的字形、凸凹、色彩、位置应相互协调;

② 文字应尽可能精简,内容立意要深,同时又要上口、易记易认,使消费者一目了然;③ 文字内容必须与本店所销售的商品相吻合;

④ 字体要注意大众化,中文和外文美术字的变形要容易辨认,不要追求利落或是复古采用狂草等让人难以辨认的字体。

招牌的命名要力求言简意赅、清新脱俗、易读易记并富有美感,使之具有较强的吸引力。

招牌的造型要有趣、吸引人,要能明显地反映出店铺的类型。有的店铺别出心裁,以人物或动物的造型做招牌。这种招牌具有较大的趣味性,能更好地吸引消费者。同时,人物或动物的造型能明显地反映店铺的经营风格,使人在远处就可以看到前面是什么类型的商店。

招牌的内容表达要做到简洁突出。简明扼要的招牌不但令消费者过目不忘,还能达到良好的交流目的。这与店铺门头设计中店名命名内容相同,此处不再赘述。为达到最有效的传达效果,招牌上字的大小应适度,要考虑中远距离的传达效果,使其具有良好的可视性和传播效果。例如,你的卖场在车流量极大的街道或者公路旁,建议把店招字体做到最大,内容尽量单纯,方便开车的顾客在较快的行驶速度下也能看清。

(2) 通过橱窗展示提高门头的可视性。

如果把店面形容为店铺的脸面,那么橱窗就是店铺的眼睛,橱窗是向消费者传递商品和服务信息的用玻璃隔开的商品陈列空间。

店铺橱窗的作用表现在:

① 吸引顾客。橱窗是店铺的窗口,除了展示商品,有时也用于告知行人店内举办的一些活动,目的是吸引行人的注意,诱发兴趣,劝诱顾客进入店内。

② 甄别顾客。顾客往往根据自己的经济能力、生活方式和价值观念来选择商店的档次和种类,橱窗展示的目的是告知顾客商品的种类、档次、服务的水平,以方便入店顾客进行选择。

③ 促进销售。大部分橱窗除了展示商品外,还会告知顾客商品的用途、价格、使用场景和方法等,这样可以降低顾客对商品的认知风险,刺激顾客的有效需求。

④ 提高商店的品位和形象。橱窗展示的商品是随着季节和节日不断变化的,橱窗的变化应反映出人们生活节奏的变化。重视品位和形象的商店,橱窗中展示的不仅是商品,而且通过商品展示向人们提示一种生活方式和对生活的态度。

以服装专卖店为例，橱窗设计的表现手法可分为以下6种：

① 直接式。直接式橱窗指运用陈列技巧，通过对商品的折、拉、叠、挂、堆，或利用模特充分展现商品的质感、形态、色彩、款式、功能等。这种手法由于直接将商品推向消费者面前，所以要十分注意画面上商品的组合和展示角度，应着力突出商品的品牌和商品本身最容易打动人的部位。道具一般由模特、专用道具、背景物、装饰物、地台等组成；服装一般由服饰、眼镜、包、鞋等组成；灯光由定向射灯、背景灯、照明灯等组成。在道具与服装的选择上尽量选择一些造型独特、色彩明亮的物品，使产品置身于一个具有感染力的空间，让顾客对其产生注意和发生视觉兴趣，达到刺激购买欲望的目的。有的橱窗设计重点强调销售信息，除了陈列服装外，有时也配以促销信息的海报，追求立竿见影的效应，使顾客看得明白并激发进店欲望。

② 场景式。场景式橱窗以某一特定环境、情节、物件、人物的形态与情态，以及某一生活场景唤起消费者的种种联想，产生心灵上的某种沟通与共鸣，以表现商品的各种特性。通过联想，人们在审美对象上看到自己或与自己有关的经验，在联想过程中引发美感共鸣。有时橱窗内的抽象形态同样可以加强人们对商品个性内涵的感受，不仅能创造出一种崭新的视觉空间，而且具有强烈的时代气息。

③ 夸张式。夸张式橱窗借助想象，通过合理的夸张将商品的特点和个性中美的因素明显扩大，强调新颖奇特的心理感受。夸张、奇异的设计也是橱窗设计中另一种常用的手法，这样可以在平凡的创意中脱颖而出，赢得路人的关注。这种表现手法往往会采用一些非常规的设计手段，来追求视觉上的冲击力。最常用的是将模特的摄影海报放成特大的尺寸，或将一些物体重复排列，制造一种数量上的视觉冲击力。有的橱窗则既不为表达定位，也不为体现当季服饰精神，而是纯粹追求一种趣味，来吸引人的眼球，并让人产生入内一探究竟的欲望，以别具一格的方式，发挥艺术感染力的作用。

④ 虚幻式。虚幻式橱窗以无限丰富的想象构织出神话或童话般的画面，在一种奇幻的情景中再现现实，造成与现实生活的某种距离。这种充满浓郁浪漫主义，写意多于写实的表现手法，以突然出现的神奇视觉感受，给人一种特殊的美感，满足了人们喜好奇异多变的审美情趣要求。它的基本趋向是对联想所唤起的经验进行改造，最终构成具有审美者独特创造的新形象，产生强烈打动人心的力量。当前橱窗趋向于新时代新主题，体现的是文化与高科技之间的新体验，进而刺激新的消费方式。

⑤ 广告式。传统且常用的广告式橱窗依然是橱窗中应该研究的课题，恰当地运用广告语言，加上具有冲击力的海报，能加强主题的表现。它可以抓住顾客心理上的弱点，利用精美的文案向顾客强调产品具有的特征和优点。橱窗广告一般只出现简短的标题式的广告用语，而且要考虑到与整个设计和表现手法的一致性，同时既要生动，富有新意，唤起人们的兴趣，又要易于朗读，易于记忆。

⑥ 系列式。系列式橱窗也是一种常见的橱窗陈列形式，它能起到引起延续和加强视觉形象的作用。它通过统一的表现手法或道具形态色彩的某种一致性来达到系列效果，可以表现在服装的系列性上，也可以体现在每个橱窗广告中保留某一固定的形态、色彩、材料、文字等作为标志性的信号道具上。从视觉心理来说，人们追求多样变化，既对比又和谐的艺术效果，系列化能加深消费者对商品或品牌的印象，获得好的宣传效果，对扩大销售、树立名牌、刺激购买欲、增强竞争力有很大的作用。在店内其他的陈列也要保持延续

统一的陈列主题与系列性。

(3) 夜间通过霓虹灯提高门头的可视性。

霓虹灯是城市的美容师，每当夜幕降临时，华灯初上，五颜六色的霓虹灯就把城市装扮得格外美丽，也会极大地提高店铺门头的可视性。

在霓虹灯广告制作中，对具体色彩的理解与运用，不同于普遍的绘画作品，而有其独特的艺术性与功利性。

① 霓虹灯色彩的注目性。要使店铺霓虹灯色彩达到引人注目的效果，可运用色彩的对比手法，从而产生与众不同的色彩感觉与色彩组合，并有助于霓虹灯作品形象区别于周围事物与环境，形成色彩视觉冲击力，引发注意。不同的色彩对比组合，可以鲜艳夺目、明亮活泼，也可以庄重高雅、雍容华贵，在作品与消费者接触的一刹那中，打动消费者，增强注意的力度，在形成广告的第一印象时，色先夺人并留下深刻的印象。

② 霓虹灯色彩的象征与提示性。霓虹灯广告设计制作中运用不同色彩的象征意义，通过有机的组合，创造具有个性化的广告形象，在强化广告作品的视觉辨别力度的同时，运用色彩的象征性产生联想，辅助广告文字不断对广告的具体内容、品牌、企业的形象进行提示，加深消费者对广告内容的理解。麦当劳快餐的霓虹灯广告，由无数橘黄色小灯泡组成 M 形字母在夜空中闪闪发光，在它的标志即 M 形字母下面是麦当劳的标准色之一红色，整个霓虹灯色彩的艺术处理充分展示了它的标志与标准色的特色。在橘黄与红色的环抱中 McDonald's 的浅蓝色点缀其间，色彩主次分明，整体感强。

③ 霓虹灯色彩的逼真性。霓虹灯广告可以其色彩的逼真性再现商品及其他相关宣传内容的具体形象，以色彩丰富形象逼真来吸引、打动消费者。色彩的成功表现，能强化广告作品中具体物体的形象感，在鲜艳度、真实度方面产生令人信服、令人心动的感召力。

④ 霓虹灯色彩的陶冶性。精美的霓虹灯广告色彩，不仅使行人了解了广告内容、传达了店铺的信息、有效地达到广告促销的目的，而且还能在精神上给人美的享受。人在满足物质需求的同时，也形成了对色彩的审美需求，美丽的色彩会给人以美的联想，寄托美好的遐想与希望。

【小思考】

如图 2-6 所示，在某商业街的 6 个店铺，主客流方向是从左往右。

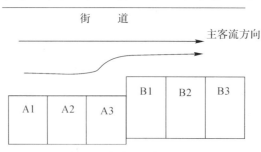

图 2-6 店铺选址的可视性

请问：哪个店铺选址的门头可视性最差？该如何改进？

答案：在以上 6 个店铺中，A3 店铺选址的可视性最差，原因在于顾客在从左往右行走的过程中，很有可能会出现由于 B1 店铺凸角的存在，还没有走到 A3 店铺门口的位置就改变了行走的方向。

改进办法：① 借助 B1 凸角外墙墙面设计 A3 店铺的广告牌或醒目的墙面广告，让行人在行走过程中从较远处就能关注到 A3 店铺的存在；② 在 A3 店铺门口放置座椅、花篮、工艺雕塑等，吸引行人的目光，滞留顾客在 A3 门口的行进；③ 在 A3 店铺门口铺设红地毯，通过心理暗示的方式自然而然地把顾客从行走路上诱导进店铺内部。虽然 A3 店铺选址存在先天不利，但确实可以通过后天人为办法克服这种先天不利，提高 A3 店铺门头的可视性。

4. 依托竞争形成集聚效应：成行成市

大量事实证明，对于那些经营耐用品、选购品的商店来说，若能集中在某一街区或地段，则更能招揽顾客。从顾客角度来看，店面众多表示货品齐全，购物时可以比较参考，选择余地较大。所以，新设的卖场不需要害怕竞争，同行愈多，人气愈旺，业绩才会愈好，因此店面也就会越来越多。

工艺品店、书画店等店址的选择最好是在这些店集中的地方。来这些店的顾客因为购买此类商品时希望有比较多的挑选、比较余地，但一个店又不可能经营齐全，因此，这些店最好集中在一起。

许多城市已经形成了各种专业街。例如，在广州，买电器要去海印，买服装要去北京路；在昆明，买电子产品要到园西路，买鲜花要到尚义街，批发要到螺蛳湾；在杭州，买古玩字画要去河坊街，买杭派女装要去武林女装一条街；等等。

四、零售选址的客流分析

1. 客流的类型

一般来说，任何一家商店的客流都可以分成三种关系：本身客流、分享客流和派生客流。

(1) 本身客流。本身客流是指那些专门来店购买商品的顾客所形成的客流。这是商店客流的基础，也是商店销售收入的主要来源，因此本身客流的形成和发展是零售企业获得经营成功的重要因素。大中型商店的客流大部分属于本身客流。一般新设商店在选址时，都重点评估本身客流的大小及发展规模。

(2) 分享客流。分享客流是指一家商店从邻近商店形成的客流中获得的而不是本身产生的客流。这种分享客流往往产生于经营互补品的商店之间，或大商店与小商店之间。例如，邻近大商店的小商店，顾客主要目的不是到小商店来选购商品，而是专程到大商店来购买，顺便进入邻近的小商店逛逛。不少小商店靠近大商店而设，就是利用这种分享客流。

(3) 派生客流。派生客流是指顾客到某地并不是专程购买商品，而是为其他目的，顺路进店所形成的客流。例如，设在火车站旁的商店，顾客来此地的目的主要是乘坐火车，在候车时间顺便进店看看；还有设在交通枢纽附近及旅游点附近的商店，其大部分客流均是这种派生客流。

2. 客流的目的、速度和停留时间

不同地区的客流规模虽然可能相同，但其目的、速度、停留时间各不相同，因此首先要进行具体分析，然后再进行最佳地址选择。例如，火车站的客流很大，但客流目的不是

购物，客流速度快，停留时间较短，是商店的派生客流，有时会顺便或者冲动性地购买一些商品，因此只有进行一些特殊宣传，才能吸引他们的目光。机关、工厂、学校、公园附近，客流很大，但客流目的不定，也很难形成购物客流。而在商业集中的繁华街道，客流的目的一般以购买商品为主或为与购买商品有联系的观光浏览，即为以后购买做准备。这些客流多表现为速度缓慢，停留时间长，因此这种客流目的对商店最为有利。

3. 街道特点与客流的关系

即使是同一条街道，由于交通条件、光照条件、公共设施等因素的影响，两侧的客流规模往往也不均衡。另外，由于行走方向习惯、居住区范围等因素的影响，一条街道的不同地段客流量也不同。有些街道由于两端的交通条件不同或通向地区不同，客流主要来自街道一端，表现为一端客流集中，纵深处逐渐减少的特征，这时候店址宜选在客流集中的一端。还有些街道，中间地段客流规模大于两端，相应的，店址放在中间地段就更能招揽潜在顾客。可能有人走到这里该拐弯，则这个地方就是客人到不了的地方，差不了几步路，但生意差很多，所谓一步差三市。因此在选址时要分析街道客流的特点，选在客流较多的街道一侧或地段。另外，人们骑车、步行或驾驶汽车都是靠右行，往往习惯光顾行驶方向右侧的商店。鉴于此，店铺开设地点应尽可能选择在客流较多的街道一侧。还有就是选址时一定要考虑人流的主要流动线是否会被竞争对手截住。例如，某个社区的马路边有一家肯德基店，客流主要自东向西走。如果往西一百米，竞争者再开一家西式快餐店就不妥当了，因为主要客流从东边过来，再在西边开同类店铺，大量客流就会被肯德基截住，效益就会不好。

【延伸阅读】

基于关联规则的客流分析

在现实生活中，经常可以看见相同业态的商店"扎堆"的现象。例如，麦当劳的旁边就是肯德基，海王星辰药店的旁边就是养天和药店，耐克专卖店的旁边就是阿迪达斯专卖店，我们将这种现象称为商业集聚。据笔者调查发现，为了能够更好地发挥商业集聚所带来的商业集聚效应，某商业街上的耐克专卖店与相邻的阿迪达斯专卖店把内墙打通了。之所以这样做，一定是因为能够产生"共赢"的商业集聚效应，那么这样的商业集聚效应到底是多少呢？进一步地，这样互为背景、互为依托的耐克专卖店和阿迪达斯专卖店相互之间是否存在竞争效应呢？谁又能从对手那里获得更多的"外部性"好处呢？

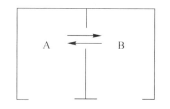

图 2-7　微观层面的商业集聚
——两家比邻的同业态商店

从最简单和抽象的情况考虑，如图 2-7 所示，在某商业街有两家同业态的商店 A 店和 B 店比邻而立，它们的门头都面向街道，为了更好地发挥客流的商业集聚效应，两家店把内墙打通了。

我们考察单个的消费者的客流情况。他有可能从 A 店和 B 店的门口路过，不论是往左走还是往右走，都没有进店，我们把这种客流称为无效客流，这不是我们考察的范畴，我们只考察进入 A 店或 B 店的有效客流。

对于有效客流，又要考虑若干种情况：① 主客流方向，即消费者在 A 店和 B 店门口的街道上往左走还是往右走；② 出店的方向是否与主客流方向一致，即消费者在走出 A 店或 B 店后与之前进店的方向是相同还是相反；③ 作为有效客流的消费者是进入 A 店还是进入 B 店，或者通过 A 店和 B 店的内墙两家店都进去过了；④ 如果消费者 A 店和 B 店都进去过了，那么他首先进入 A 店还是 B 店。我们将消费者首先进入的店简称为首进店，一般认为首进店是消费者的目标商店。

1. 微观层面商业集聚的客流情境分析

1) 微观层面商业集聚的客流情境

根据有效客流的若干情况，共总结出 16 种微观层面商业集聚的客流情境，如图 2-8 所示。

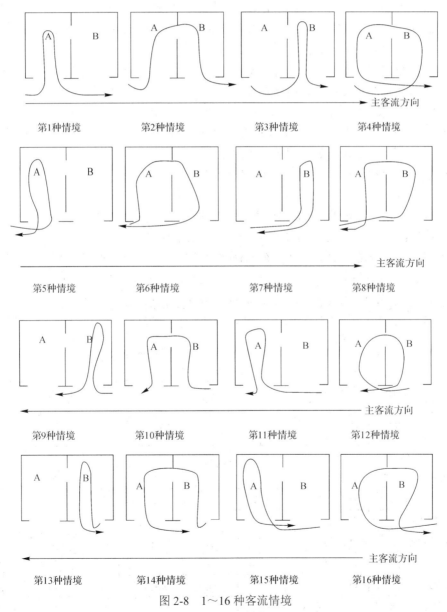

图 2-8　1～16 种客流情境

2) 不同客流情境下商店的机会得失分析

不同的客流情境下，商店的机会得失是不一样的：

对于第 1 种情境，消费者进了 A 店，那么 A 店得到 1 个机会，但是消费者的主客流方向与出店方向是一致的，进了 A 店却没有进 B 店，故此认为过 B 店门口而不入，B 店丧失了 1 个机会；

对于第 2 种情境，即进了 A 店又进了 B 店，两者都得到 1 个机会；

对于第 3 种情境，主客流方向与出店方向一致，过 A 店而不入，A 店丧失 1 个机会，B 店得到 1 个机会；

对于第 4 种情境，虽然主客流方向与出店方向是一致的，但是首进店是 B 店而不是 A 店，故此认为 B 店是消费者的目标商店，但是由于相邻的 A 店存在，对消费者产生吸引力，进入 A 店，改变了消费者从左至右的行走方向，所以认为 A 店得到 2 个机会，B 店得到 1 个机会；

对于第 5 种情境，主客流方向与出店方向不一致，A 店得到 1 个机会，B 店未进，没有得到机会但也没有丧失机会，B 店无得无失；

对于第 6 种情境，首进店是 A 店，B 店也进入了，但是由于 B 店的存在，使得消费者在 A 店和 B 店内行走的方向与消费者出店的方向是不一致的，B 店具有较大的吸引力，所以认为 A 店得到 1 个机会，B 店得到 2 个机会；

对于第 7 种情境，进入了 B 店而没有进入 A 店，而且是两次路过 A 店的门口都没有进入，所以认为 A 店丧失 2 个机会，B 店得到 1 个机会；

对于第 8 种情境，A 店和 B 店都进入，而且在 A 店和 B 店内行走的方向与出店的方向是一致的，所以认为 A 店和 B 店都得到 1 个机会；

对于主客流方向是从右至左的另外 8 种情境的商店机会得失分析以此类推，不再赘述。

表 2-3 更清楚地列示 16 种微观层面商业集聚的客流情境以及商店机会得失情况。

表 2-3　微观层面商业集聚的客流情境及商店机会得失列表

编号	情况描述	主客流方向	出店方向与主客流方向	A 店是首次进店	B 店是首次进店	AB 都是首进店	A 店机会得失	B 店机会得失
1	A 进 A 出	从左至右	一致	是	否		得 1	失 1
2	A 进 B 出	从左至右	一致	是	是	A	得 1	得 1
3	B 进 B 出	从左至右	一致	否	是		失 1	得 1
4	B 进 A 出	从左至右	一致	是	是	B	得 2	得 1
5	A 进 A 出反向	从左至右	不一致	是	否		得 1	无
6	A 进 B 出反向	从左至右	不一致	是	是	A	得 1	得 2
7	B 进 B 出反向	从左至右	不一致	否	是		失 2	得 1
8	B 进 A 出反向	从左至右	不一致	是	是	B	得 1	得 1
9	B 进 B 出	从右至左	一致	否	是		失 1	得 1
10	B 进 A 出	从右至左	一致	是	是	B	得 1	得 1
11	A 进 A 出	从右至左	一致	是	否		得 1	失 1

续表

编号	情况描述	主客流方向	出店方向与主客流方向	A 店是首次进店	B 店是首次进店	AB 都是首进店	A 店机会得失	B 店机会得失
12	A 进 B 出	从右至左	一致	是	是	A	得 1	得 2
13	B 进 B 出反向	从右至左	不一致	否	是		无	得 1
14	B 进 A 出反向	从右至左	不一致	是	是	B	得 2	得 1
15	A 进 A 出反向	从右至左	不一致	是	否		得 1	失 2
16	A 进 B 出反向	从右至左	不一致	是	是	A	得 1	得 1

2. 客流集聚效应的关联规则计算及分析

购物篮分析运用了关联规则的算法，有三项基本指标可以反映商品的相关性：

(1) 支持度(Support)指标，表示在购物篮中同时包含关联规则左右两边物品的交易次数百分比，即支持这个规则的交易的次数百分比，相当于联合概率。

(2) 置信度(Confidence)指标，是指在所有的购买了左边商品的交易中，同时又购买了右边商品的交易概率，是一个条件概率。

(3) 提高度(Lift)或称增益，提高度是两种可能性的比较，一种是在已知购买了左边商品情况下购买右边商品的可能性，另一种是任意情况下购买右边商品的可能性。提高度数据越大，则商品之间的关联性就越强。

借鉴《零售学》当中的经典案例啤酒与尿布的故事，可以运用购物篮分析的关联规则对微观层面商业集聚的客流共享情况进行分析，也即是把两家靠在一起的商店理解为消费者需要进行选择的"啤酒"和"尿布"，考察两家商店的关联关系。

1) 支持度(Support)的计算

支持度反映的是同时到两家店购物的概率，支持度越高，表明两家店的集聚效应越大。其用公式表示为：

$$Sup = \frac{P(AB)}{P(A+B)}$$

式中 $P(AB)$ 表示同时进入 A 店和 B 店的概率，$P(A+B)$ 表示进入 A 店或者进入 B 店的概率。一般认为支持度大于 50%，则比较高了，即客流的集聚效应是比较大的。

2) 置信度(Confidence)的计算

置信度反映的是到一家店购物的前提下到另一家店购物的概率，是一个条件概率，置信度可以比较两家店的集聚效应。其用公式表示为：

$$Con(A \rightarrow B) = P(B|A) = \frac{P(AB)}{P(A)}$$

表示到 A 店购物的前提下到 B 店购物的概率。

$$Con(B \rightarrow A) = P(A|B) = \frac{P(AB)}{P(B)}$$

表示到 B 店购物的前提下到 A 店购物的概率。

通过置信度的计算和比较，可以确定哪家店从对手那里获得更多的外部性利益。

3) 提高度(Lift)的计算

提高度是任意情况下到这家店的概率与到另外一家店的前提下到这家店的概率之差。提高度可以反映忠诚客流的状况。其用公式表示为。

$$\text{Lif}(A{\rightarrow}B)=P(B)-\text{Con}(A{\rightarrow}B)=P(B)-\frac{P(AB)}{P(A)}$$

表示任意情况下到 B 店购物的概率与到 A 店的前提下到 B 店购物的概率之差。

$$\text{Lif}(B{\rightarrow}A)=P(A)-\text{Con}(B{\rightarrow}A)=P(A)-\frac{P(AB)}{P(B)}$$

表示任意情况下到 A 店购物的概率与到 B 店的前提下到 A 店购物的概率之差。

通过提高度的计算和比较，可以对两家店的忠诚客流情况进行比较。

3. 实证研究

1) 调查对象的确定

本文选择杭州市延安南路比邻而立的耐克和阿迪达斯专卖店作为调查对象，两家店相依，门头大小差不多，店内营业面积相差无几，大门朝西开，门外则是行人行走的街道。为了提高集聚效应，两家店中间特意打通了内墙，有个通道方便分享客流。

2) 统计分析

运用观察法在耐克和阿迪达斯专卖店门口进行蹲点和跟踪式调查 1 个小时整，对客流情境进行统计，A 代表阿迪达斯专卖店，B 代表耐克专卖店，如表 2-4 所示。

表 2-4　阿迪达斯和耐克专卖店集聚的客流情境统计表

编号	人数	情况描述	主客流方向	出店方向	A店是首进店	B店是首进店	AB都是首进店	A机会得失	B机会得失
1	10	A进A出	从左至右	一致	是	否		得1	失1
2	24	A进B出	从左至右	一致	是	是	A	得1	得1
3	5	B进B出	从左至右	一致	否	是		失1	得1
4	4	B进A出	从左至右	一致	是	是	B	得2	得1
5	1	A进A出反向	从左至右	不一致	是	否		得1	无
6	2	A进B出反向	从左至右	不一致	是	是	A	得1	得2
7	7	B进B出反向	从左至右	不一致	否	是		失2	得1
8	2	B进A出反向	从左至右	不一致	是	是	B	得1	得1
9	15	B进B出	从右至左	一致	否	是		失1	得1
10	25	B进A出	从右至左	一致	是	是	B	得1	得1

续表

编号	人数	情况描述	主客流方向	出店方向	A店是首进店	B店是首进店	AB都是首进店	A机会得失	B机会得失
11	1	A进A出	从右至左	一致	是	否		得1	失1
12	1	A进B出	从右至左	一致	是	是	A	得1	得2
13	4	B进B出反向	从右至左	不一致	否	是		无	得1
14	8	B进A出反向	从右至左	不一致	是	是	B	得2	得1
15	1	A进A出反向	从右至左	不一致	是	否		得1	失2
16	0	A进B出反向	从右至左	不一致	是	是	A	得1	得1
总计	110								

从表 2-4 中可以看出，A、B 两店都有进入的顾客人数为 66 人，只进 A 店的顾客有 13 人，只进 B 店的顾客有 31 人。从以下方面进行分析：

(1) 同时到两家店购物的顾客概率，用支持度(Support)表示：

$$Sup = P(AB)/P(A+B) = 66/110 = 60\%$$

一般支持度大于 50% 已比较高了。

(2) 置信度(Confidence)反映的是到一家店购物的前提下到另一家店购物的概率，置信度可以比较两家店的集聚效应。

因此，到 A 店购物前提下到 B 店购物的概率是：

$$Con(A \rightarrow B) = P(B|A) = P(AB)/P(A) = 66/(110-31) = 83.5\%$$

到 B 店购物前提下到 A 店购物的概率是：

$$Con(B \rightarrow A) = P(A|B) = P(AB)/P(B) = 66/(110-13) = 68\%$$

相比较而言，A 店比 B 店对邻居的贡献大，即阿迪达斯店比耐克店对邻居的贡献大。

(3) 提高度(Lift)是任意情况下到这家店的概率与到另外一家店的前提下到这家店的概率之差。提高度可以反映忠诚客流的状况。

B 店的提高度：$Lif(A \rightarrow B) = P(B) - Con(A \rightarrow B) = (110-13)/110 - 83.5\% = 4.7\%$；

A 店的提高度：$Lif(B \rightarrow A) = P(A) - Con(B \rightarrow A) = (110-31)/110 - 68\% = 3.8\%$。

相对而言，消费者对 B 店耐克店的忠诚度稍高。

(4) 当 A 得>B 得，A 失>B 失时，B 有更多忠诚顾客，B 对 A 有共享效应；

当 A 得>B 得，A 失<B 失时，A 是强势竞争者，A 对 B 有竞争效应；

当 A 得<B 得，A 失>B 失时，B 是强势竞争者，B 对 A 有竞争效应；

当 A 得<B 得，A 失<B 失时，A 有更多忠诚顾客，A 对 B 有共享效应。

因此，A 店得到机会总数为 91，失掉机会 34。B 店得到机会总数为 100，失掉机会 13。属于第三种情况，即耐克店是强势竞争者，耐克店对阿迪达斯店有竞争效应。

结论：综上所述，耐克店与阿迪达斯店有 60% 的共享顾客，但耐克店的忠诚顾客比阿迪达斯店稍多，耐克店是阿迪达斯店的强势竞争者，相对而言阿迪达斯店比耐克店做出的客流资源共享贡献较大，也即耐克店从对手那里获得的外部性利益更多一点。

3) 运用问卷调查法对分析结论进行检验

为了对以上的分析结论进行检验，同时进一步探讨导致这种客流差异的原因，我们对耐克和阿迪达斯专卖店的消费者进行问卷调查。

消费者搜寻运动品牌专卖店的信息，主要有六大方面：① 品牌，包括运动专卖店品牌的知名度，消费者对此品牌的喜欢程度；② 地址，包括专卖店的选址以及所处位置的交通情况；③ 商品，包括商品的品项、质量、款式、价格；④ 门面，包括专卖店门头装修、橱窗展示以及店面的醒目程度；⑤ 店内设计，包括店内布局、专卖店的空间、商品的陈列情况；⑥ 店员，包括店员的素质、态度情况。

根据公式：$T = \sum_{i=1}^{n} W_i B_{iA}$，其中 T 表示消费者对商店 A 的态度值，W_i 表示商店特性 i 被消费者重视的程度，B_{iA} 表示消费者认为商店 A 具有特性 i 的程度，n 表示消费者认为选择商店所需要特性的数量。W_i 与 B_{iA} 可以经过消费者调研得到，即也可得到 T，得出不同专卖店受消费者欢迎的程度。

实际总共发放问卷 140 份，收回有效问卷 120 份。经过分析统计，具体数据如表 2-5 所示。

表 2-5　消费者选择运动品牌专卖店因素分数统计

特征	W_i	特征的体现	各特征 B_{iA} 总分		各特征 B_{iA} 均值			
			耐克	阿迪达斯	耐克均值	阿迪达斯均值	耐克均值	阿迪达斯均值
品牌	3.6	知名度	549	522	4.57	4.35	4.5	4
		喜欢程度	520	430	4.33	3.58		
地址	3.4	选址	472	474	3.93	3.95	3.9	3.9
		交通	459	454	3.82	3.78		
商品	4.2	品项	435	413	3.62	3.4	3.9	3.7
		质量	480	501	4	4.17		
		款式	501	412	4.17	3.4		
		价格	477	462	3.97	3.85		
门面	3.3	门头	394	423	3.28	3.52	3.4	3.4
		橱窗	400	411	3.33	3.42		
		醒目程度	420	408	3.5	3.4		
店内设计	3.4	店内布局	477	405	3.97	3.37	3.7	3.6
		空间	408	436	3.4	3.63		
		商品陈列	444	453	3.7	3.77		
店员	4.5	素质	405	382	3.37	3.18	3.4	3.2
		态度	420	390	3.5	3.25		

由公式 $T=\sum_{i=1}^{n}W_iB_i\mathrm{A}$ 可得

耐克店：

$T=3.6\times4.5+3.4\times3.9+4.2\times3.9+3.3\times3.4+3.4\times3.7+4.5\times3.4\approx85$

阿迪达斯店：

$T=3.6\times4+3.4\times3.9+4.2\times3.7+3.3\times3.4+3.4\times3.6+4.5\times3.2\approx81$

经过调研与计算，消费者选择耐克店的可能性大于阿迪达斯店。从"各特征的得分"和对两家店实际店面的观察，得出以下结论：① 耐克的知名度比阿迪达斯大，喜欢耐克的消费者比阿迪达斯多；② 耐克的品项、款式比阿迪达斯多，价格稍贵但阿迪达斯的质量比耐克好；③ 耐克的门头装修稍不如阿迪达斯，但比阿迪达斯醒目点，两家店的橱窗展示差不多，阿迪达斯略胜一筹；④ 阿迪达斯店内空间稍大，耐克店内布局比阿迪达斯合理，陈列整洁程度差不多；⑤ 耐克店店员的素质与态度较阿迪达斯店好。这也就不难理解为什么耐克店的忠诚顾客稍多，很多走进耐克店的消费者就不去阿迪达斯店了，但阿迪达斯店的顾客还是会去耐克店。

本 章 习 题

一、选择题

1. 根据决定商店销售额的漏斗模型，销售额=商店周边客流量×进店率×成交率×平均客单价，以上直接由商店选址所决定的两个因素是(　　)。

A. 商店周边客流量、进店率　　　　　　B. 成交率、平均客单价

C. 进店率、成交率　　　　　　　　　　D. 商店周边客流量、成交率

2. 商圈调查问卷中最重要的问题是(　　)。

A. 消费者到商店的出发地址　　　　　　B. 消费者到商店通常的交通工具

C. 消费者选择商店的主要原因　　　　　D. 消费者到商店所花费的时间

3. 消费者要到火车站乘车，顺路经过旁边的小超市，这属于(　　)。

A. 分享客流　　　　B. 派生客流　　　　C. 本身客流　　　　D. 交叉客流

4. 一家经营食品和日用品的小型超市需测定所在地区商圈饱和度，假设该地区购买食品及日用品的潜在顾客是 4 万人，每人每周平均购买额是 50 元，该地区现有经营食品及日用品的营业面积为 50 000 平方米，则商圈饱和指数为(　　)。

A. 40　　　　　　　B. 50　　　　　　　C. 400　　　　　　　D. 500

5. 依据雷利法则划定商圈时，若 A 城镇人口 16 万人，B 城镇人口 4 万人，AB 两地之间距离为 9 千米，则 A 城镇的商圈是(　　)。

A. 2 千米　　　　　B. 3 千米　　　　　C. 6 千米　　　　　D. 8 千米

二、问答题

1. 什么是商圈？

2. 影响商圈形成的因素有哪些？

3. 商圈调查问卷中应包含哪些基本问题?

4. 商店选址的基本原则和技巧有哪些?

三、绘图题

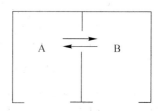

图 2-9 某商业街的两家商店

在某商业街有两家同业态的商店 A 店和 B 店比邻而立,它们的门头都面向街道,同时为了更好地发挥客流的商业集聚效应,两家店把内墙打通了,如图 2-9 所示,试描绘出针对这两家店铺所有的顾客客流类型。

四、思考题

网络零售的存在,对实体商店商圈的影响是什么?

第三章　零售商品管理与零售价格管理

【学习目标】

1. 掌握零售商品分类的含义、方法和作用；
2. 掌握商品结构确定的方法和原则；
3. 掌握商品结构优化的含义、原则和方法；
4. 了解品类管理的含义、流程和方法；
5. 掌握自有品牌的概念，了解自有品牌开发对零售企业的意义；
6. 掌握零售定价的基本策略，零售定价商品毛利率的两种形式；
7. 了解商品的价格带分析和商品价格带的调整。

第一节　零售商品管理

面对琳琅满目的商品，零售商常常会感到无所适从，不知道组织什么样的商品。为谨慎行事，他们往往盲目跟风，其他商店销售什么商品，自己也匆忙跟进；或者为图省事，推销员上门推销什么商品，商店就试销什么商品。久而久之，商店经营毫无特色，货架上充斥着大量周转不灵的商品，造成资金积压，经营困难。要避免这一现象，零售商应该在开业之初，就对商品经营范围有一个科学的规划，设计一个合理的商品结构，形成自己与众不同的商品组合形象。零售商品管理主要解决四项任务：一是商品分类，二是商品结构的确定，三是商品结构的优化，四是品类管理。

一、商品分类

随着消费主义时代的来临，顾客的消费需求、生活方式和价值观念发生了很大的变化，特别是随着年轻消费阶层的消费意识不断向商品化、多样化、感觉化方向转变，促使许多新商品、流行商品不断涌现，商品生命周期也变得越来越短。这就使得零售卖场在商品组织和管理过程中，必须建立起一整套以顾客为中心的新的商品分类体系。

商品分类从字面上理解，是把商品分开、区别的意思。但是，在商品分类中"类"更应该理解为"物以类聚"，即有共同特性的商品的聚合、聚集。也就是说，商品可以根据其自身某些相同的特征，分为若干个不同层次的单位。

1. 商品分类的含义

商品分类是指零售商为了一定的目的，按照一定的分类标准，科学、系统地将商品分成若干不同类别的过程。

商品分类的目的不同，选择的分类标准也不同。商品分类的结果，一般可以划分为大分类、中分类、小分类和单品四个层级，商品大类一般根据商品生产和流通领域的大行业来划分，商品中类和小类一般是按照中小行业或"专业"来划分，单品是对商品规格、花色、质量等级的详尽划分，可以更具体地反映商品的特征，如表3-1所示。

表3-1　商品分类层级及分类标准

分类层次	含　义	划分标准	说　明
大分类	卖场零售商品构成的最粗线条划分	商品特征	为了便于管理，商店的大分类一般以不超过10个为宜
中分类	大分类商品中细分出来的类别	功能用途 制造方法 商品产地	中分类在商品的分类中有很重要的地位，不同中分类的商品通常关联性不高，是商品间的一个分水岭，所以，不论在配置上还是在陈列上都常用它来划分
小分类	中分类中进一步细分出来的类别	功能用途 规格包装 商品成分 商品口味	小分类是用途相同，可以互相替代的商品，往往陈列在一起。相邻陈列的不同小分类商品具有高度相关性
单　品	商品分类中不能进一步细分的、完整独立的商品品项	唯一性	是最基本的层面，用价格标签或条形码区别开来

面对琳琅满目、种类繁多的商品，零售商和消费者往往会感到无所适从。不进行商品分类，零售商就很难规划商品的具体经营范围和品种，更好地满足消费者需求。因此，科学的商品分类不仅有助于零售商更好地了解商品特性，进行商品经营管理和选购，更好地满足消费者需求，还有助于零售商实现管理现代化，有助于信息工作的开展。

2. 商品分类的方法

美国全国零售联合会(NRF)制订了一份标准的商品层级分类方案，该方案详细界定了各层商品的范围以及它们的组合方式。目前，美国许多大型百货商店和低价位的折扣商店都采用了这一分类方法，因此有必要加以介绍，国内零售商店可以借鉴。

(1) 商品组。在NRF的商品分类方案中，最高级别的商品分类是商品组。商品组是指经营商品的大类，类似国内的商品大分类，如一个百货商店可能会经营服装、家电、食品、日用品、体育用品、文具、化妆品等。一个商品组管理下面的几个商品部。通常在国外的零售商中，商品组管理职位被称为商品副总裁或商品副总经理。

(2) 商品部。商品分类的第二级是商品部。商品部一般是将某一大类商品按细分的消费市场进行再一次分类，如服装类商品可以分成女装、男装、童装等。

(3) 商品类别(品类)。商品分类的第三层级是商品类别(品类)。这是根据商品用途或细分市场顾客群而进一步划分的商品分类，在大型零售组织，一般每一类商品由一位采购员负责管理。

(4) 同类商品。同类商品是商品分类中商品类别的下一级。一般来说，同类商品是指顾客认可可以相互替代的一组商品。例如，顾客可以把一台21英寸的彩电换成一台29英寸的或其他品牌的彩电，但不会把一台彩电换成一台冰箱。

(5) 存货单位(单品)。存货单位是存货控制的最小单位。当指出某个存货单位时，营业员和管理者不会将其与任何其他商品相混淆，它是根据商品的尺寸、颜色、规格、价格、样式等来区分的，也称之为单品。

美国式的商品分类举例如图3-1所示。

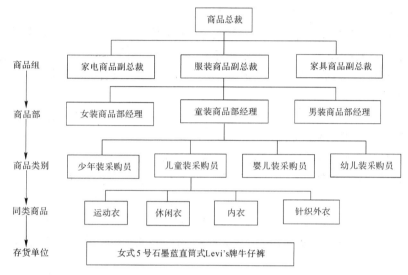

图 3-1 美国式商品分类

日本零售业对商品的分类是根据商品概念来划分的。如日本将商品主要分为食相关商品，食相关商品又分为生鲜食品、加工食品、一般食品，居住相关商品又分为家庭杂货和居住文化品，如图3-2和图3-3所示。

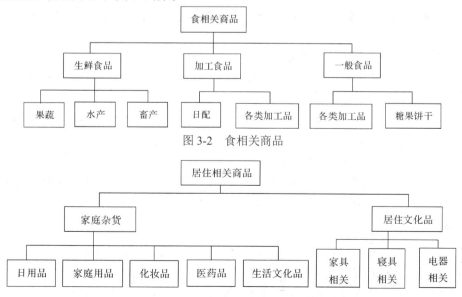

图 3-2 食相关商品

图 3-3 居住相关商品

根据耐久性分类，可将商品分为如下两种：

(1) 耐用品，是指在正常情况下，能多次使用的有形物品，如电冰箱、电视机等。

其特点是使用周期长、价格较高、顾客购买谨慎、需要更多的销售服务和销售保证。

(2) 易耗品，是指在正常情况下，一次或几次使用被消费掉的有形物品，如牙膏、洗衣粉、文具等。其特点是顾客经常购买、价格较低、商品经营利润小。

根据消费者的购买习惯分类，可将商品分为以下四种：

(1) 专用品，是指对顾客具有特定用途的商品，如体育用品、绘图仪器等。其特点是购买频率低、价值较高、关注品质、购买谨慎。

(2) 日用杂品，是指消费者经常消费的、购买次数较多的商品。其特点是单位价值较低、购买频率高、更换率高，多为习惯性购买，重视便利性。

(3) 日用百货，是指消费者经常使用和购买的价值较低的商品。其特点是商品质量好、外形美观、品种丰富。

(4) 流行商品，是指由于某些因素的影响而在短期内出现大量需求的商品。其特点是时尚、有较强的时间性、重视款式。

按照消费者对商品的选择程度分类，可将商品分为如下四种：

(1) 便利品，是指消费者经常购买、比较熟悉且不必花时间过多比较和选择的商品，包括日用品(单位价值较低、经常使用和购买的商品，如电池、肥皂等)、冲动购买品(消费者事先并无购买计划，因视觉、嗅觉等感觉器官直接受到刺激临时决定购买的商品，如糖果、风味食品、现场示范表演的玩具等)、应急品(消费者紧急需要时所购买的商品，如突降大雨时的雨具等)。

(2) 选购品，是指消费者在购买过程中愿意花较多时间和精力观察、询问、比较和选择的商品。

(3) 特殊品，是指具有某种特定功能、用途的商品。它有专门的消费对象，如集邮品、戏装等。

(4) 非寻购品，是指消费者尚不知道或尚未有兴趣购买的商品，如某些刚上市的新商品等。

按经营的重要程度划分，可把商品分为如下几种：

(1) 主营商品。其在销售额中占有主要比重，体现店铺的经营特色，是店铺利润的主要来源。

(2) 一般商品。其是店铺为了配合主力商品的销售，满足顾客连带需要的商品。

(3) 辅助商品。其是店铺为了吸引顾客，提高店铺规格，促进主力商品和一般商品销售的商品。辅助商品只占整个销售额的一小部分，但却是必不可少的。

此外，还可以按照商品销售顺畅程度分为畅销商品、平销商品、滞销商品和冷货商品；按商品质量和价格水平把商品分为高档商品、中档商品和低档商品等。

3. 商品分类的作用

商品分类对于商品管理甚至对于零售企业的整个内部运营管理都是最为基础的工作，没有商品分类，商品管理就无从谈起，零售企业内部人力资源的组织架构、卖场布局和设计、信息系统的建设、绩效考核也都失去了根基。商品分类的作用具体体现在以下几个方面：

(1) 管理机构。按照商品分类的结构将相应地确定采购、商场部门人员的设置，从而影响管理机构的设立。

(2) 商场布置。根据商品分类的政策，商场营运部门给不同的部门不同的营业面积和位置分布，成为奠定商场布置的首要因素。

(3) 信息系统建设。商品组织结构确定信息系统的表现架构，它必须以结构的表达方式来体现数据信息。

(4) 企业业绩评判方式。以商品组织结构为单元的衡量模式来体现不同部门的业绩。

(5) 企业思维方式。由于企业业绩的表达是通过商品组织结构完成的，故此从领导到员工的思维标准也以商品组织结构为基础。

4. 以顾客需求为导向的商品分类

建立一套完全适应变化中的消费需求、生活方式和价值观念的商品分类体系是不现实的。但是，国内外的实践经验表明，以商品用途、使用目的为标准建立起来的商品分类体系，可以最大限度地满足消费需求的变化。

现代零售业在组织商品的过程中，按照商品的用途、使用目的对商品进行分类的主要原因在于，随着人们收入水平和生活水平的提高，消费者对商品的购买和使用态度发生了很大的变化。这种变化主要表现为，消费者对商品的用途和使用目的逐渐趋于细化。

在商品短缺时代，由于人们收入水平低下及物质生活匮乏，消费者对商品基本属于多用途、多目的性使用。例如，在生活贫困的年代，一把普通的剪刀既用于家庭的缝纫，也用于裁剪纸张；有时同一把剪刀还用于杀鱼等食品加工，甚至用于修剪指甲等。

但是，随着收入水平的提高，大多数人逐步进入生活相对富裕的阶段。所谓生活的富裕，最直接地表现为人们对商品的购买和使用态度上。生活逐步富裕起来的人们更加按商品的用途和目的规划自己的生活，并通过各类商品的组合去享受生活的乐趣。

现在人们在餐具、洗涤、清洁、家居、服装、服饰等日常生活用品上，甚至在电冰箱、电视机等耐用消费品上，更习惯于按用途和目的将商品使用细分化，追求商品的专用。例如，人们在家庭生活中，通常是根据每个房间的使用目的不同而组织不同的商品。同样是洗涤用品，厨房和卫生间使用的商品当然不同。即使同样是厨房的洗涤用品，又分为餐具、蔬菜、灶台、水池、地面等，对多种洗涤用品区分使用。在着装上，人们更习惯于根据场合的不同来考虑自己的穿戴。人们会仔细考虑上班途中或工作中穿什么服装，搭配什么服饰；下班回家后做家务时穿什么服装；在家短暂外出或购物时又穿什么服装。消费者在购买服装时，会根据服装的用途和使用目的的不同去计算购物的成本，并最终决定购物场所。人们对服装穿戴的细分化和使用目的的明确化，从根本上反映了一种文明的生活态度。

同时，现在消费者对商品的态度，一方面表现为在用途和使用目的上细分化，另一方面表现为要求商品性能的可替代性和互换性。现在人们生活在一个物质极大丰富的社会里，由于缺少某种商品生活就不能维系的现象几乎不复存在。随着市场中可替代、互换的商品大量存在，以及性能更优、使用更方便、价格更便宜的新商品不断涌现，为消费者提供了更多的选择。

另外，在卖场自选销售环境下，大部分顾客都希望能在自主、自由、轻松的环境下享受购物的乐趣。除非是在万般无奈的情况下，一般顾客不希望并极力避免通过询问店员找到商品的位置。因此这就要求卖场中的商品分类清楚明了，便于顾客迅速识别商品的位置和用途。如果对商品按"厨房用品""餐桌用品""旅游用品"进行分类，一般顾客不需要询问都能明白商品的使用功能；但如果对商品按"五金卖场""电料卖场"等进行分类，顾客就很难理解其商品的实际用途。

正是社会经济环境和消费者购买行为的这些变化，促使零售业对传统的分类方法加以变革，以适应消费者日益变化的需求。

按照商品的用途、使用目的对商品进行分类，是目前欧美和日本零售业在商品组织和配置中普遍采用的方法。现在美国的大型超市、家居中心、建材中心等零售业态，大多从消费者日常生活使用角度出发，将商品的用途和使用目的进一步细分，按照时间、场所、动机、生活方式，即所谓的 TPOS(Time, Place, Occasion, Life Style)分类方法对商品进行分类。

TPOS 分类强调在商品分类过程中，必须充分了解每种商品在顾客的实际生活中是如何使用的，使用的目的是什么，与什么样的商品一起使用，在什么时间、场合使用，在什么样的氛围中使用，想达到什么样的使用效果，即按照 5W1H(Who，What，Where，When，With，How)的要求，根据商品的实际使用状况对商品进行划分。

TPOS 分类方法提升了我们对分类的认识。商品分类的着眼点不是如何将商品分离，而是如何将商品聚合。在美国，连锁商店经常用 assortment 这个单词表述，其含义是多种物类的聚合、组合之意。因此，对于零售业的经营管理人员来说，有必要站在消费者生活常识的角度，对商品分类重新加以认识。

顾客经常为了一个使用目的而购买多样商品。因此，就需要在商品组织中把目的相同而同时使用的商品集中陈列，形成商品组合，以此构成一个商品群。TPOS 分类中，要特别注意以下商品群的商品组合与陈列：

(1) 购买频率高的消耗品及其同时使用的商品；

(2) 相关的补充品和配件等。

现在国内许多超市经常将消耗品及其同时使用的商品，分别陈列在不同的场所，有的甚至分别在不同的楼层，给顾客的购买增添了许多麻烦。如洗衣粉和漂白剂、椅子和坐垫、桌子和一次性台布、吸尘器和吸尘器用吸尘纸袋分别放在相距较远的卖场区域。

上面提到的两个商品群如果能在同一卖场，或者在一条直线上，或者在主通道两侧形成卖场关联的话，就可以最大限度地方便顾客购买。特别是购买频率高的消耗品由于消费量很大，顾客为了不断补充商品不得不频繁到店里购买，这就需要将消耗品及其同时使用的商品、补充用品和配件尽可能在同一个卖场进行关联陈列。关联陈列不仅能方便顾客的购买、提醒顾客的遗忘，同时有利于顾客认识新产品及其性能，促使顾客很自然地增加购买量。

现在我们生活在一个快节奏的社会里，人们不愿把更多时间花在购买日常生活用品上。另外，人口的日益老龄化也要求零售店铺在方便顾客购买上尽最大努力。因此可以说，卖场按 TPOS 分类不仅是从提高卖场经营效率考虑的问题，也是顾客的一种需求。

【小案例】

以顾客需求为导向的商品分类

商品的分类不是一成不变的，而是随着消费者需求的变化而改变的。传统上，婴儿产品分散于不同的商品品类，如婴儿奶粉和成人奶粉放在一起，属奶制品品类；婴儿纸尿裤和纸巾等放在一起，属纸制品品类。但通过对消费者的调查发现，抱着婴儿的妈妈或即将成为妈妈的孕妇需要辛苦地走上一两个小时才能购齐所需妇婴物品，她们最大的希望是花较短的时间一次性购齐所有物品。于是，新的品类——妇婴品品类应运而生。

目前，已经开始出现了早餐食品品类、海滩度假用品品类等新的品类概念，这些都是顺应消费者新的需求而产生的。所以，零售商要密切关注消费者生活方式的变化，以便快速反应，更好地服务于消费者。

二、商品结构的确定

在确定商品分类后就需要对商品结构进行确定。商品结构是指卖场在一定的经营范围内，按一定的标准将经营的商品划分为若干类别和项目，并确定各类别和项目在商品总构成中的比重，即由不同商品种类而形成的商品广度与不同花色品种而形成的商品深度的综合。所谓商品的广度，是指经营的商品系列的数量，即具有相似的物理性质、相同用途的商品种类的数量，如化妆品类、食品类、服装类、衣料类等。所谓商品的深度，是指商品品种的数量，即同一类商品中，不同质量、不同尺寸、不同花色品种的数量。由于商品广度和深度的不同组合，形成了目前零售卖场商品结构的不同配置策略，保持合理的商品结构，对于零售企业的发展具有重要意义。

1. 商品结构在卖场经营中的重要地位

(1) 合理的商品结构是实现卖场经营目标、满足消费者需求的基础。

卖场经营者满足消费需求的程度如何，关键取决于有没有适合目标顾客需要的商品。卖场不仅要保证顾客的基本需要、共同性需要，还要向顾客提供选择条件，保证不同需要的实现。如果商品结构不合理，应该经营的商品没有经营，而不适合目标顾客需要的商品反而占较大比重，这就不可能很好地实现企业的经营目标。卖场经营者应清晰地判断主流客户层是谁？他们的主流消费是什么？这是判断商品结构、商品组合的唯一标准！

(2) 确定商品结构是加快商品经营计划管理的基础。

卖场组织商品购、销、存活动，必须研究确定商品结构，以保持合理的比例关系，这是加强商品经营计划管理的基础。从商品购、销、存的比例关系来看，进货比重、销售比重、库存比重三者之间是相互协调、相互适应的关系，即以销售比重为中心，掌握进货比重和库存比重，达到购、销、存之间的平衡。卖场经营者应研究确定并经常分析三者之间的比例关系，据以指导业务活动。

(3) 确定商品结构是有效利用经营条件、提高效益的基础。

一方面，确定商品结构，卖场经营者可以按照商品构成比重，合理调配人、财、物，集中力量加强主力商品的经营，突出经营特色，发挥经营优势；另一方面，卖场经营者通过商品结构的检查分析，及时对商品结构加以调整，以适应市场变化，减少经营损失。

2. 商品结构的分类与内容

卖场经营的商品结构，按不同标准可以分为不同类型。按商品自然种类划分，可以分为商品类别、商品品种、商品花色、商品规格、商品质量、商品等级、商品品牌等；按销售程度划分，可分为畅销商品、平销商品、滞销商品；按经营商品的构成划分，可以分为主力商品、辅助商品和附属商品等。上述分类是从适应顾客不同需求特点和卖场的经营活动出发加以研究的。由于部分分类较易理解，在此不再展开。下面仅就商品构成划分的主力商品、辅助商品和附属商品的内容做详细介绍。

(1) 主力商品是指在卖场经营中,无论是数量还是销售额均占主要部分的商品。主力商品体现了卖场的性质、经营方针及经营特点,甚至可以说,主力商品的经营效果决定着零售经营的成败。一般来说,主力商品周转快,就可以保证卖场取得较好的经营成果;反之,就很难完成卖场的销售目标。因此,零售店铺首先要将注意力放在主力商品的经营上。

(2) 辅助商品是主力商品群的补充,多为常备日用品,常与主力商品群有较强的关联性,季节性与差异性相对不明显。辅助商品可以陪衬出主力商品的优点,是顾客选购商品时的比较对象;同时,它可以使商品更加丰富,刺激顾客的购买欲望,促进主力商品的销售。

(3) 附属商品是辅助性商品群的补充,购买频率和销售比重偏低,与主力商品群关系不紧密,通常是顾客在卖场临时做出的购买决定。

3. 影响商品结构的主要因素

(1) 商品生产的发展。这是影响卖场商品结构变化的主要因素。商品生产发展得越快,新旧商品的交替就越频繁。卖场应扩大新商品的经营比重,减少、淘汰不适合市场需要的老商品,使商品结构不断更新。

(2) 消费结构与消费习惯的变化。随着顾客购买力的提高,顾客的需求在不断变化,这种变化既反映在顾客对商品数量需求的增长上,同时也更多地表现在商品结构和偏好习惯的变化上。因此,卖场要有预见性地引导顾客的消费,及时调整商品结构。

(3) 商品的季节性。为保证生产季节或消费季节的需要,卖场应调整季节性商品在各个时期的比重,既要保证顾客的需求,又要防止季节性商品的积压。

(4) 顾客构成的变化。根据划分顾客群体的依据如地域、收入、年龄、价值观等的不同,顾客的构成层次不一。零售企业应根据顾客群体的变化情况随时调整商品结构。

(5) 经济条件的变化。当卖场的经营规模扩大或缩小、员工增加或减少时,都应对商品结构进行相应的调整(增加或减少经营的商品种类)。另外,社会风气、生活习惯的改变以及政府某项政策的实施都会直接或间接地影响商品结构的变动。

经常进行商品结构的检查分析,能及时指导、协调各商品部的购销活动,合理使用人力、物力、财力,从而获得最佳的经济效益。例如,某类商品的经营比重与库存比重在一定时期内应大体一致,如果库存比重远远超过或低于其经营比重,就应进行检查分析。一般情况下,有问题商品的库存比重要有个最高限额,超过最高限额时表明购销业务活动出现了不正常情况,需要进行具体检查分析和处理。因此,即使是在正常经营条件下,零售企业也应定期或不定期地进行清仓,检查库存结构,尽量压缩有问题商品库存的比重。

三、商品结构的优化

商品结构的确定解决要卖什么商品的问题,商品结构的优化解决根据商品的销售情况决定品牌供应商的选择和进货数量的确定的问题。在商品结构已经确定的情况下,商品优化的依据指标是什么?即如何进行商品结构的优化。毫无疑问,首先是商品的销售额。

假设有一家连锁超市有各类门店数十家,以总店为例,有效流转商品数达 10 000 种,日均营业额 80 万元左右。在分析商品构成问题时,发现平均 5 000 个单品实现了 40 万元的销售额,即一半的商品实现了一半的销售额。这表明该超市商品构成有问题吗?

在经济学中有一个重要的经济学法则——帕累托法则(Pareto Principle),是由意大利经济学家帕累托提出的。帕累托法则认为:原因和结果、投入和产出、努力和报酬之间本来存在着无法解释的不平衡。一般来说,投入和努力可以分为两种不同的类型:多数,它们只能造成少许的影响;少数,它们造成主要的、重大的影响。帕累托因对意大利 20%的人口拥有80%的财产的观察而著名。这个经济学法则俗称"二八法则",在零售企业的运营管理当中同样体现了帕累托法则的一般经济学规律,即少部分的商品实现了大量的销售额,大量的商品只实现了少部分的销售额。所以,我们认为在上述这个案例中,商品结构优化没有体现"二八法则"的基本原理,认为整个零售企业的商品管理运营缺乏主力商品,亦称 A 类商品。

又假设另一家零售企业的超市出现了一个相反的现象——前几天,该超市总经理打电话过来说道:"我们超市在分析商品构成时,发现了我们 10%左右的商品实现了 90%以上的销售,这样 A 类商品很突出了,没问题吧?"

经调查,该超市当前的商品构成中,顾客的目的性购买太强。经分析,顾客仅认为该超市牛奶、食用油商品等有限品类不错、价格便宜,其他商品都不如竞争对手,到该超市来就只是为了购买这一两类商品,没有关联性购买,这直接导致销售毛利太低。这就走到了另外一个极端,商品结构同样是不合理的。

一个零售企业的商品结构应当包括主力商品、辅助商品、附属商品,亦称 A 类商品、B 类商品和 C 类商品。根据零售企业运营的经验判断,A 类商品应占销售额的 75%,B 类商品应占销售额的 20%,C 类商品应占销售额的 5%。

零售企业商品管理的二八法则在服装专卖店的商品管理中同样适用。在服装专卖店当中,商品结构也可以分为三类。① 流行款(畅销款):一般为本季主打款,销量大,利润较高,但季节性较强,相当于主力商品的 A 类商品。② 基本款(长销款):销售时期长,适应顾客范围大,有历史销量数据支持,薄利多销,维持基本开销,相当于 B 类商品。③ 时尚款(点缀款):销售期较短,设计比较前卫,点缀性较强,价位较高,可有效提升品牌个性、品味、档次、吸引力,迎合个别消费者喜好,对价格不敏感,相当于 C 类商品。

进一步的,以销售额作为判断依据指标,怎么判断哪些商品是主力商品(A 类商品),哪些是 B 类商品,哪些是 C 类商品呢?

我们以某超市的休闲食品的小类商品为例,从零售企业后台信息系统获得该小类商品数据,如表 3-2 所示。

表 3-2 某超市休闲食品部分商品清单与 A 类商品的确定

货品代码	货品名称	型号规格	件数	数量	销售货款	销售占比	累计占比
16020114	旺旺大礼包	650 g	51	51	1 423	7.98%	7.98%
16020090	旺旺大礼包	918 g	31	31	1 145.2	6.42%	14.40%
16020312	妙脆角大礼包	3 件	19	19	418	2.34%	16.75%
555561	乐事两连装	120 g×2	33	33	412.5	2.31%	19.06%
16020043	可比克薯片(番茄味)	110 g	63	63	409.5	2.30%	21.36%
16020254	可比克薯片(红烩味)	80 g	77	77	369.6	2.07%	23.43%
16020060	乐事薯片(茄汁排条味)	120 g	50	50	355.8	2.00%	25.43%

续表1

货品代码	货品名称	型号规格	件数	数量	销售货款	销售占比	累计占比
16020029	可比克薯片(香辣味)	60 g	123	123	344.4	1.93%	27.36%
16020092	可比克薯片(番茄味)	60 g	115	115	322	1.81%	29.16%
16020144	乐事薯片熏(烤肉味)	110 g	43	43	309.6	1.74%	30.90%
16020299	乐事薯片(青柠味)	50 g	102	102	295.8	1.66%	32.56%
16020100	乐事薯片(清新清柠味)	120 g	41	41	295.2	1.66%	34.22%
16020250	乐事薯片(墨西哥鸡汁番茄味)	50 g	104	104	291.2	1.63%	35.85%
16020093	乐事薯片(香浓红烩味)	50 g	100	100	280	1.57%	37.42%
16020125	乐事薯片(吮指红烧肉味)	120 g	38	38	273.6	1.53%	38.95%
16020111	乐事薯片(原味)	50 g	82	82	237.8	1.33%	40.29%
16020256	可比克薯片(番茄味)	80 g	49	49	235.2	1.32%	41.61%
16020064	可比克薯片(原味)	60 g	84	84	235.2	1.32%	42.93%
16020008	可比克薯片(烧烤味)	60 g	82	82	229.6	1.29%	44.21%
16020255	乐事薯片(烧烤味)	80 g	42	42	201.6	1.13%	45.34%
16020058	乐事薯片(黑椒牛扒味)	120 g	26	26	185.8	1.04%	46.39%
16020037	可比克薯片(原滋味)	110 g	27	27	178.2	1.00%	47.39%
16020143	乐事薯片(得克萨斯烧烤味)	50 g	61	61	170.8	0.96%	48.34%
16020099	可比克薯片(烧烤味)	110 g	25	25	165	0.93%	49.27%
16020106	乐事薯片(香辣海鲜味)	110 g	23	23	164.5	0.92%	50.19%
16020121	乐事薯片(原味)	110 g	22	22	158.4	0.89%	51.08%
16020310	格力高百醇(草莓香草味)	48 g	32	32	153.6	0.86%	51.94%
16020258	乐事薯片(鸡翅味)	80 g	32	32	153.6	0.86%	52.80%
16020257	乐事薯片(原味)	80 g	32	32	153.6	0.86%	53.66%
16020300	乐事薯片(奇异果味)	80 g	33	33	151.8	0.85%	54.52%
16020311	旺旺大礼包	818 g	4	4	148	0.83%	55.35%
16020302	乐事薯片(青柠味)	80 g	32	32	147.2	0.83%	56.17%
16020122	上好佳草莓粟米条	60 g	52	52	145.6	0.82%	56.99%
16020086	乐事薯片樱(桃番茄味)	50 g	52	52	145.6	0.82%	57.80%
16020022	大和味薯条(烧烤味)	52 g	28	28	145.6	0.82%	58.62%
16020049	乐事薯片	120 g	20	20	142.4	0.80%	59.42%
16020018	上好佳天然薯片(优惠装)	18 g	35	35	140	0.79%	60.20%
16060030	大和味薯条(麦香猪柳蛋味)	30 g	37	37	129.5	0.73%	60.93%
16020301	乐事薯片(川香麻辣味)	80 g	28	28	128.8	0.72%	61.65%

续表 2

货品代码	货品名称	型号规格	件数	数量	销售货款	销售占比	累计占比
16020177	妙脆角(美式茄汁)	70 g	26	26	127.4	0.71%	62.37%
16020004	大和味薯条(香辣鸡翅味)	30 g	36	36	126	0.71%	63.07%
16020316	乐事薯片	80 g	27	27	124.2	0.70%	63.77%
16020289	好丽友薯愿(红酒牛排味)	104 g	15	15	123	0.69%	64.46%
16020137	乐事薯片(翡翠黄瓜味)	120 g	16	16	115.2	0.65%	65.11%
16020294	上好佳(巧滋圈巧克力)	50 g	41	41	114.8	0.64%	65.75%
16020080	乐事薯片(清怡黄瓜味)	50 g	41	41	114.8	0.64%	66.39%
16020032	上好佳荷兰豆	65 g	41	41	114.8	0.64%	67.04%
16020180	妙脆角(甜辣双番)	70 g	23	23	112.7	0.63%	67.67%
16020293	上好佳可可甜心(香芋夹心口味)	90 g	40	40	112	0.63%	68.30%
16020044	上好佳鲜虾片	50 g	40	40	112	0.63%	68.93%
16020002	大和味薯条(麦乐鸡味)	52 g	22	22	109.2	0.61%	69.54%
16020146	可比克薯片(香辣味)	110 g	16	16	105.6	0.59%	70.13%
16020082	妙脆角(巴西烤肉口味)	40 g	35	35	105	0.59%	70.72%
16020076	大和味薯条(烧烤味)	30 g	30	30	105	0.59%	71.31%
16020138	上好佳鲜虾条	65 g	37	37	103.6	0.58%	71.89%
16020020	乐事薯片(自然清爽蓝莓味)	50 g	36	36	100.8	0.57%	72.46%
16020245	盼盼艾比利罐装(烧烤味)	95 g	15	15	100.5	0.56%	73.02%
16020269	盼盼礼包	260 g	10	10	100	0.56%	73.58%
16020105	上好佳朱古力粟米条	60 g	34	34	98.6	0.55%	74.13%
16020243	盼盼艾比利罐装(原味)	95 g	13	13	87.1	0.49%	74.62%
16020040	上好佳玉米花(果仁奶油味)	80 g	30	30	84	0.47%	75.09%
16020179	妙脆角(香浓辣鸡味)	70 g	17	17	83.3	0.47%	75.56%
16020178	妙脆角(魔力炭烧味)	70 g	17	17	83.3	0.47%	76.03%
16020085	三辉烧贝壳	300 g	11	11	82.5	0.46%	76.49%
…	…	…	…	…	…	…	…
合计					17 830.10	100.00%	

(资料来源：某超市后台信息系统)

寻找 A 类商品可以分为三个步骤：① 单品按销售额高低进行排名；② 计算每个单品的销售额占比；③ 计算每个单品销售额的累积占比。如表 3-2 所示，从上至下销售额累积占比小于 75% 的商品是 A 类商品，以此类推，虽然表格上没有显示，销售额累积占比在 75%～95% 之间的是 B 类商品，销售额累积占比在 95%～100% 之间的是 C 类商品。经验判断，合理的 A 类、B 类、C 类商品的单品数量结构大致为 3：4：3；如果 A 类商品数量结构过大，则说明缺少核心商品，销量分散，增加公司资金占用，或者 A 类商品大部分为促销商品，促销期一过，影响后续的经营稳定性；如果 C 类商品数量结构过大，说明大部分为滞销商品，占用库存和货架资源，这时应该加大加速商品淘汰力度。

以上主要是以商品销售额作为商品结构优化的依据指标，但是纯粹以销售额作为商品结构优化依据也会存在以偏概全的现象。还应当以商品的毛利率作为依据指标，因为销售额高、周转率较快的商品，不一定毛利高，没有毛利的商品销售额再高，也没什么用。毕竟商店是要生存的，没有利润的商品短期内可以存在，但不应长期占据货架，看商品毛利率的目的在于找出门店中毛利贡献较高的商品，并促进销售。

另一方面，毛利率较高的商品，周转未必较快，所以商品的周转率也是优化商品结构的指标之一，谁都不希望某种商品积压占用流动资金，所以，周转率较低的商品不能滞压太多。

如何在商品结构优化当中平衡毛利率和周转率这一对矛盾呢，这就要用到另外一个指标——交叉贡献率。交叉贡献率的公式如下：

$$交叉贡献率 = 商品周转率 \times 毛利率 = (平均销售额/平均库存额) \times 毛利率$$

商品交叉贡献率高表示商品销售额、库存额与毛利率相互间各要素协调得当，商品绩效良好。

四、品类管理

品类管理产生于 20 世纪八九十年代，是欧美等国市场竞争加剧和信息技术发展的产物。当时，美国流通行业的激烈竞争从原来生产商之间逐渐扩展到生产商之间、零售商之间及工商之间。过度的竞争使企业忽视了消费者的需求，大量同质化的新产品投入市场，市场上的商品越来越多，却不能够满足消费者多样性的选择。消费者越来越挑剔，商家的竞争和促销手段越来越难以讨好他们。事实上，消费者要求商家能够提供新鲜的、高质量的、价格合理的产品和服务是品类管理产生的根源。

品类管理是现代零售企业商品管理的一个重要管理工具。它是零售商与供应商充分合作，把所经营的商品分成不同品类，并把每一品类商品作为商店经营的基本战略单位进行管理的一系列相关活动。它通过强调向消费者提供超值的产品和服务来实现商店每一品类的最佳经营效果。

1. 品类管理的流程

品类管理流程包括 8 个步骤，即品类定义、品类角色、品类评估、品类评分表、品类策略、品类战术、品类计划实施和品类回顾。

(1) 品类定义。品类定义是品类管理的基础，是品类管理所要研究的对象。品类定义是指品类的结构，包括次品类、大分类、中分类和小分类等。品类定义直接影响到我们的决策结果，从而影响到购物者的满意程度。例如，多数购物者习惯于到婴儿用品区购买婴儿纸尿裤，如果将婴儿纸尿裤归入纸品类，做品类评估时，其表现多半不如卷纸、面巾纸等，而且，与纸品共同陈列，必然造成多数购物者不易找到纸尿裤或花更多时间才能找到。领导性供应商都可以提供相关品类甚至非相关品类的品类定义。

(2) 品类角色。零售商经营的商品成千上万，小分类也有好几百个。而零售商的营业场所、人员配置、资金等资源有限，所以不可能对所有品类给予平等的支持。那么，什么样的品类应该投入更多的资源，什么样的品类应该投入较少的资源呢？品类角色便是用于确定资源投放的指标。通常来讲，我们把零售商所经营的品类分为 4 种角色：目标性、常规性、季节性(偶然性)和便利性。各种角色的特点和划分标准如表 3-3 所示。

表 3-3　品类角色的特点

特点	划 分 标 准
目标性	在该品类具有优势； 对消费者而言，是该品类的主要提供者； 代表商店形象； 为目标顾客提供更好的价值； 目标顾客有时会不顾成本前来购物； 占所有品类的 5%～10%
常规性	该品类的普通提供者； 为目标顾客提供持久的、有竞争力的价值； 平衡销售量与毛利等指标； 店内资源占比接近品类生意占比； 占所有品类的 50%～70%
季节性(偶然性)	在某个时期处于领导地位； 在某个时期是该品类的主要提供者； 在完成销售额、利润、资金周转、投资回报等指标方面处于次要地位； 占所有品类的 10%～15%
便利性	满足一站式购物的需求； 满足补充性购物的需求； 提高利润和毛利； 占所有品类的 10%～15%

(3) 品类评估。品类评估是对品类现状的大检阅，是对品类机会的挖掘。品类评估帮助我们认识品类的强项和弱项，从而有针对性地制订品类策略。品类评估必须全面，不能只局限于销售量、利润等财务指标，还要考虑市场发展趋势、品类发展趋势、零售商品类相对于市场和竞争对手的表现、品类库存天数、脱销、单位产出、人力投入等。

(4) 品类评分表。品类评分表作为衡量品类管理的有效性和跟踪品类管理执行情况的重要工具，需要包括零售商和供应商双方共同关心的指标，如销售额、利润增长等。因零售商机会的不同，评分表指标可能不同，如有些零售商当前的机会是客流量较低，那么渗透率便成为其所关注的指标。但评分表指标不应太多，否则便没有了重点。而且，品类管理是一种科学系统的管理方法，而不是速效药，不可能指望它在短期内迅速地解决各种问题。

(5) 品类策略。品类评分表为零售商指出了方向，品类策略便是零售商为了达到既定方向所采取的方式方法。不同零售商的方向可能相同，但由于自身所处商圈的不同，自身优势、劣势的不同，商店目标客户群的不同，采取的方法也会有所不同。而这些方式方法的不同，使零售商之间有了差异性。就如登山比赛一样，大家的目标都是登顶，但有人会走常人所走的路线，有人会抄小道，有人会选择攀岩。常用的品类策略有提高客单价、增加客流量、提升利润、强化商店形象等。

(6) 品类战术。品类战术是指为实现品类策略以达到目标所采用的具体操作方法，如产品选择、产品陈列、产品定价、产品促销等。这些具体操作方法应该由品类策略导出，因为简单地凭经验来决定很有可能会适得其反。例如，某商店牙膏的营业额下降了，大部分采购人员会找一个单品来做促销，但生意下降的真正原因有可能是购物者来此采购牙膏的次数少了。这段时期的品类策略应该是增加该品类的形象或优化产品组合，盲目促销很有可能白白浪费资源。

(7) 品类计划实施。品类管理最重要的一步是品类计划实施。前面的步骤可以依靠少数几个人完成，但这一步需要采购、运营、后勤、财务等部门的有效协作。执行好的项目，会很快显示出品类管理的作用；执行差的项目，品类管理会因为执行走样而饱受挫折。

(8) 品类回顾。品类回顾是品类管理的第 8 步，也是最后一步，但却是承前启后的一步。通过品类回顾，一方面评估目标的达成率，另一方面将其作为另一次品类评估而找出下一步的机会，进而调整品类评分表指标、品类策略和品类战术，完成新一轮的品类管理。建议每个月跟进实施情况、追踪品类表现，每三个月对品类进行一次全面的评估。

2. 品类优化管理

对于零售商而言，品类管理可以通过与生产商合作来更好地管理整个品类的店内形象，以获得双方利益的增长。品类优化管理包括品牌优化管理和货架优化管理。

1) 品牌优化管理

品牌优化管理，即通过对不同品牌商品的绩效评估，为消费者提供最佳的商品选择。高效率的品牌优化管理着眼于整个品类，而不是某些品种或某几个品牌。它也以消费者为中心来考虑整个品类。其实施步骤如下：

(1) 界定品类界限，即把店铺经营的产品按照一定的标准划分不同的品类，再对不同品类的资金、货架比例做出安排。

(2) 界定品类在店内的角色，即界定好各品类所扮演的角色，如目标性角色、常规性角色、偶然性角色、方便性角色等。

(3) 产品细分，指将各品类的产品按照消费者喜欢的方式分成更小的品类，即产品分组。如将产品按照价格档次不同分为高档、中档、低档三个类别小组，以便于评估各品牌在其产品细分小组中的表现。

(4) 业务评估，即通过计算某产品、品牌、品类及生产商的营业额和销售量来评估该产品、品牌、品类及生产商的相对表现。销售量份额和销售额份额能够度量产品在其所在品类中的相对重要性。

2) 货架优化管理

货架优化管理可以使经营的品牌和货架的安排达到最大的投入产出比，使货架摆放的商品是消费者喜爱的商品。货架优化管理的目标是使高业绩的产品易见、易找、易选，其基本原则是产品的货架面积比例分配与市场占有率相符。实施货架优化管理可以降低缺货率，减少补货次数，从而降低人力成本，创造最大的投资回报率和货架效率。优化货架管理的具体内容包括：

（1）产品品类选择，即摆放什么产品在货架上，一般是根据品类角色确定的。占据最高立方空间分配、最高客流量、显眼及易见的地方应当是目标性品类商品；常规性品类应位于高立方空间、高客流量的地方；季节性/偶然性品类则应处于一般立方空间、一般客流量的地方；低立方空间、商店剩余位置上安放方便性品类。这样，将重要的品类摆放在显眼的位置，可吸引消费者的注意力，增加其选择商品的兴趣，刺激其购买欲望。

（2）产品摆放方式，即应在货架上怎样摆放产品。这主要应考虑：货架的视觉效果、产品陈列的高度、摆放产品时的价格标签、货架的 POP 作用、走廊与客流方向等。

（3）产品摆放空间，即每个产品或品牌应占有多少货架空间。产品的空间分配应以产品的表现为基础，使其所占空间与销售量成正比，对销售不好的产品则应减少其空间，以让位于业绩更好的产品。

第二节　零售商自有品牌

自有品牌有不同的称谓，如自有标志、私有标志、商店品牌等。随着现代商业的发展，伴随着零售终端的日益增加和商品同质化，不同商店经营的产品和品牌大同小异。然而，对于零售商来说，商品忠诚是重要的竞争优势。只有拥有对商品忠诚的顾客，才能保证企业长久的生存和发展。如何才能培养忠诚顾客呢？一个重要的方法是创建独特的品牌。因此，自有品牌成为零售企业商品管理的重要内容。

一、自有品牌的产生及类型

1. 自有品牌的产生

零售商自有品牌的出现，是零售业态创新和发展的结果，是零售商和制造商之间关系发生深刻变化的产物。

零售商自有品牌最早出现于 1928 年，当时英国的玛莎百货集团采用单一品牌策略，主要销售其自有品牌"圣米高"系列产品，包括服装、食品及酒类、化妆品、书籍等。"圣米高"这一品牌被公认为英国自有品牌商品的典范。20 世纪 60 年代后期，自有品牌商品开始成为生产商品牌商品的对手。自 20 世纪 70 年代末在英国、法国兴起以后，零售商自有品牌就迅速扩展到其他欧美国家。在 20 世纪 70 年代末，英国零售商自有品牌(食品和日用品)的零售总额的比例约为20%，这一比例到 20 世纪 90 年代中期达到了近 1/3，目前已经超过了 40%。

2. 自有品牌的类型

自有品牌有 5 种基本类型。

（1）品名识别方式：零售商品采用零售店名称及标识。

（2）零售商自有品牌名称识别方式：商品品牌与零售商名无关，但只能在所属公司销售。

（3）设计者专有方式：经过与零售商专门协商，以设计者名字设计和出售商品。

（4）其他独占许可名称方式：名人背书、签名或者特性标签。

(5) 普通方式：基本上没有品牌的商品。

3. 自有品牌战略类型

根据自有品牌贴牌方式，自有品牌战略主要有以下几种：

(1) 完全零售商品牌战略：零售商经营的所有自有品牌商品只采用自有品牌，不采用制造商品牌。

(2) 双重品牌战略(软贴牌战略)：同一商品在包装上明显地印制零售商和制造商品牌，以主品牌加副品牌区分。以零售商为主品牌，一般附注"由××供应商指定生产""以制造商为主品牌"，还会附注"××超市荣誉产品"等。这既能宣传商家形象，也能宣传厂家知名度，很好地兼顾产销双方利益。

(3) 混合品牌战略：零售商经营的部分商品用制造商品牌，部分商品用自有品牌。一般是制造商优势大的采用制造商品牌，制造商优势不突出的采用零售商自有品牌。

二、自有品牌的优劣

与制造商品牌相比，零售商开发自有品牌有其自身特点，既有突出的优势，也有不可忽视的劣势。

1. 零售商自有品牌的优势

(1) 有利于形成零售市场的差异化优势。实施自有品牌战略，厂商根据外部市场情况、企业内部的实力状况、竞争者的市场地位和目标市场的需求特点及时地组织生产和供应某些自有品牌商品，从而使企业经营的产品富有特色，同时企业能够以自有商品为基础向消费者提供更全面的服务。

(2) 有利于形成价格优势。由于自有品牌一般是由零售企业自己组织生产或从厂家直接订货，因此省去了许多中间渠道环节，节约了交易费用和流通成本。

(3) 有利于形成信息优势。零售商直接与消费者打交道，不论是在获取信息的时间上，还是在获取信息的数量上、质量上，都优于制造商。零售商能够及时掌握消费者需求及其变化趋势的第一手资料，并且对消费者需求变化做出迅速的能动反应，领先于制造商开发、生产出消费者所需要的商品。

(4) 促销优势。零售企业经常开展的营业推广形式，如赠送样品、购货折扣、赠券优惠、廉价包装、现场表演、商业展销、消费信贷、销售服务等，均可以优先考虑自有品牌的需要。由于零售商自有品牌仅在该零售商的内部进行销售，其广告宣传主要借助零售商的信誉，因此与采用大众媒体相比，广告成本大大降低。

(5) 零售商可以充分利用产品的无形资产优势。大型零售企业在长期的经营中形成了独特的管理运营模式，商品名称在消费者心目中往往都根深蒂固。对于信誉好、知名度高的企业，以企业名称给自有品牌商品命名并在企业内部销售，把商场的良好形象注入商品，人们极易把企业的优质服务和严谨管理同自有品牌商品的优良品质联系在一起，进而转化为对商品的依赖和接受，而自有品牌商品的成功，反过来又会进一步强化顾客对企业的满意度。

2. 零售商自有品牌的劣势

(1) 缺乏开发和设计产品的能力。相对于生产商而言，零售商的专长在于能根据第一手资料，及时提出适销对路的商品设计思路。但囿于生产能力和生产技术，零售商常常找不到合适的生产厂家，再加上零售商对生产领域和生产过程的监控体制不熟悉，缺乏相应生产能力，生产的产品质量可能不符合自身的定位标准，进而损害自有品牌的声誉。

(2) 缺乏质量控制能力。零售商自有品牌的产品质量控制在初期一般都缺乏科学技术的支撑，定牌加工之前往往缺乏对产品品质的技术指导和技术控制。因此在质量控制方面与品牌经营的要求有一定的差距，从而增大了所承担的风险，而且这种风险将因为零售品牌是多种商品共用一个品牌或极少数几个品牌而扩大。

事实上，自有品牌产品以超市自身的商业信誉为担保，可谓"一损俱损，一荣俱荣"。如果其中任何一种商品出现问题，都会或多或少地对自有品牌乃至整个超市集团的信誉造成损害。这就使得零售企业在产品质量、服务水平和支持活动的范围等方面已经由流通领域延伸到生产领域，因此，其承担风险的范围也从流通领域扩大到生产领域。

三、自有品牌的发展

1. 创建自有品牌要考虑的因素

零售行业发展到一定阶段，研发自有品牌便成了发挥品牌效应、增强核心竞争能力及获利能力的重要手段。从国外的经验来看，开发自有品牌已成为零售业品牌经营的大势所趋。企业在开发自有品牌时需要着重考虑以下因素：

1) 自有品牌的经营模式

实施自有品牌战略是一项复杂的系统工程，必须具备相当的规模和实力，即经营面积、经营项目和销售量要达到一定的规模(当然不一定是单体规模，可以是连锁形式)，体现出规模的经济性。

零售商自有品牌是在零售企业内销售的，其发展必须以零售网点(零售商店)作为依托，最好的经营模式应该是连锁经营方式。该模式不受地理范围的局限，可以突破空间的限制，实现全方位的自由流动；同时采购权集中在总部，采购的规模和数量都比较大，对生产商的生产易于形成控制力。在集中采购的基础上设置仓库，比单店独立存储节省仓储面积；可以通过总部选择最有利的运输线路，充分利用运输工具的集中配送以及庞大的销售网络，使零售企业在降低销售成本的同时，保证商品的快速周转。通常连锁组织遍布一个区域，总部利用区域性媒体进行广告宣传，费用分摊到受益的各家分店，促销成本较低，但效果较好。

2) 自有品牌的生产方式

在自有品牌的发展中，一般存在两种生产方式。

(1) 委托生产商制造。这种方式是指零售商根据市场的动态对商品的质量、规格、类型、原料、包装和结构进行设计，然后委托生产商按照具体要求生产，销售时使用自有品牌。这种方式下，零售商与生产商是一种较为松散的关系。这些小的生产商由于资金、规模的限制，无法与使用零售商品牌的商品竞争，大型零售商正是利用这一点，以利润为纽带，委托小企业为其生产，互惠互利。

(2) 自设生产基地。这种方式是指零售商根据消费者需求，设计开发并生产商品，使用自己的品牌销售。这种方式下，零售商和生产商形成一种稳定的协作关系，但要求零售商具备充足的从策划、设计到生产、销售的专业人才以及足够的财力。中国大部分零售商目前采用的是对厂商的定牌加工。为保证高质量的零售商自有品牌，零售商必须慎重选择生产商，对潜在商品供应商进行选择时，要对其生产能力、财务状况等方面做出考虑，因为有实力的生产商更愿意生产自己的品牌，一般不愿意成为零售商单纯的供应商。因此，有过剩生产能力而市场开拓能力较弱的生产商更可能成为合作伙伴，但他们必须满足质量可靠、设备先进、技术较强、人员素质较高的条件，才能确保产品的信誉度。零售商应随时检查供应商产品的各项指标，或和生产商之间结成互相依赖的关系，采取合作共赢模式。

3) 自有品牌的定位和决策

经营自有品牌，首先要解决品牌的定位问题。定位就是在消费者心目中建立起自有品牌不同于制造商品牌的鲜明和突出的特点。因此，在定位之前，零售商必须了解消费者前来购物的动机和需求。一般来说，消费者选择自有品牌商品的重要因素是产品的高质量和低价格。因此，自有品牌的定位不能脱离这两个基本因素。自有品牌商品的定位一方面要使该品牌与制造商相比有突出的个性，另一方面又要使其与其他自有品牌竞争者相比有独到优势。

品牌的决策很重要，实际运作时需要从以下两方面着重考虑：一是考虑采用企业名称还是其他名称。选用企业名称作为品牌，在品牌导入期，有利于品牌的推广，但如果商品出现问题，不仅会影响自有品牌销售，也将影响企业声誉。选用其他名称，则可为产品选择恰当的品牌，而且这一品牌出现问题也不会波及零售企业的声誉，但要注意把企业的风格与经营产品的特点有机地结合起来，同时结合目标市场的消费习惯和消费心理，使商品能被消费者愉快地接受。二是考虑采用统一品牌还是多个品牌。采用统一品牌费用较小，给消费者更大的可信度，但不一定适合每类商品，容易出现"一损俱损"的后果。采用多个品牌，为每类产品标上最佳名称，最大限度覆盖细分市场，但相应的设计、制造和促销费用会增加，且易产生自相竞争。因此，要视具体情况具体分析。

4) 自有品牌的品种选择

尽管自有品牌可用于各种定牌商品，但实践中，应根据开发目标，对自有品牌的载体商品进行选择，最大限度地突出零售商的营销优势。一般来说，以下属性的商品比较适合采用自有品牌。

(1) 高周转率、高购买率的商品。商品的周转率高，对大型零售商而言，可以实行大量开发订货，降低生产成本，保证自有品牌始终低价；对消费者而言，他们对此类商品的品牌忠诚度相对较低，容易背叛原有的生产商品牌而选择新的品牌。

(2) 单价较低的商品。对单价低的商品，消费者可以在第一次购买后通过使用来决定是否再次购买，其风险较小；而对于单价高的商品，消费者的购买决策是比较慎重的。

(3) 科技含量不高的非专业性商品。像电视机等科技含量较高的商品，消费者需要更多地依靠商标和生产企业的知名度、技术实力等间接对商品品质进行判断；而服装、鞋帽、食品、饮料等科技含量不高的大众消费品，不需要特别的专业知识，容易识别真假好坏。

(4) 售后服务程度高的商品。零售企业的经营性质和业务特色决定了其创建品牌的重要内容是无形服务，所以零售商必须充分了解消费者需求，强化良好的服务，向消费者提供与众不同的"整体商品"。

(5) 保鲜、保质要求高的商品。例如，部分生鲜食品的加工包装只能在卖场内的加工厂进行生产。

2. 自有品牌战略的实施

根据国外经验，自有品牌的发展一般要经历四个阶段。

1) 市场导入阶段(引入期)

零售商凭借自己在商品价值移动链条上的独特地位，可以推出成本相对较低的自有品牌商品，获得成本领先优势。自有品牌商品定价的总原则是一定要比同质量的工业品牌商品的价格低，才对消费者有吸引力。在有强势品牌存在的品类里，自有品牌就要依靠明显低于领导品牌的定价来吸引消费者，其价格差异程度往往与领导品牌的强势程度成正比，凭借成本优势占领市场。若考虑促销因素，则零售商可以采用两种策略，即快速渗透策略与缓慢渗透策略。

快速渗透策略是指批量以低价格和高促销水平推出自有品牌。当市场非常大，并且消费者对价格比较敏感，潜在竞争非常激烈时可以采用该策略，如生活用品以及一些低档产品。缓慢渗透策略是指批量以低价格和低促销成本推出自有品牌。当零售商对某一产品拥有明显差异化优势，且潜在替代品较少时可以采用该策略，如家用电器、服装等。

2) 提升品质阶段(成长期)

由于消费者的转换成本不高，一旦发现超市自有产品的质量不能令人满意，就会很容易地转向一些制造商品牌，超市在这种商品上将永远失去这一顾客群，因此自有品牌存在非常明显的替代威胁，许多零售商以牺牲品质来维持价格优势的"品牌短视"行为已经严重损害了自有品牌形象。

因此，零售商在该阶段应维持低价，同时继续提升产品品质，提高性价比，给顾客提供最大让渡价值，获取顾客忠诚，改变自有品牌的低品质形象。实施自有品牌战略必须制定严格的技术标准，实行全面质量监督与管理，提高质检人员的素质。要为顾客提供"物有所值"的商品，就必须要求技术人员严格把关，实行全面质量控制，零售商可与采用先进生产管理及重视控制技术(如采用六西格玛质量控制方法、引入 ISO 9000 系列标准)的制造商结成战略联盟，共同致力于产品品质的提升。

3) 塑造品牌个性阶段(成长期)

品牌具有个性，而且具有情感效应和资产价值，是产品、企业、人和社会文化的综合。作为品牌的灵魂，品牌个性既是品牌差异化的重要源泉，又是赢取顾客忠诚的法宝。通过塑造强有力的品牌个性，零售商可以走出靠拼价格、拼品质的低层次竞争，因为价格战、品质战都能够侵蚀商品利润。相反，只要拥有了鲜明的自有品牌个性，零售商就可以通过无形的品牌资产来赚取超额利润。

随着经济的发展和顾客需求层次的提高，消费者需求重心已由关注产品的质量、价格等传统功能因素，转移到追求消费过程中能否获得愉悦、值得令人回味的消费体验等情感因素，自有品牌的竞争层次也会相应超越产品层次、服务层次，进而进入体验层次，能够带给消费者丰富体验的品牌将更有竞争力。

因此，零售商应通过策划提供给顾客多层次、立体式的品牌体验，从而塑造品牌个性。具体来说，零售商可以综合运用以下营销策略来塑造品牌个性，即感官营销、美学营销、情境营销、参与营销及氛围营销等。在塑造自有品牌个性过程中，既要保持品牌的核心价值、主体个体的一致性，又要注意迎合顾客需求的变化。

4) 自有品牌统治阶段(成熟期)

这是自有品牌发展的最高阶段。在该阶段，自有品牌的影响力和知名度极高，并且拥有相当数量的品牌忠诚者，自有品牌在销售百分比中占有绝对优势地位，在与制造商品牌的竞争中处于优势。对在供销关系中处于弱势地位的零售商来说，通过建立有影响力的自有品牌可以摆脱制造商控制，掌握主动权。甚至在价值链条上，拥有知名品牌的零售商还可以通过后向一体化策略对制造商实施兼并控制。此时零售商的战略重点是对拥有影响力的自有品牌进行品牌资产管理，加强品牌保护。

四、零售商自有品牌开发中的关系管理

(一) 零售商与制造商的关系

零售商与制造商处在一种既需要彼此帮助，同时又尽力使对方在渠道中获利最小化的联合之中。制造商通过增强消费者的品牌忠诚度确立自己的地位。忠诚的消费者乐于支付较高的价格购买自己喜爱的品牌，他们一旦发现商店不提供该商品就会转投其他商店。如果消费者都这么做，零售商将被迫销售该制造商品牌产品，并且在议价环节上处于劣势地位。

零售商自有品牌的出现，使零售商摆脱了这种尴尬境地。制造商与零售商的关系发生变化，零售商在渠道中的地位不断提高。大型零售商开发的自有品牌成为威胁制造商品牌的利器，实力弱小的中小企业纷纷败下阵来。面对自有品牌发展的强劲势头，制造企业如坐针毡，急于寻找应对零售商自有品牌的良方。

1. 零售商自有品牌给制造商带来的威胁

现代社会的零售业市场竞争力不断强化，对制造商传统的领导地位发起了强有力的挑战，宣告终端为王时代已经来临，这就从根本上改变了制造商和零售商的关系。

首先，大型和特大型零售商与制造商讨价还价的能力大幅提高，使大型和特大型零售商在与制造商的关系中不再处于传统的从属地位。在很多情况下，制造商不得不做出尽可能大的让步。

其次，亦最重要的是，大型和特大型零售商可利用其庞大的经营规模和卓越的信誉来建立零售商自有品牌，从而对分销渠道上游企业造成更大的冲击。零售商自有品牌的产生与发展，进一步强化了大型和特大型零售商的优势地位。

由于品牌一直是制造商越过中间商来直接影响消费者的根本手段，因此，零售商自有品牌的产生与发展必然会使制造商对零售商的影响和控制力大大削弱，而某些实力较弱的中小制造商甚至会成为单纯的贴牌生产者，会因为失去对消费者的影响力而最终由台前退居幕后。

零售商自有品牌的发展还会对产品的价格和制造商的利润带来巨大冲击。由于零售商自有品牌产品大多为仿制品，其开发、生产和促销等方面的成本低下，因此价格也较为低廉，这就对相关领域的制造商造成了巨大冲击，从而使整类产品的价格和利润大幅度降低。

2. 零售商自有品牌给制造商带来的利益

(1) 为大型制造商提供了一种有效的防御工具。面对竞争对手的降价挑衅，大型制造商通常会推出品质和价格均稍低的防御性品牌予以反击，以防止价格敏感型的消费者转向竞争

品牌。由于较少广告和促销投入，因此这种防御性不仅有利可图，更重要的是使得大型制造商能保持原有的市场份额，但会影响制造商在消费者心目中原来的品牌形象。零售商自有品牌的出现，则意味着制造商的这类防御性品牌的生存空间越来越小，因为零售商完全可以用自有品牌来取而代之。而对于大型零售商而言，为零售商自有品牌提供产品，只不过是以另一种形式更好地运用防御品牌策略，因为零售商自有品牌不会影响制造商原有的品牌形象。

(2) 为零售商自有品牌供货。大型制造商通过加强与零售商的关系，可以分享零售商宝贵的稀缺资源——市场需求信息，从而使得其技术创新有了市场的支撑。为零售商自有品牌供应产品，制造商面临潜在风险：一旦其他制造商愿意以更低价格提供产品，零售商就可能会转换供应商，必将造成制造商生产能力的闲置。甚至零售商仅仅以压价或转换供应商相威胁也会使制造商陷入被动。但反过来，大型制造商能分享零售商收集的消费者信息，以此作为其技术创新的基础，并走向成功。

(二) 零售商与制造商的关系管理

零售商与制造商的关系十分重要。制造商品牌会增加零售商对顾客的吸引力，当一个商店缺少著名制造品牌时，消费者会丧失到该商店购物的兴趣，而转投其他商店；另外，用一个商店名称涵盖多种类别商品，会导致品牌形象模糊，很多消费者并不相信一个商店能够提供全部高质量的商品。所以，零售商需要处理好与制造商的关系，尤其是与著名品牌制造商的关系。

零售商与供应商的关系表现为两种形式：控制与依附关系，平等合作关系。在目前零售商权重的情况下，前者主要表现为交易过程中零售商对制造商加以控制，以此为自有品牌谋取更大的利益。但事实证明，利用自己在交易过程中的控制地位压低价格从中获利，实际上是一种非常短视的行为。许多零售商都认识到，大规模的订货不仅使制造商依赖于零售商，也使零售商依赖于制造商。如果频繁更换货源，零售商就会丧失供货效率，付出大量的转换成本。因此，零售商应当采取互相合作、双赢互利的关系模式。

(1) 合理处理与制造商的关系。

连锁商店发展自有品牌与经营制造商品牌必然有冲突，零售商开发自有品牌的行为抢占制造商品牌的市场份额，势必影响到已经建立的上下游产业链关系，为上游企业带来一定程度的威胁。如何处理好这种关系需要拿捏稳妥，如何确保从自有品牌中获利，又不让这种关系恶化，并非易事。

(2) 适当控制零售商自有品牌的数量。

零售商自有品牌的产品应该有一个限度的考量，按照惯例，零售企业的自有品牌产品应占其品类的20%左右。在中国实际商业环境下，一家零售商自有品牌的数量并无定论，需要零售商根据自己的管理能力、资金实力、推广能力来确定，但数量并不是越多越好，否则由于管理能力、管理幅度有限，很容易出现问题。此外，不是所有产品都能推出自有品牌，应该选择能形成差异化和提供价值溢价的产品。

(三) 制造商选择策略

制造商的选择关系到零售企业自有品牌的质量问题，因此，如何选择自有品牌制造商、处理好与自有品牌制造商的关系是零售企业自有品牌管理的一个重要决策。

1. 与领导品牌制造商合作

选择知名制造商进行贴牌生产的好处是产品的质量有保障，使消费者更加有信心，可弥补零售商自有品牌在专业形象方面的不足。

沃尔玛在自有品牌制造商的选择方面具有相当严格的程序，一般倾向于和行业内领导品牌的生产商合作。沃尔玛曾生产自有品牌的卫生纸，它的合作伙伴就是"维达"纸业——中国卫生用纸行业销售量最大的企业。但这种模式也有很多问题。首先，规模较小的零售商可能根本没有足够数量的合格供应商与之合作，而如果过分追求降低成本，与不具备足够资质的供应商合作，可能造成商品质量低下，反过来会危及零售商的品牌形象；其次，这种合作也很容易造成零售商和生产商之间的利益冲突，因为零售商的自有贴牌商品可能挤占了制造商品牌原有的市场。

2. 硬品牌和软品牌策略

硬品牌策略是零售商自有品牌商品对制造商品牌商品的彻底替代，容易引起制造商的防御性抗衡。与此对应，软品牌策略则相对温和。软品牌指的是零售商保留销售原制造商的品牌，但辅以零售商自有品牌。例如，在包装上附以"家乐福监制""家乐福精心挑选"等。这种方法更为安全，更为灵活，零售商可根据产品销售情况随时调整，在自有品牌推广的初级阶段较为适用。

3. 定点定牌定样监制生产

定点定牌定样监制生产即利用现有生产厂家的生产条件定点定牌定样监制生产。英国玛莎百货集团经营的商品中 80%是"圣米高"牌，该品牌是英国最走红品牌，该品牌内衣的市场占有率高达英国内衣市场的 50%以上。为玛莎公司加工生产"圣米高"牌商品的工厂有800 多家，玛莎公司只向这些生产厂家提出原材料、生产工艺、品质等方面的要求，同时提供技术支援、管理咨询，不进行直接投资。玛莎公司是名副其实的"没有工厂的制造商"。

4. 参股合营、控股兼并模式

参股合营、控股兼并模式即利用参股合营、控股兼并等方式同有关生产厂家合作。上海开开实业有限公司在 20 世纪 60 年代公司创业之初，只是一家营业面积为 300 平方米的前店后厂专业店。进入 21 世纪，该公司以资本经营为纽带，先后运用参股、控股、兼并等多种方式，巩固和发展生产基地，组建全国乃至国外的市场销售网络。

5. 工商一体化

工商一体化是指实力雄厚的零售企业独资创建自己的生产加工基地，走工商一体化之路。上海市食品集团从一开始就实施了以市场为导向，以科技为依托的品牌发展战略，不断投入巨资，引进国外先进的生产流水线，改造企业原有设备，开发猪肉升级换代产品"冷却肉"。

第三节　零售价格管理

一、影响定价的主要因素

在零售卖场决定定价的具体政策和方法之前，必须先考虑影响定价的几个主要因素，包括零售卖场本身特征、消费者价格心理、竞争对手的价格策略、商品进货成本和国家的法规、政策。

1. 零售卖场本身特征

零售卖场对商品价格的决定并不是一个独立的决策过程，而是和整个零售的营销战略息息相关的，商品的价格应该和零售卖场的目标市场相匹配。零售卖场本身特征从某种程度上来讲决定了商品的价格在哪个水平，这些特征包括零售卖场的市场定位、地理位置、当下的促销活动、服务水平、零售卖场的固有形象及预期形象。

(1) 零售卖场的市场定位会直接影响到零售的商品定价。一家把目标市场定位在高端顾客的品牌零售卖场要把价格定得较高一些，而把目标市场定位在中低端顾客的大型超市就要追求平价的策略。因此，定价策略从根本上是受市场定位控制的，市场定位在什么层次，价格就定位在什么层次。

(2) 零售卖场的地理位置对商品价格的确定有很大的影响。首先，零售卖场与同种性质的竞争对手的距离非常重要，距离近的话，价格要根据竞争对手的情况及时做出调整。其次，零售卖场所处的商圈的消费情况对价格也有影响。例如，在高档小区旁边的零售卖场就可以把商品的价格定得高一些来得到更大的利润，而地处偏远地区的零售卖场应该适当地降价来吸引距离较远的顾客。

(3) 零售卖场当下的促销活动影响着商品的价格。有时，为了达到促销的目的，零售卖场需要采用降价的手段，降价的幅度也和促销的力度、规模是相关的，促销越积极，在竞争中价格优势就越大，越可以得到消费者的青睐。

(4) 零售卖场给消费者提供的服务水平与商品价格的制订密切相关。零售卖场的服务是有成本的，越高档、体贴的服务需要的经营费用越多，这些费用需要靠提高商品价格来弥补。一些定位在高档的零售卖场拥有非常舒适的购物环境和非常周到的服务，一般来说，这样的零售卖场其商品价格较高；相反，一些服务相对较少的零售卖场就可以凭借这一点拥有价格优势，比如仓储式商店，让消费者亲自运输，不仅让消费者获得一种新的体验，还节省了大量的运营费用。

(5) 零售卖场的形象能影响零售卖场的定价。前面提到，商场定位可以影响零售卖场的商品价格，反过来说，消费者也能通过对商品价格的判断给零售卖场的形象打分。如果一个零售卖场的商品价格高，则消费者会对这个零售卖场留下"档次高，有品位"的印象，这时该零售卖场就不能随意使用降价的方式进行促销，因为这样会给消费者对零售卖场的印象带来负面效应，而一个零售卖场如果在消费者心中有不好的印象，也是可以通过采用价格调整的手段来纠正的。因此，零售卖场在形象上的策略也能影响零售卖场的定价策略。

2. 消费者价格心理

微观经济学中认为价格是需求和供给平衡的结果，对于零售商来说也是如此，商品的定价不仅受卖场自身因素的影响，还受到消费者心理的影响。消费者对价格怎么想是非常重要的。在长期的消费过程中，消费者对商品价格都会形成一个认知，这个认知的体验过程就是消费者价格心理，它反映了消费者对价格的知觉程度和情绪感受。一般来说，消费者对价格的感知和消费者的收入是相关的，一个收入阶层的消费者有类似的价格心理。另外，还有很多因素，比如消费者个人的知识储备、经验、需求、兴趣爱好、情感和其他个性因素也会直接影响消费者的价格心理。人们研究发现，大多数消费者价格心理有以下几种表现形式：

(1) 习惯性价格心理。这是指消费者对一定商品价格水平的心理的习惯性。这种习惯性是消费者长期而且频繁地购买某种商品形成的，这种商品需支付多少钱已经在消费者心目中逐步形成某个固定的标准，消费者会以这个标准对价格的高低进行比较和评判。如果一件商品的价格在这个习惯性标准的范围之内，那么消费者认为这个价格是合理正常的；如果一件商品的价格高于或低于这个范围，那么消费者则会认为这是不合理的。因此，零售卖场在调整商品价格时一定要关注消费者的习惯性价格心理区间，一旦调整幅度超出这个区间，就会严重影响消费者对零售卖场的印象。

(2) 敏感性价格心理。这是指消费者对一定商品价格水平变动的心理反应的程度。消费者在长期的购买活动中，会对商品形成一个大致的心理上的价格标准，这种标准来源于人的想象、习惯以及使用后的体验。而当某种商品的价格发生变动时，消费者的心理反应的程度是和商品种类有关的。通常，日常生活必需品的心理价格标准低，价格敏感性就强。例如，粮食、蔬菜等日用食品，其幅度很小的价格变动也会带来消费者的强烈反应；而心理价格标准较高的产品，敏感性就弱，即使价格有较大变化，消费者也不会有很大反应。

(3) 倾向性价格心理。消费者处于不同的价格心理，对商品的质量、档次和品牌都会产生不同的倾向性，这种倾向性也是由于消费者收入的不同、社会地位的不同以及消费习惯的不同导致的。例如，收入较高、平时消费较高的消费者会对价格较高的产品产生偏爱，他们会认为贵的产品是物有所值的，有"一分价钱一分货"的价格心理；而平时消费较低的低收入的消费群体会认为价格高不代表质量就好，他们更喜欢使用价格低一些的产品。

(4) 感受性价格心理。消费者对价格高低的判断，往往是与同类商品进行比较，或是与同一个商场中的不同商品进行比较。这种比较没有统一的标准，所以很容易产生错觉，导致对价格高低的判断不准确，尤其在通常被当作标准来比较的商品发生变化时错觉很容易产生。比如，一种产品摆放在某个货架上，如果货架上大部分产品都换成了新产品，且价格和老产品有较大差异，这种产品在消费者心中的价格一定会发生变化：周围的产品价格高，消费者就感觉这种产品价格低；周围的产品便宜，消费者就感觉这种产品价格高。

3. 竞争对手的价格策略

有商机的地方就有竞争，零售业中永远都不会有垄断，而作为服务同质化、极易模仿的零售卖场之间的竞争更是无比激烈。其中，价格竞争更是零售商常用的竞争手段。因此，零售卖场在定价时一定要认真考虑竞争者的定价，因为竞争者的定价直接影响了消费者对相同商品的选择。

在分析竞争对手定价的过程中，需要注意以下几点：

首先在对比时，不能盲目地参照竞争对手的定价，因为零售卖场自身的成本可能和竞争对手的成本不一致，零售商必须先确定自己在成本上占优势还是劣势。另外，竞争对手的产品质量也需要去调查，只有在质量和成本一致的情况下，竞争对手的价格才有参考价值。

零售卖场在地理位置、企业形象、产品组合上的优势也是一大竞争利器，所以，地理位置好、企业形象佳、产品组合优秀的零售卖场可以比竞争对手定更高的价格，如果没有这些优势的话，较高的价格就不会被消费者接受了。

在直接竞争的几个零售卖场中，一般是拥有竞争优势的一家进行定价，而其他零售卖场会选择追随性的价格策略。但有时也会出现某家零售卖场定出了比较有侵略性的价格来逼迫竞争者与其打价格战，这种情况下，零售卖场需要切实地考察价格战的必要性，再谨慎决策。一般来说，有三个因素会影响到这个决策。

(1) 价格灵敏度。对于食品等日常用品或是口碑很好、销量很高的品牌商品，消费者的价格灵敏度很高，对于这些商品，如果行业内有人先降价，那么竞争者必须紧跟着降价；但如果降价的是人们不关注的产品，则没有打价格战的必要。

(2) 市场地位。一般来说，当地市场的领军零售卖场首先降价，则其他零售卖场都得应战，而如果首先降价的是地位很低的小零售卖场，则其他零售卖场没有必要降价。

(3) 产品特性。有些产品本身就不适合降价来促销，如需要靠高价来维护产品形象的商品，如果有竞争者对这些商品进行降价，则打价格战对双方都没什么好处。

4. 商品进货成本

零售卖场在对商品进行定价时，最根本的根据就是商品的进货成本，它是定价的底限，只有在定价高于进货成本的情况下，零售卖场才能收回成本并创造利润，维持零售卖场的正常运营。有时，为了配合整体的营销战略，定价会暂时低于进货成本，但维持的时间不能太长，否则就会影响到零售卖场的生存。

商品的进货成本包括商品本身的批发价格、采购费用、库存费用和运输费用等。根据进货成本定价的一种简单方法就是在成本的基础上加上一定比例的差价得到定价，这种方法叫成本加成法定价。这种方法的最大优点就是简单，差价的比例就是该商品的毛利率，所以零售卖场在一般情况下都选用这种办法。

5. 国家的法规、政策

零售商对价格的制订要受到国家相关部门的监督和相关法规、政策的限制，也要受到某些当地政策的限制，在《中华人民共和国价格法》《中华人民共和国消费者权益法》中也有与定价有关的法律规定。

二、定价策略

零售卖场在对商品进行定价的过程中一般会制定适当的价格政策，包括新商品的定价方法、面对不同消费者群体的价格折扣政策和以促销为目的的降价政策。这些政策有许多，各有特色，但国内外最普遍使用的是两种相对立的基本价格政策：高/低价格政策和稳定价格政策。采用这两种价格政策的零售卖场相互之间有很大的管理上和政策上的区别。

1. 高/低价格政策

高/低价格政策是指零售卖场制订的商品价格有时高于竞争对手，有时低于竞争对手，而且价格会经常变动，这样零售卖场就可以经常使用降价手段进行促销。这一点从零售卖场的日常经营中很容易看出来，一些零售卖场几乎天天都有每日特价商品，运用的就是这种高/低价格政策。这种高/低价格政策有以下几个优点：

(1) 刺激消费，加速商品周转。高/低价格政策能刺激消费，加速商品周转。消费者对某一商品的需求是和该商品的价格成反比的，价格高的时候，需求就少；价格低的时候，需求就多。零售卖场通过高/低价格政策可以给消费者造成一种刺激，经常性的短期降价可以在降价期间大大增加这种商品的需求，进而加速商品的周转，使流动资金可以迅速回笼。

(2) 覆盖不同的目标市场。高/低价格政策可以让一件商品在几个不同的目标市场都取得不错的业绩。比如，一件新商品，在进入市场的初期零售卖场会定一个较高的价格，这时对价格不敏感的时尚领先用户就会以高价购买；而随着时间的推移，价格逐渐降下来，这时对价格较为敏感的顾客也会陆续购买；直到价格降到一定程度后，该商品迎合了绝大部分不同目标市场顾客的需求，创造出了相当不错的利润。

(3) 促进连带消费。高/低价格政策可以让消费者在购买特价商品时连带消费，起到以一带十的效果。消费者通常受某种或某几种商品的吸引到零售卖场消费，由于购物环境的影响和冲动消费，消费者往往不仅仅购买了目标商品，还连带购买了许多其他商品，这让零售卖场达到了以低价商品吸引顾客、其他商品创造利润的目的。

(4) 容易实施。高/低价格政策相比每日低价来说要容易实现得多，每日低价虽然更加吸引人，但这需要严格地控制成本，还需要非常优秀的作业流程和物流配送体系才可以保证零售卖场不处于长期亏损的状态，所以高/低价格政策可以在吸引顾客的基础上长期维持零售卖场的正常经营。

2. 稳定价格政策

稳定价格政策是指零售卖场对商品的价格基本上保持稳定，不经常采用价格促销的方法。为了吸引消费者，稳定价格政策的具体形式有两种：每日低价政策和每日公平价政策。

每日低价政策是指零售卖场始终把商品的价格保持在较低的水平上，尽管不可能每一种商品都是市场上的最低价，但是平均价格总是低于市场平均水平的，长此以往，这种零售卖场会给消费者留下价格低廉、实惠的印象。一般来说，采用这种每日低价政策的零售卖场都拥有领先于行业内的高超的控制成本的技术和能力。例如，美国的沃尔玛大型连锁超市就以每日低价闻名，而沃尔玛拥有的十分科学的物流配送系统无疑是这家企业成功的重要保障。

每日公平价政策是指零售卖场在定价时总是在进货成本上加上一个合理的差价。采用这种政策的零售卖场在价格竞争中并不占优势，这些零售卖场通常会在其他方面寻找突破口，如丰富多样的商品品种、高级的销售服务、良好的购物环境都可以作为这些企业的竞争优势。它们给顾客留下的印象是定价合理，比市场最低价高出的部分只是为了补偿必要的经营费用。但实施这种政策的零售卖场也不能忽略对成本的控制，一旦定价过高，就会被消费者拒绝。

稳定价格政策具有以下几个方面的优点：

(1) 规避脱销的风险。稳定价格政策下的零售卖场的商品销售情况很稳定，利于库存的管理，可以规避脱销的风险。和高/低价格政策频繁的大减价比起来，稳定的价格可以让顾客的需求相对保持稳定，商品的销售情况也就变得容易预测。因此，零售卖场就可以通过对市场的预测在避免风险的基础上降低库存成本和物流成本。同时，脱销的情况减少也会相应减少顾客不满意现象。

(2) 减少日常经营的难度和费用。稳定的价格政策可以降低日常经营的难度和费用，稳定的价格意味着零售卖场所需的更换价签的人员可以减少，可以省下一批人力资源。不仅如此，稳定的价格政策下，降价活动要少许多，所以不需要对减价活动进行宣传，从而无须重新印发商品手册，在媒体上的广告费用以及减价活动的费用都省下来了。另外，稳定的销售情况可以省下一批管理货架的人工费用。当日常经营的重点不用放在减价活动时，管理人员可以更多地关注怎样提高零售卖场各个环节的管理质量，提高零售的效率，降低管理风险。

（3）有利于保障对消费者的更为优质的服务。稳定价格政策可以保障对消费者的更为优质的服务。同高/低价格政策相比，实行稳定价格政策的零售卖场有稳定的客流量，所以员工的数量稳定，而经常减价刺激消费者光顾的零售卖场客流量不稳定，维持高峰期所需的员工不变又显得格外浪费，所以只能雇用临时工，这样就不能保证员工的素质和态度。因此，稳定价格政策下员工流动性低，素质高，提供的服务好。

（4）有助于保持顾客的忠诚度。稳定价格政策有助于保持顾客的忠诚度，能够维系老顾客的关系。高/低价格政策虽然给人降价的刺激，但有些消费者会遇到刚买了某些商品没多久，商品就降价的情况，这会大大影响消费者对零售卖场的印象，会让他们产生一种上当的感觉。并且，短周期地对价格进行频繁的调整会让消费者对价签产生不信任的感觉，一定程度上会让顾客犹豫不决，甚至放弃购买。而长期稳定的价格则可以让消费者放心地购买，没有上当的感觉，进而产生对零售卖场的忠诚。

在对这两种政策进行选择的问题上，零售卖场应该在决定之后就坚持不懈地根据自己的政策打造零售品牌。仓促地变换定价政策是非常不理智的，这会让消费者对零售卖场的定价认识不清，从而遭遇意想不到的风险。

西尔斯百货商店就曾在 20 世纪 80 年代末遭遇了这种情况。当时，为了解决商店经营的困难，西尔斯决定进行一系列改革，包括把价格政策由过去的高/低价格政策转变成已经被沃尔玛证明十分成功的稳定价格政策。结果，在公司大张旗鼓地对商品进行降价之后，西尔斯发现其价格的竞争力依旧不如沃尔玛等采用稳定价格政策的零售卖场。后来，为了挽回颓势，西尔斯宣布在稳定价格政策的基础上继续进行降价促销，也没有收到理想的效果，结果，当年西尔斯的利润下降了 63%，还给消费者留下了不好的印象。这说明，消费者对某个零售卖场的价格观念在一段时间的消费之后就会固定下来，很难改变。即使西尔斯真正做到了每日低价，消费者也会认为商品的定价还是高于沃尔玛的。因此，零售卖场仓促地变换定价策略是有巨大风险的。

三、商品定价与商品毛利率

商品定价与商品毛利率有着直接和紧密的联系，我们必须要清楚商品毛利率的内涵和表达形式，这一点非常重要。商品毛利率有以下两种不同的表达形式：

设商品的进价为 X，在进价的基础上乘上一个恰当的毛利率 m，售价为 $P = X \times (1 + m)$，则毛利率公式为 $m = (P - X)/X$，我们称之为顺加毛利率。

设商品的进价为 X，在进价的基础上倒扣一个恰当的毛利率 n，使之等于进价，$X/(1 - n) = P$，则毛利率公式为 $n = (P - X)/P$，我们称之为倒扣毛利率。

顺加毛利率和倒扣毛利率是毛利率的两种完全不同的表达形式，差别在于分母，顺加毛利率的分母是商品的进价，倒扣毛利率的分母是商品的售价，所以同样的商品按照不同的毛利率表达形式计算其毛利率是完全不同的，顺加毛利率总是大于倒扣毛利率。通过数学公式换算，顺加毛利率和倒扣毛利率存在如下恒等的换算关系：

$$m = \frac{n}{1-n}, \quad n = \frac{m}{1+m}$$

将顺加毛利率和倒扣毛利率用表格的形式表示，如表 3-4、表 3-5 所示。

表 3-4　以倒扣毛利率为基准的顺加毛利率计算

倒扣毛利率	顺加毛利率	倒扣毛利率	顺加毛利率	倒扣毛利率	顺加毛利率	倒扣毛利率	顺加毛利率
1%	1.01%	11%	12.36%	21%	26.58%	31%	44.93%
2%	2.04%	12%	13.64%	22%	28.21%	32%	47.06%
3%	3.09%	13%	14.94%	23%	29.87%	33%	49.25%
4%	4.17%	14%	16.28%	24%	31.58%	34%	51.52%
5%	5.26%	15%	17.65%	25%	33.33%	35%	53.85%
6%	6.38%	16%	19.05%	26%	35.14%	36%	56.25%
7%	7.53%	17%	20.48%	27%	36.99%	37%	58.73%
8%	8.70%	18%	21.95%	28%	38.89%	38%	61.29%
9%	9.89%	19%	23.46%	29%	40.85%	39%	63.93%
10%	11.11%	20%	25.00%	30%	42.86%	40%	66.67%

表 3-5　以顺加毛利率为基准的倒扣毛利率计算

顺加毛利率	倒扣毛利率	顺加毛利率	倒扣毛利率	顺加毛利率	倒扣毛利率	顺加毛利率	倒扣毛利率
1%	0.99%	11%	9.91%	21%	17.36%	31%	23.66%
2%	1.96%	12%	10.71%	22%	18.03%	32%	24.24%
3%	2.91%	13%	11.50%	23%	18.70%	33%	24.81%
4%	3.85%	14%	12.28%	24%	19.35%	34%	25.37%
5%	4.76%	15%	13.04%	25%	20.00%	35%	25.93%
6%	5.66%	16%	13.79%	26%	20.63%	36%	26.47%
7%	6.54%	17%	14.53%	27%	21.26%	37%	27.01%
8%	7.41%	18%	15.25%	28%	21.88%	38%	27.54%
9%	8.26%	19%	15.97%	29%	22.48%	39%	28.06%
10%	9.09%	20%	16.67%	30%	23.08%	40%	28.57%

由表 3-4、表 3-5 可知，顺加毛利率和倒扣毛利率的差异还是很大的，当倒扣毛利率为 40% 时，顺加毛利率为 66.67%；当顺加毛利率为 40.85% 时，倒扣毛利率为 29%。所以我们在零售经营的实务当中，必须要头脑清醒地知道我们采用的毛利率到底是哪种表达形式，因为失之毫厘，差之千里。

两种毛利率形式体现了不同的运营思维方式，通俗地讲，顺加毛利率是指每进货 100 元的商品，能从中赚取多少毛利；而倒扣毛利率是指每销售 100 元的商品，能从中赚取多少毛利。两种毛利率形式在零售企业当中皆有应用。如零售企业经常采用的成本加成法的定价方式，就是在进货成本的基础上加上一个恰当比例的毛利率进行商品的定价，应用方便简单，这种毛利率的形式就是顺加毛利率，这是一种基于成本导向的毛利率形式，所以也称为进价毛利率。但是，零售企业要想真正实现利润，还存在马克思所说的"惊险的一跃"，也就是说商品要能够销售出去才能实现利润，所以纯粹基于进货成本的毛利率形式存在一定的片面性，所以倒扣毛利率是真正从销售的角度衡量的毛利率形式，能够弥补顺加毛利率的片面性，所以也称之为销售毛利率。

【小案例】

不同类别商品的毛利率

以超市业态为例的不同类别商品的毛利率(顺加毛利率)如表 3-6 所示。

表 3-6　不同类别商品的毛利率示例

类别	肉类	文体	水产	服饰	熟食面包	妇婴	日配	大家电	小家电
毛利率	2.65%	16%	3.7%	18%～30%	15%	15%～25%	7.5%	3%	7%
类别	休闲	家居	粮油	家纺	冲调	鞋	日化	酒饮	
毛利率	8%	16%	3.5%	15%～25%	8%	18%～30%	12%	6.5%	

四、商品的价格带分析

1. 价格带与价格线

所谓价格带，是指某个特定品种内零售价格的上限与下限之间的全部价格。所谓价格线，是指零售价格的种类，它反映的是品项的销售量、陈列展示量与售价之间的关系。价格带与价格线的关系如图 3-4 所示。

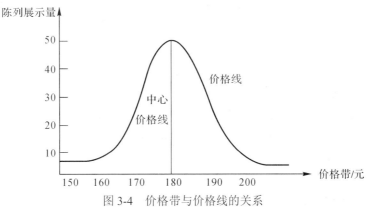

图 3-4　价格带与价格线的关系

在同一品种内包含一定数量的品项，各品项由于样式、材质、品牌、生产方法的不同而形成了多种价格种类。在这些价格种类中，销售量最多的价格称为中心价格线。如果能以中心价格线为中心形成销售量的左右对称，可以说是卖场经营的一种最理想状态。

价格线是基于对顾客过去的购买行为和经验的调查而设计的。一般来说，顾客在选定购买目标之前都会制订一个支出的范围，即锁定一个适合自己收入的价格带。例如，有些女性在选购皮包时会把价格带锁定在 150～200 元的范围内。但是，在这个价格范围内，每个顾客的要求是千差万别的。如果卖场在这个价格带内取中间附近的价格进行设定，将价格中心线设定为170元或者175元，就能够满足大多数顾客对价格的要求。

2. 商品构成的特征

商品构成的不同在很大程度上反映了卖场的定位和竞争力的强弱。图 3-5 所示反映的是卖场在商品组织中价格构成的一般规律。图中，纵轴代表品项数或销售量，横轴代表售价，并从左到右画出 A、B、C、D、E、F 六条价格线。

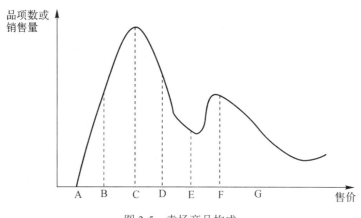

图 3-5 　卖场商品构成

由卖场商品构成图可知，卖场在商品构成方面具有以下基本特征：

(1) 卖场的商品构成应以中低价位的商品为主，从 A 至 E 的中低价位的品项数或销售量应占卖场(尤其是超市)整体的 70%左右。

(2) 卖场在商品组织中，应该把中心价格线右侧的 D、E 两条价格线尽量向左移动作为经营中的努力方向。价格线的左移意味着 D、E 两类商品的价格更趋向于便宜和廉价，这意味着卖场的竞争能力和竞争水平的提高。

(3) F 类商品是卖场中价格较高的商品类别。对于这类商品，应该通过调整包装容量、开发自有品牌商品、分析商品新的用途等手段降低其价格，尽可能组织大众品牌的商品。

(4) B 类商品是顾客需求集中、购买频率高、购买量大的商品类别，如卫生纸、饮料、水等。由于顾客对这类商品的价格比较敏感，因此，降低 B 类商品的价格非常必要。B 类商品非常适合通过新产品开发降低其价格水平，如自有品牌商品开发和其他形式的新产品开发。另外，这一类商品也可作为特卖集中的商品，以增强聚客力。

(5) A 类商品一般属于低价格的商品，此类商品不适合产品开发，但可以定期对一些滞销品进行降价特卖。

3. 价格线设计的重要意义

价格线设计是卖场采购部门和销售部门极为重要的一项工作。价格线设计不是在事后统计时按商品的销售状况简单地划分为几条线，而是事前根据目标顾客的实际需求状况，对各品项进行精选、计划，并根据计划对商品进行一系列组织。价格线的设计对于零售企业的运营具有特别重要的意义。

(1) 便于顾客购买。如果卖场中的品项数和价格种类过多，就会给顾客的挑选带来很大困扰。通过价格线设计，可以突出少数价格适当的畅销品，使顾客在众多商品中很容易识别和挑选出自己喜爱的样式、型号等，从而提高顾客的购买率。

(2) 增加顾客的信任。根据顾客的实际需要组织价格适当的商品，可以最大限度地防止商品缺货和断档，使顾客随时购买到自己所需的商品，从而提高对商家的信任。

(3) 便于商品管理。对价格线的设计促进了从商品采购、库存到销售过程的高度组织化和效率化，因为品项减少不仅提高了商品库存的合理化，缩短了上货时间，而且使卖场商品的管理变得简单而有效。

(4) 加速商品周转。通过对商品价格的细分和精选，加快了对滞销品的淘汰，加速了商品的周转，避免了过多的甩卖和降价，提高了单品管理水平，也提高了店铺的经济效益。

(5) 提高商品采购的效益。通过对品项的精选以及对价格适当的畅销商品的组织，不仅使大量采购商品成为可能，而且优化了供应商数量，从而提高了商品采购效率和效益。

4. 对价格带与价格线的控制

1) 收缩价格带

收缩价格带就是缩小同一品种内售价的上限与下限之间的距离，使之形成顶端价格带。所谓顶端价格带，是指在价格带中销售量或陈列展示量最多的狭窄的价格带，如图 3-6 所示。顶端价格带最突出的特征是所涉及的品项少，而销售量和陈列量最大。

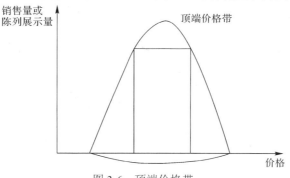

图 3-6 顶端价格带

在欧美一流的卖场中，顶端价格带基本集中 1～2 个品项，最多 3 个品项，而且价格顶端非常高。但是，目前国内许多卖场由于品项过多，价格带过宽，造成每个品项的陈列展示量少而且均量，反映在商品构成图上呈泡沫状，给顾客的挑选造成了很大的困难，如图 3-7 所示。顶端价格带的形成是商品构成的核心内容，它不仅反映了一个商品的价格特征和价格政策，而且对于提高顾客的忠诚度、增加顾客对卖场的信任会产生很大的影响。

图 3-7 泡沫状商品构成

2) 中心价格线的变更

中心价格线要随着消费者购买行为和购买意识的变化而不断左右移动。中心价格线移动方向的不同反映了卖场竞争能力的强弱。如果价格中心线向右移动，就意味着主力商品的价格提升，卖场竞争力弱化；如果中心价格线左移，则意味着主力商品价格降低，顾客数量增加，销售量也随之增加。中心价格线的不断左移，是目前国内洋卖场保持强大价格竞争力的原因所在，同时也反映了洋卖场在经营理念、商品采购、店铺运营等方面的能力与水平。

3) 中心价格线的维持

中心价格线是所有品项中销售量最大且陈列展示量最多的商品。由于中心价格线的商品销售量很大，因此经过若干时间后，商品构成图就会发生很大变化。如图 3-8 所示，最初中心价格线的设计是完全正确的，但经过若干时间后，中间品项的陈列展示量将大幅度减少，这意味着成为畅销品的中心价格线的商品没有得到及时补充，需要进行采购。

可见，卖场采购工作的根本任务实际上就是对中心价格线的商品的追加补充。对中心价格线的维持和对畅销商品的追加补充是卖场采购工作的难点。由于中心价格线并不表现为单一品项，因此为了扩大顾客的挑选范围，要尽可能在中心线附近组织多种品项，加大其深度。

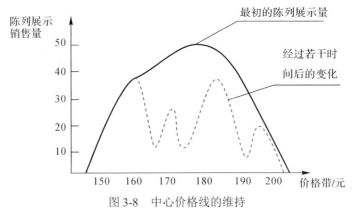

图 3-8　中心价格线的维持

本 章 习 题

一、选择题

1. 对于零售商品种类的描述，以下错误的是(　　)。

A. 零售商品的分类应该能够体现层级性

B. 零售商品的分类是不确定的，取决于是否和消费者行为相符，是否和公司管理理念相符

C. 商品种类的丰富，并不是纯粹指客观上的商品种类的数量，更多的是指消费者感觉到的商品种类的数量

D. 零售商店的商品种类越多，经营业绩越好，销售额越高

2. 对于高/低价格政策，以下描述不正确的是(　　)。

A. 刺激消费，加速商品周转

B. 以一带十，达到连带消费的目的

C. 同一种商品价格变化可以使其在不同市场上具有吸引力

D. 可以稳定销售，从而有利于库存管理和防止脱销

3. 以下关于商品毛利率的描述不正确的是(   )。

A. 商品毛利率有顺加毛利率和倒扣毛利率两种形式

B. 顺加毛利率又称为进价毛利率，倒扣毛利率又称为销售毛利率

C. 倒扣毛利率总是要大于等于顺加毛利率

D. 未作特殊说明，毛利率均指销售毛利率

4. 收入较高，平时消费较高的消费者认为价高质必优，有"一分价钱一分货"的价格心理，这种价格心理是(   )。

A. 习惯性价格心理

B. 敏感性价格心理

C. 感受性价格心理

D. 倾向性价格心理

5. 按零售商经营的重要程度划分商品，可分为(   )。

A. 日用品、选购品和特殊品　　　　　　B. 正常销售商品和有问题商品

C. 主营商品、一般商品和辅助商品　　　D. 高档、中档和低档商品

6. 以下不适宜作为超市的自有商品的是(   )。

A. 品牌意识不强的商品　　　　　　　　B. 购买频率高的商品

C. 技术含量高的商品　　　　　　　　　D. 保鲜、保质要求程度高的商品

二、问答题

1. 商品分类对于零售企业商品管理的作用是什么？

2. 如何对零售商品进行分类？

3. 如何优化零售商品结构？

4. 零售企业为什么要开发自有品牌商品？如何开发自有品牌商品？

5. 影响零售定价的因素有哪些？

三、计算题

设商品的进价为 X，在进价的基础上乘上一个恰当的毛利率 m，则售价为 $P = X \times (1+m)$，则毛利率公式为 $m = (P-X)/X$，我们称之为顺加毛利率。

设商品的进价为 X，在进价的基础上倒扣一个恰当的毛利率 n，使之等于进价，$X/(1-n) = P$，则毛利率公式为 $n = (P-X)/P$，我们称之为倒扣毛利率。

问题：试演算顺加毛利率 m 和倒扣毛利率 n 之间恒等的换算关系，并计算当顺加毛利率 m 为 10%、20%、30%、40% 和 50% 时，倒扣毛利率分别为多少。

第四章　卖场布局与商品陈列

【学习目标】

1. 掌握卖场布局的定义、目的和类型；
2. 掌握卖场布局的出入口设计和主通路设计原则；
3. 掌握卖场布局中磁石卖场的配置原理；
4. 掌握卖场关联的主要内容；
5. 掌握卖场客动线调查的方法和流程；
6. 掌握商品陈列的原则和方法；
7. 了解橱窗陈列的类型。

第一节　卖　场　布　局

在自选购物环境下，商品没有被顾客看到，就如同没有这种商品一样。顾客能否增加购买商品的数量，主要取决于商品在卖场中的位置、商品间的配置以及商品陈列与表现形式等。总之，卖场布局在很大程度上左右了顾客和商品之间的购买关系。

一、卖场布局中的诱导方式

（一）卖场布局的定义

所谓卖场布局，是指为了刺激顾客的需求，对包括商品、设备、用具、通路等在内的卖场整体，根据明确的计划进行合理的配置。根据上述定义，我们可以将卖场布局的性质、内容、功能归纳为以下几个方面：

1. 卖场布局是一种重要的促销手段

零售业的促销手段基本可以分为两种：一种是通过售货员的劝说、各种广告宣传、打折促销、举办各种宣传活动等直接手段刺激消费者购买；另一种是通过卖场的商品配置、通路设计、商品关联、商品陈列、色彩与灯光组合等间接手段刺激顾客购买。卖场布局是间接的促销手段，布局的水平如何对店内顾客的购买行为会产生十分重要的影响。在零售业中，这两种促销手段是相互配合、缺一不可的，任何一方的缺失都会使促销效果大打折扣。

2. 卖场布局以卖场整体为对象

卖场布局与构成店铺的各种要素密切相关。关于店铺构成要素有各种不同的认识，但综合起来基本包括店铺的选址、店铺的外观、基本设施、卖场配置、商品陈列及手段、店内装饰、销售人员等七个方面。综合上述因素和卖场布局的促销性质，卖场布局基本包括以下内容：

(1) 商品及其配置；

(2) 区域商品关联和楼层之间的关联；

(3) 商品陈列和表现形式；

(4) 通路设计；

(5) 店内设备，包括冷藏柜、收银台、货架、陈列用具的配置；

(6) 店内升降设备，包括电梯、阶梯、安全设备的配置；

(7) 店内装饰，包括灯光、色调、店内广告等。

3. 卖场布局是有计划的配置

合理的卖场布局并不是偶然产生的，而是商家根据事先严密而明确的计划设计而成的。卖场布局通过一系列物理和心理方面的有计划、有目的的设计，对入店顾客进行有效的诱导和控制，以最大限度地刺激顾客的购买欲望，使卖场的效率和效益最大化。

(二) 卖场布局的目的

1. 使顾客形成良好的商店形象

顾客对店铺印象的好坏很大程度上直接决定了一家店铺生意的兴衰。只有当顾客对一家商店形成好的印象时，才能经常光顾并把这种情感传递给周围的人。现在国外许多研究消费者购买行为的学者对顾客形成店铺印象的过程和原因进行了大量的调查和实证分析，结果表明，顾客心目中认为良好的商店形象主要表现在以下几个方面：

(1) 购买方便，能节省时间；

(2) 购物过程轻松、愉快；

(3) 价格便宜；

(4) 商品丰富，能体会到挑选商品的乐趣；

(5) 卖场清洁、新鲜、亲切、有魅力；

(6) 购物放心。

为了满足顾客的上述要求和期望，商家在卖场布局方面应做出多方面的努力。现在许多商家把树立商店形象的重点放在商店的外装修、店内装饰等店铺硬件设施和设备的更新上。店面装修及设施的更新和建设的确是卖场整体布局的组成部分，但不是树立良好卖场形象的最主要内容。营造卖场活性化、生动化的购物气氛最主要的还是取决于商品构成、通路设计、商品配置和演出等店内软环境的营造。

2. 提高卖场的经营效率

店铺主要由商品、卖场和销售人员三个要素构成。其中，卖场布局的好坏直接左右着商品的销售和销售人员的工作效率。

客单价的提高很大程度上取决于卖场布局是否合理，其中客动线设计起着十分重要的作用。客动线设计的目的在于提高顾客在店内的回环游动性，只有当顾客在店内行走更长的距离时，才能接触更多的商品，也才能创造出更多的购物机会。因此销售额、客单价、毛利率以及商品周转率，在客观上是由客动线设计是否合理来决定的。

另外，在设计客动线的同时，还必须重视店内物流动线和员工动线的合理设计。这种设计可以使卖场作业实现标准化和合理化，促进卖场工作效率的提高。

3. 降低商品损耗

现在国内许多超市的商品损耗率都非常高，其中卖场形状的不规则和布局中商品配置的不合理是造成损耗率高的主要原因。卖场布局的混乱不仅给顾客的购物造成不便，减少顾客的购买机会，增加人为的商品破损，而且为偷盗提供了机会。

通过合理的商品布局可以最大限度地减少卖场的死角，防止商品的损耗，增加顾客与商品的接触机会，促进商品的销售。

（三）卖场布局技术

促销是一种操作顾客心理的活动。卖场布局技术是建立在店内顾客购买行为基础之上的。店内顾客的购买行为过程基本上是由如图 4-1 所示的若干相互关联的阶段构成的。

卖场布局首先要解决的问题是，如何诱导顾客在卖场中有效率地行走。据不完全统计，目前在一些国内大型超市中，约半数以上的顾客只行走店内所有通路的 30% 左右。如果入店顾客在卖场中行走的距离短，也就意味着接触不到更多的商品，感受不到商品的魅力，其结果必然会直接影响顾客的购买欲望和购买量。

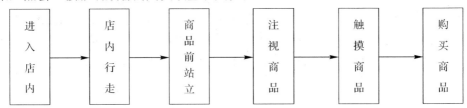

图 4-1　卖场中顾客的购买行为过程

为了使入店顾客在自由的条件下轻松地在店内回游，首先就需要有合理而人性化的通路设计。顾客不会无缘无故地在店内走动，行走是因为有商品分类、商品配置和卖场间的商品关联的刺激和带动。因此磁石卖场和磁石商品的合理配置，是吸引顾客在轻松的气氛中行走和购物的先决条件。

卖场中顾客的购买动机是顾客在行走中通过不断巡视及停留中触摸商品而形成的。在卖场中不管是柜台销售方式，还是自选销售方式，如果不亲自触摸商品，一般情况下顾客不会产生积极的购买欲望。即使在购买香烟、酒等习惯性反复购买的商品时，顾客也会通过自己的目光，在确认商品之后才会购买。因此，要想吸引行走中的顾客在商品前停留，进而诱发顾客触摸商品，就需要不断提高商品配置、商品陈列、商品演出、POP 广告等卖场布局的技术水平。

（四）卖场布局的类型

1. 格子式布局

格子式布局由一排排平行的过道组成，两边的架子上均摆放商品，收银台设在商店的出口或入口处，如图 4-2 所示。

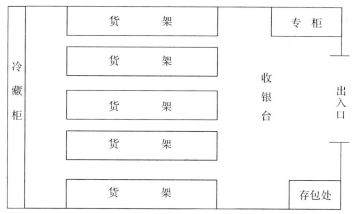

图 4-2　格子式布局

格子式布局在外观上看并不吸引人，但却很适合顾客需要逛遍整个商店然后很容易找到想买商品的这种购物之旅。例如，当顾客每周一次来杂货店购物时他们非常灵活地穿梭于各条过道，每周都可以很容易地挑选所需商品。由于知道各种商品的摆放位置，他们就可以将花在这项许多人并不喜欢的任务上的时间缩至最短。因此，大部分的超市都使用格子式布局。

格子式布局也比较经济。与其他形式的布局相比，格子式布局浪费的空间更少，因为所有的过道宽度相同，设计成刚好容得下逛超市的顾客和他们的推车那么宽。与其他布局相比，使用货架摆放商品使得卖场楼层能放下更多的商品。最后，由于固定设施通常是标准化的，所以装置成本很低。

格子式布局存在一个问题，即顾客通常不能接触到店里的全部货品。对食品杂货店来说，这个缺点往往不成问题，因为大多数顾客在进入商店前就很清楚要购买什么种类的商品。但对其他零售商来说，如百货商店，他们会使用一种能把顾客吸引到店里来，并促使他们多逛逛然后发掘出店里新奇有趣的商品的布局。

总体而言，格子式布局的优点是：可以创造一个严肃而有效率的气氛；走道依据客流量需要而设计，可以充分利用卖场空间；由于商品货架的规范化安置，顾客可轻易识别商品类别及分布特点，便于选购；易于采用标准化货架，可节省成本；有利于营业员与顾客的愉快合作，简化商品管理及安全保卫工作。

它的缺点则是：商场气氛比较冷淡、单调；当拥挤时，易使顾客产生被催促的不良感觉；室内装饰方面创造力有限。

2. 岛屿式布局

岛屿式布局是在营业场所中间布置成各不相连的岛屿形式，在岛屿中间设置货架陈列商品，如图 4-3 所示。这种形式一般用于百货商店或专卖店，主要陈列体积较少的商品，有时也作为格子式布局的补充。现在国内的百货商店在不断改革经营手法，许多商场引入各种品牌专卖店，形成"店中店"形式，于是，岛屿式布局被改造成专业店布局形式正被广泛使用着，这种布局是符合现代顾客要求的。专业商店布局可以按顾客"一次性购买钟爱的品牌商品"的心理设置。例如，在顾客买某一品牌的皮鞋、西装和领带时，以前需要走几个柜台，现在采用专业商店式布局，则在一个部门即可买齐。

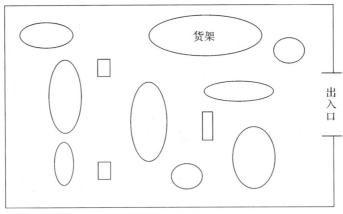

图 4-3 岛屿式布局

总体而言，岛屿式布局的优点是：可充分利用营业面积，在消费者畅通的情况下，利用建筑物特点布置更多的商品货架；采取不同形状的岛屿设计，可以装饰和美化营业场所；环境富于变化，使消费者增加购物的兴趣；满足消费者对某一品牌商品的全方位需求，对品牌供应商具有较强的吸引力。

它的缺点则是：布局过于变化会造成顾客迷失，顾客会因无耐心寻找而放弃一些计划内购物；不利于最大限度地利用营业面积；现场用人较多，不便于柜组营业员的互相协作；货架不规范，货架成本较高。

3. 自由流动式布局

自由流动式布局是以方便顾客为出发点，它试图把商品既有变化又较有秩序地展示在顾客面前，如图 4-4 所示。自由流动式布局综合了格子式布局和岛屿式布局的优点，根据商场具体地形和商品特点，有时采用格子形式，有时采用岛屿形式，顾客通道呈不规则路线分布。它提供一种亲密而令人放松的环境，便于顾客购物和浏览。这种布局常常运用在小型专卖店和大型商店的各个部门当中。

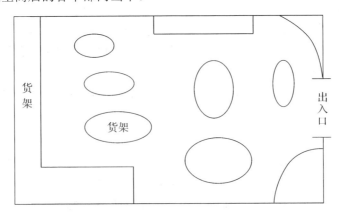

图 4-4 自由流动式布局

总体而言，自由流动式布局的优点是：货位布局十分灵活，顾客可以随意穿行各个货架或柜台；卖场气氛较为融洽，可促使顾客的冲动性购买；便于顾客自由浏览，不会产生急迫感，增加顾客的滞留时间和购物机会。

它的缺点则是：顾客拥挤在某一柜台，不利于分散客流；不能充分利用卖场，浪费场地面积；这种布局方便了顾客，但对商店的管理要求却很高，尤其要注意商品安全的问题。

（五）卖场布局中的单方诱导方式

我们可以把商家有明确意图和计划的卖场布局称为"单方诱导的控制方式"。所谓单方诱导的控制方式，是指在超市等自选购物环境下，商家根据明确的计划，把顾客尽量诱导到店内最里面的卖场布局方法。

单方诱导的控制方式最早产生于 20 世纪 60 年代初，当时随着超市面积的迅速扩大，对入店顾客的行走进行有计划的诱导就成为决定卖场经营效率的关键。

最初的单方诱导的卖场控制方式主要是依靠建筑物的形状、设施和设备等物理性手段，强制性地要求入店顾客按照商家单方的意愿在店内行走。这种方法通常是让顾客通过一个回转式的金属栏杆门进入店内，由于入口处的金属栏杆是单方回转的，一旦进入就不能从此门出来。进入卖场后，由于其他通路用货架封死，顾客只能按照商家沿墙面设计的主通路进入卖场的最里面。当顾客走完店内全部主通路后，才能从相反方向的出口走出卖场。如果顾客忘记购买某种商品，还必须重新从入口处进入卖场，走完全部通路后才能出来。

单方诱导的控制方式完全是依靠封闭的通路设计或其他物理性手段强迫顾客在店内行走，造成了顾客购物的种种不便，并理所当然地引起了消费者不满，这种布局方式在美国流行了近 10 年之后，到 20 世纪 70 年代初期基本上从超市中消失了。

实际上，目前在我国，仍然有许多超市是按照这种最原始的方式进行卖场布局设计的。有些大型超市将一层的食品卖场人为地封闭，强迫顾客首先到达二层或三层的卖场，在经过三层的家电卖场、体育用品卖场，再转到二层，经过服装、鞋、杂货、洗涤用品等卖场之后，最终再下到一层才能购买到顾客所需的食品和生鲜品。

有些超市把生鲜食品卖场设在三层，顾客在穿过一层的服装、化妆品卖场后，再经过二层的内衣、体育用品和洗化用品卖场，才能最终到达三层。如果顾客忘记购买某种商品，就必须重新经过大部分卖场，才能买到所需商品。

这种非人性化的卖场设计最早是由一些外资超市引入国内的，由于当时国内许多刚刚起步的超市纷纷效仿，而不断在各地流行。我们把这种卖场布局称为非人性化设计，是因为它剥夺了顾客自由购物的权利，把商家利益的获得完全建立在顾客体力、精力和时间的消耗上，而无视顾客最基本的购物需求。在我国，这种原始的单方诱导控制方式之所以能一时横行市场，最根本的原因是市场竞争不足。现在北京、上海、广州等大城市，随着人们生活节奏的加快和生活压力的增大，购物时间日益缩短，再加上零售市场的激烈竞争，这种非人性化的卖场设计正逐渐退出大都市的零售市场。

（六）卖场布局中物理性的直线诱导和心理性的商品关联诱导

在美国 20 世纪 60 年代末至 70 年代初，由于郊外型大型折扣店、家居中心、综合超市等新兴业态的迅速发展，卖场布局也发生了重大变化。过去单纯依靠物理性手段的卖场布局方式已不适合新业态经营的需求，而且也不可能对进入大型超市的顾客进行有效的诱导。

在这种背景下，卖场的布局方式开始由过去只单纯依靠物理性手段，向物理性手段和心理性手段相结合，更加注重顾客需求的方向转变。也就是将物理性的直线诱导与心理性的商品关联诱导相结合，在更自然的环境下方便顾客购物。

1. 物理性的直线诱导

所谓卖场布局中物理性的直线诱导，是指利用卖场中的一些物理条件，将通路上的顾客呈直线状地诱导至卖场最里面的地方。物理性直线诱导技术主要包括以下三个方面的内容：

(1) 卖场入口与出口的设计；

(2) 卖场主通路与副通路的设计；

(3) 收银台与卖场外部共同通路的设计。

2. 心理性的商品关联诱导

所谓心理性的商品关联诱导，是指通过卖场中的商品配置和关联关系，把顾客从一个卖场诱导至下一个卖场的方法。心理性的商品关联诱导技术主要包括以下五个方面的内容：

(1) 商品分类；

(2) 磁石卖场设计；

(3) 卖场关联；

(4) 楼层关联；

(5) 商品陈列与商品演出。

现代卖场布局是通过物理性与心理性的八个方面的技术配合，共同形成的一套完整体系。

二、卖场中的直线诱导

(一) 卖场出入口的设计

提到卖场的入口和出口，很多人认为这是一个非常简单的问题，但在现实中有些超市经营效益不佳，恰恰是由于卖场的出入口设计不当造成的。超市卖场入口与出口的设计是卖场布局的重要环节，它不仅影响卖场主通路的走向，而且关系到卖场面积合理而有效的使用。

卖场出入口在实际设置中，要在充分考虑卖场内外客观环境的基础上，特别注意以下问题：

(1) 入口与出口分开设置。

超市出入口分开设置的主要目的是便于主通路中顾客的回游、主通路两侧商品有效率的配置，以及最大限度地减少卖场的死角。

对于大型超市来说，由于食品卖场的外侧基本面临店内的共同通路，出入口分开设置，可以方便来自不同方向的顾客进入。

但是，超市出入口是分开设置还是合为单入口，要根据卖场形状、面积大小及周边环境来决定。

(2) 出入口要设置在卖场两侧。

卖场出入口位置的设置对于提高卖场的效率起着非常重要的作用。实践证明，只有沿卖场两侧墙面设置出入口才能使卖场整体效率达到最佳。

许多超市的卖场死角过多、卖场使用效率差、顾客流动不平衡，很多时候是由于出入口设计不合理造成的。

如果把入口设置在卖场中间位置，造成进入卖场的顾客大量分散，主通路就会失去大量汇集顾客的作用，其结果是主通路两侧的商品群销售受到很大影响。

一般主通路两侧的商品销售应占全店销售额的70%～80%。如果主通路中顾客流动分散，就会使店铺整体的销售受到很大影响。特别是对于狭长形卖场来说，由于其纵深较短，如果把入口设置在卖场中间的话，会使刚进入卖场的顾客很快分散，结果造成卖场客流的不平衡和整体经营效率的下降。

(3) 合理设计入口位置。

入口是设置在卖场左侧还是右侧，让入店顾客顺时针行走还是逆时针行走，一直是一个争论较多的问题。

从生理学的角度上讲，人们往往习惯于用右手拿东西和操作，右侧的东西也往往能引起人们更多的注意。据此，国内有些研究者主张，卖场的入口处应设在右侧，这样可以更符合顾客的生理习惯，便于顾客购买。

在实际经营中，这种主张并没有多少根据。卖场的入口设在什么位置主要取决于两个方面，一是卖场的形状和设施、设备的安装情况，二是由于大卖场和综合超市的建筑物入口至少有两个，合理的选择应该是把靠近入店顾客最多的方向设为入口。

(4) 出入口必须直接连接主通路。

卖场中不管是入口还是出口，必须与店内的主通路直接连接。出入口是主通路的起点和终点，如果不是这样，往往会造成入店顾客的大量分散和店内顾客流动的极不平衡。其结果不仅使卖场使用效率低下，而且会造成不必要的各种商品损耗。

(二) 卖场通路的设计

(1) 考虑卖场最里面的地方。

通路是卖场布局中物理性直线诱导的重要条件。直线诱导的主要目的是通过通路的直线方式把顾客诱导至店内最里面。

通常卖场的最里面是指与入口处呈对角线的区域。这个区域是通过直线诱导达到的最理想区域，如图4-5所示，因为到达这个区域至少可以使顾客经过店内大半的主通路，促进主通路两侧主力商品的销售。另外，把入店顾客的绝大部分诱导至卖场最里面的区域，然后再使顾客分散，这样可以使顾客在卖场内流动更趋于平衡，减少店内死角，提高卖场单位平方米的效益。

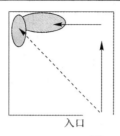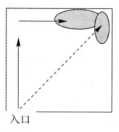

图 4-5 卖场最里面的位置

(2) 通路的宽度要合适。

卖场中通路的最低宽度应该是三个成年人在通路上能并排通过的宽度。如果一个成年人上半身肩宽为 0.6 米的话，那么通路的宽度不应小于 1.8 米。这个宽度还意味着，如果通路两侧有两个站立的顾客在挑选商品，中间应能顺利通过一个推车的孕妇。

但是，对于面积超过 1 000 平方米的卖场来说，仅通过一个顾客是不够的，这时通路的宽度至少应该扩展到 2 米；而对于面积超过 3 000 平方米的大型卖场来说，通路宽度至少维持在 2.4 米以上。

如果通路中间放置堆头的话，堆头至两侧货架至少要各留出 1.2 米的距离。如果留出的距离少于 1.2 米，就说明此条通路不适合放置堆头。

(3) 通路要平坦。

通路平坦是指通路中不应该出现上坡、下坡或者台阶等物理性障碍。欧美绝大部分超市都是经过事先精心的卖场设计而建成的。而且不管是大卖场、仓储式超市还是家居中心，基本以单层卖场居多，最多只是两层，因此店内通路在物理条件方面几乎没有任何障碍。

但是我国大城市的许多超市企业，出于低成本扩张的考虑，大部分都是租用现成的商用建筑或改造旧式百货店、仓库、车间、车库、地下室等开设卖场。因此许多卖场都存在诸多先天不足的缺陷，如柱子过多、层高过低、地面坡多不平坦等。特别是由旧式百货店改造而成的超市，由于百货店的电梯或台阶基本设置在卖场中间，给卖场布局和通路设计带来了非常大的困难。

因此，在开设超市时，不仅要重视选址，更重要的还要看该建筑物是否适合开超市，以及开设面积多大的超市。否则，即使在一些不规则的建筑中一时开设了超市，随着时间的推移，其竞争性也会受到很大的影响。

(4) 拐角不要太多。

卖场中通路拐角过多，非常容易造成顾客行走方向的分散。特别是在通路中，如果 90 度或 45 度拐角过多，如图 4-6 所示，不仅割断了商品之间的关联性，而且拐弯处非常容易成为死角。

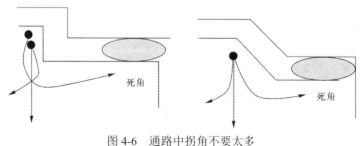

图 4-6 通路中拐角不要太多

(三) 卖场主通路的设计

所谓主通路，是指 80%以上的进店顾客必须通过的卖场内通路。主通路不仅是诱导顾客进入卖场最里面的最重要手段，而且由于主通路两侧是超市主力商品最集中的区域，因此也可以看作卖场经营的生命线。

对于有竞争力的店铺来说，主通路两侧主力商品的销售应占销售总额的 70%～80%。如果达不到这一标准，就说明其主通路设计或商品组合的某些方面存在明显缺陷。

1. 主通路的条件

为了使主通路能充分发挥其诱导顾客进入卖场的作用，在设计主通路时必须满足以下条件：

(1) 主通路必须以入口处为起点(可在入口相反的侧面设置出口)；

(2) 主通路是卖场中最宽的通路；

(3) 主通路必须呈直线；

(4) 主通路必须平坦，无任何障碍物(如坡、台阶等)；

(5) 大中型超市的主通路应呈Π形，小型超市最好呈Γ形；

(6) 主通路的拐角必须是直角，而且拐角数量要尽量少；

(7) 百货店主通路应该在距卖场两侧墙壁 7～12 米的位置设置(业态不同，其距离也不同)；

(8) 主通路两侧是卖场中的第一磁石点(主力商品)。

2. 卖场的形状

在自选购物环境下，超市最理想的卖场形状是正方形。如果达不到正方形的要求，其最低条件应该是长宽比例不超过 1∶1.8 的比例，如果超过这个比例，卖场的经营会受到一定影响。

目前在国内一些超市中，卖场纵深和宽度的比例超过 1∶3 的并不是少数。甚至还有将室内射击场改造成超市，其卖场比例远远超过了合理的比例。这种比例的卖场布局不仅非常难以设计，也给商品配置带来了极大的困难，可以说，这种卖场根本就不适合超市经营。

最理想的卖场形状是正方形。这里讲的正方形主要指在实际卖场中的形状，也就是说，收银台(POS 机)线内侧的卖场形状，如果呈正方形是最为理想的。

有些看似正方形的建筑物，出于卖场实际的需要，要分割出部分空间作为操作间或库房，其结果是实际卖场形状容易形成横向长方形。这是卖场设计时必须注意的一点。

3. 正规卖场的主通路设计

所谓正规卖场就是如上面所分析的那样，卖场纵深和宽幅相等，呈正方形，或者至少符合 1∶1.8 比例的卖场形状。

正规卖场的主通路设计是在遵守上述主通路基本条件的基础上进行的，其基本模式见图 4-7。

在主通路设计中，卖场入口位置的确定十分重要。由于主通路是从入口开始的，因此入口内侧的纵深要有一定的长度，才容易诱导顾客深入卖场最里面。对于正规卖场来说，由于卖场两侧的纵深是相等的，因此在左右两侧都有条件设计为入口或出口。

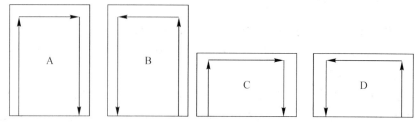

图 4-7   正规卖场主通路设计的基本模式

4. 不规则卖场的主通路设计

目前在我国存在着大量卖场不规则的中小型超市。对于这些不规则卖场来说，出入口和主通路的设计对店铺经营效益会产生很大的影响。因此在设计不规则卖场时要特别重视两个方面的问题：首先是入口应设在内侧纵深最长的一侧；其次是要采用Γ形主通路。

Γ形主通路是中小型超市最广泛采用的主通路方式。在设计Γ形主通路时，要注意以下几方面的问题：

(1) 主通路的起始点一定要从卖场的入口开始。

(2) 主通路的起始直线一定要长。

(3) 主通路一定要沿纵深最长的墙面设计。

(4) 主通路尽头的拐角一定要呈90度直角。

(5) 起始主通路尽头的拐角处应配置重要的磁石商品，以便诱导顾客拐弯进入卖场最里面。另外，拐角处的磁石卖场应同时配置较强的光源，以吸引顾客注意。

(6) 入口处的对角线的区域是卖场最里面的区域，也是主通路的终点。把顾客诱导至这个区域是Γ形主通路的基本目的。

结合Γ形主通路设计的基本要求，可以归纳几种正确的不规则卖场的主通路设计形式，如图4-8所示，供中小型超市参考。

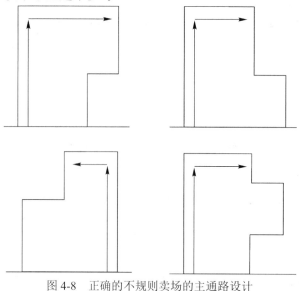

图 4-8   正确的不规则卖场的主通路设计

在不规则卖场的主通路设计中，一个共同的错误是入口选择在相反方向。由于入口选择的错误，使主通路直线太短，造成卖场相当面积为死角或冷区。

三、卖场的心理性诱导

（一）磁石卖场的配置

卖场布局的核心在于商品的配置。商品配置合理与否不仅关系到卖场面积使用是否有效和顾客是否满意，而且会对店铺整体经营效益产生重大影响。

卖场中的商品配置是通过对磁石卖场分散而有序的分布，从而在心理上达到有效诱导顾客的目的。

磁石商品与磁石卖场有不同的含义。所谓磁石，顾名思义是吸引顾客的意思。磁石商品是指对于顾客具有特殊魅力的、能够强烈地吸引顾客注意的卖场中陈列的商品。卖场中磁石商品的存在必然会形成对顾客具有较强吸引力的卖场。磁石卖场有时也称为磁石点，是指能引发顾客兴趣并且充满活力的销售区域。

磁石商品和磁石卖场必须有计划地统筹设计，相互间密切配合、有机配置，才能达到从心理上有效诱导顾客的目的。

任何零售业态的商店都有磁石商品和磁石卖场，只不过磁石商品和磁石卖场的分布模式会根据业态商品的特点和消费者购买习惯的不同而各有特点。对于一般百货店、大卖场、综合超市、家居中心等业态来说，其磁石商品卖场基本上属于分散型配置。特别是对于面积超过 3 000 平方米的单层大型卖场来说，磁石卖场有序的分散配置可以使顾客在店内的流动更趋于平衡，从而可以大大提高卖场的使用效率和顾客对商品的识别率，增强货架商品的陈列效果，促进卖场整体销售的提高。

超市的磁石卖场从第一磁石到第四磁石共有四种，如图 4-9 所示。有些研究者认为只有三个磁石卖场，原因是第四磁石卖场位于货架中间，属于商品品项，不能构成一个独立的磁石卖场。

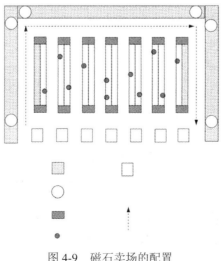

图 4-9　磁石卖场的配置

磁石卖场不管分成三种还是四种，在卖场中都有相对的位置和吸引顾客的商品群。通过不同磁石卖场间有序的联系和配置，卖场整体构成了一个有机整体。

（二）第一磁石卖场

1. 第一磁石卖场的特点

第一磁石卖场是四个磁石卖场中最重要的磁石点。如图 4-9 所示，第一磁石卖场是位于卖场主通路两侧的销售区域。如果主通路呈Ⅱ形，那么第一磁石卖场也将呈Ⅱ形；如果主通路呈Γ形，那么第一磁石卖场也将呈Γ形。

2. 第一磁石卖场的商品配置

现在许多超市主通路的顾客通过率只有 50%左右，远没有达到 80%的标准通过率。主通路对顾客吸引力差的原因主要是，第一磁石卖场的商品配置没有真正发挥出磁石的作用。

第一磁石卖场配置的主要是顾客消费量多、购买频率高的商品，总之，是以顾客购买量和消费量较大的、大众日常生活中的消费品及实用品为主的商品群。

第一磁石卖场的商品配置一旦脱离了消费量大、购买频率高、入店频率高、消耗性强的商品特性，也就失去了在卖场中对顾客进行心理诱导的作用，当然也就不可能创造出充满活力的卖场区域。

（三）第二磁石卖场

1. 第二磁石卖场的商品特征

第二磁石卖场位于卖场的出入口和拐角处，应具有超强的吸引顾客的特点，使行走在主通路的顾客能从较远的地方感受到其存在，并诱导顾客逐渐深入卖场最里面。

第二磁石卖场的商品是以畅销商品、人气旺的商品和季节感强的商品为主。另外，在谈到第二磁石卖场商品的条件时，必须包括第一磁石卖场的条件。由于第二磁石卖场的位置位于第一磁石卖场的中间，其存在的条件当然包括第一磁石卖场的条件，并把它看作先决条件。如果第二磁石卖场的商品消费量非常少且购买频率非常低，不管多么有人气都很难在主通路尽头起到有效诱导顾客的作用。

由于第二磁石卖场的商品具有强力吸引、诱导顾客行走的作用，因此除满足上述条件外，商品表现也是非常重要的。第二磁石卖场的商品表现要特别突出两个方面：一是要加大第二磁石卖场商品的照明，主通路尽头的照明度应该是卖场中亮度最强的；二是为了配合照明，第二磁石卖场商品的色彩表现应该亮丽，以突出商品的季节感和卖场的活力。

2. 第二磁石点的配置

图 4-10 表示的是位于第一磁石卖场中的第二磁石卖场的分布规律。其中，主通路尽头的第二磁石点 A 和 B 是第二磁石卖场的关键点。甚至可以说，第二磁石点 A 的重要性要高于第二磁石点 B。这是由于 A 点位于以入口处为起始点的主通路尽头，因此就需要 A 点具有超强的吸引力和卖场表现力，才能从心理上自然地引导顾客深入卖场。而磁石点 B 的重要性则在于有效地诱导顾客自然地拐弯。

另外，第二磁石卖场中四个 C 点也起着非常重要的诱导作用。特别是入口处和出口处两个 C 点担负着诱导收银台外侧共同通路中顾客进入店内的重要任务,因此对这两个 C 点的商品群配置也显得特别重要。

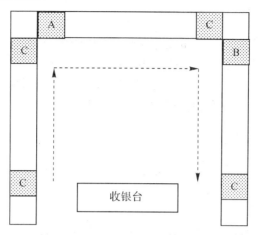

图 4-10　第二磁石点的配置

（四）第三磁石卖场

1. 第三磁石卖场的商品组织

所谓第三磁石卖场,是指面向主通路的陈列线两侧的端架商品陈列区域。第三磁石卖场的主要目的是吸引主通路的顾客进入副通路(货架之间的通路)。由于副通路中有部分主力商品和大部分辅助商品,如调味品、奶粉、酒类等,而且往往这些商品的毛利率都较高,因此必须通过具有较强吸引力的端架商品陈列吸引顾客进入副通路。另外,第三磁石卖场还具有刺激顾客停留和延长顾客滞留时间的作用。

由于端架商品在购买目的和购买频度方面与主通路中第一磁石和第二磁石卖场的商品存在较大的不同,因此如何吸引顾客的注意并引发顾客的特别关心,就成为端架商品组织中特别重要的问题。结合国内外大型超市的经营经验,一般第三磁石卖场的商品内容主要包括以下三类:NB 商品或 PB 商品、季节性商品、厂家促销的特卖商品。

NB 商品是指国内知名品牌商品,而 PB 商品则是指零售商自我开发的具有新的质量和新的性能的商品。PB 商品在刚刚进入市场时,由于知名度较低,因此迫切需要提高其在消费者群体中的知名度。NB 商品和 PB 商品是第三磁石卖场中主要的商品内容之一。

季节性商品是指在一定时期内,人们共同使用、食用或者集中生产和上市的商品。在美国的超市,季节性商品是指在卖场中连续陈列 13 周以下的商品。在季节性商品中,经常有一些陈列时间短且价格高的日常生活必需品。针对这些商品,最好将最有特色的两三种商品集中在第三磁石点进行组合陈列,这样可以大大提高这类商品的曝光率和关联购买率。在组合陈列中,需要注意的是不要有过多的商品种类,否则会使第三磁石点的购买率大大降低。

厂家促销的特卖商品一般是指生产厂家在特定的时间、特定的地区销售的特价商品。厂家的这种促销活动一般都是采用与商家相配合的形式,其目的就在于利用第三磁石的有利位置,吸引顾客的注意,从而提高商品的知名度。一般生产厂家的特卖商品主要集中在新产品、在特定区域销售额提高很快的商品，以及面向大众普及的商品等。

2. 商品陈列的要求

(1) 要经常变更商品。

第三磁石卖场中的端架商品尽量要每隔 1～3 周变更一次。具体的方法是：A 磁石商品隔 1 周变更一次，B 磁石商品隔 2 周变更一次，C 磁石商品隔 3 周变更一次。这样使卖场第三磁石点既保持变化，又有连续性。如果只是把端架完全看成是货架内商品的延长线，就会使第三磁石卖场失去其应有的促销作用。

(2) 要突出商品广告。

为了吸引主通路顾客的注意，端架商品的 POP 广告一定要醒目和突出。如果是厂家特卖商品，其商品广告一定要在时间和内容上与各种媒体同步刊登的广告相一致，这样会产生乘数效应。

(3) 要注意商品配置。

在配置第三磁石商品时，尽量不要使目的完全相同的商品相互邻近陈列。如果两个或三个端架陈列的商品都是新商品、季节性商品，或全部是特卖品，就会使第三磁石卖场的陈列效果降低。

(4) 端架陈列商品不一定要与相连货架内的商品相关。

端架商品不一定要与相连货架内商品种类相一致。如果端架陈列的商品与相连货架的商品完全没有关系，可能更加体现出端架的特色。在许多大型超市经常可以看到，陈列食品的货架端架有时经常陈列非食品。相反，家庭日用品卖场的端架也经常陈列一些糖果等休闲食品。即使同是食品卖场，也经常看到货架内侧陈列的是调味品，而端架一侧则陈列饼干、酒类等不同类的食品等。实践证明，端架商品与货架内侧商品完全不相关的陈列，往往更能引起顾客的注意。

(5) 陈列的商品种类一定要控制在 1～3 种。

第三磁石卖场的端架或平台所陈列的商品种类一定要控制在 1～3 种。美国早在 20 世纪 60 年代，就已经通过实证分析和实际运作表明，第三磁石卖场陈列 1～3 种商品其磁石效果最佳，并把它作为一种陈列标准写入店内经营手册。目前在我国，许多大型超市对端架陈列的重要性认识还停留在较低的水平。在一些超市中，第三磁石卖场陈列 5～7 种商品是非常普遍的现象，甚至有些卖场端架陈列品种数达到 10 种以上，这样的商品组合会使第三磁石卖场完全失去诱导顾客的作用。

(6) 一定要采取大量陈列的方式。

端架商品的陈列形式对于吸引顾客注意起着很大的作用，因此要求第三磁石卖场对商品陈列内容、形式、方法，必须结合卖场的经营状况加以认真研究和分析。端架陈列常见的方式有落地型、倾斜安全型、梯形等。但应该注意的是，不管采用哪种陈列方式，一定要采取大量陈列的方式，且要注意商品陈列的稳定性和安全性，以及不要妨碍主通路上的顾客行走。

(7) 正面和侧面一定是纵向陈列。

在商品陈列中，要特别注意商品包装正面和侧面的图案样式和色彩。在商品陈列时一定要纵向陈列，使商品从上到下形成一体。

（五）第四磁石卖场

1. 第四磁石商品的特征

第四磁石商品是指位于货架(陈列线)中间的商品。上面讲到的第一、二、三磁石都是指磁石卖场，而第四磁石并非指卖场中某一个销售区域，而是指货架中具有强烈磁石效果的某品项商品。

陈列线中第四磁石并不是指某个商品品种，而是指几个分散于货架中的具有磁石效果的商品品项。通常在一台货架中间设置 1～3 个磁石品项最为合适，有时在两台连续货架间设置一个磁石品项也可以。第四磁石通常在具有较长陈列线的大型超市中使用，在小型超市、百货店等陈列线较短的业态，第四磁石的设置几乎没有什么效果。

大型超市设置第四磁石的主要目的是吸引通路中行走的顾客，并通过直线引导使顾客能深入货架前，因此第四磁石的直线诱导构成了卖场布局中单方诱导的重要组成部分。为了实现这一目的，就要求陈列线中的磁石商品具有较强的吸引和劝诱顾客的特殊魅力。为了展现这一魅力，就要求第四磁石商品具有以下特征：

(1) 比竞争对手具有明显价格优势的商品；

(2) 在性能、性质、色彩、样式等方面具有特点的畅销商品；

(3) 具有独特风格的新商品。

2. 第四磁石商品的促销

为了使第四磁石商品能吸引顾客的注意，醒目而具有创意的 POP 广告是必不可少的，如"店长推荐产品""秋季新上市商品""本店最畅销商品"等。

为了突出第四磁石商品的特点，有意的大量陈列是十分必要的。所谓大量陈列，简称量陈，是在一个品种内某个品项的纵向陈列面要尽可能大。比起周边其他品项的陈列面，这种纵向陈列面应多出 4～5 倍，才能真正体现出量陈的魅力。

第四磁石点在卖场中均衡分布，使卖场各条通路都充满了活力。顾客不管是在主通路上还是横向通路上，是在通路左边还是右边，是在通路尽头还是在副通路的货架中间，是在入口还是出口，都能在第一、二、三、四磁石的诱导下自然而愉快地购物。同时，磁石卖场和磁石商品的均衡有效的分布使卖场单位平方米的效率能达到最大化。这正是卖场布局对顾客心理诱导的最大魅力所在。

四、卖场关联

（一）主通路的卖场关联

主通路是 80%的入店顾客行走的通路，卖场中大部分的销售额是由主通路两侧的商品群实现的。因此，主通路两侧商品部门间的关联以及左右两侧商品间的关联，对于卖场整体的经营效益会产生重要的影响。

顾客之所以会在主通路行走，主要是磁石商品的诱导因素导致的。合理的磁石商品配置可以使顾客在不知不觉中深入店内，愉快地选购自己所需的商品。相反，如果磁石商品配置不合理，不仅会使顾客的行走路线发生变化，而且会造成主通路两侧的商品销售效益和效率的降低。

1. 主通路两侧的商品部门关联

主通路两侧商品部门是否关联，直接决定着顾客在主通路的行走路线和方式。顾客在主通路呈直线行走还是呈蛇线行走，对主通路两侧的商品销售会产生很大的影响。

如在食品卖场，如果主通路两侧商品的关联度不够，会导致顾客集中在主通路一侧，而忽略另一侧。如图 4-11(a)所示，当主通路第一磁石卖场配置的是馒头、包子、大饼等加工食品和各类熟食时，如果主通路另一侧配置的是花生、瓜子、开心果等干果类商品的话，由于主通路两侧的商品毫无关联，结果顾客在主通路由于商品的吸引力，通常选择沿内侧直线行走，而对另一侧商品极少问津。这种主通路两侧毫无关系的商品部门配置使卖场的经营效率大大降低。

相反，当主通路两侧商品部门的商品群产生较强的关联关系时，顾客会不自觉地穿梭于主通路两侧选购商品，这样顾客的行走模式就会呈蛇线行走，如图 4-11(b)所示，使主通路两侧的卖场效率大大提高。

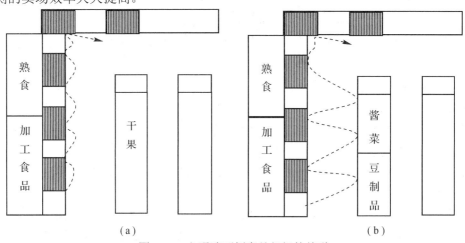

（a）　　　　　　　　　　　　　　　　　　（b）

图 4-11　主通路两侧商品部门的关联

在考虑主通路两侧商品部门的关联时，需要注意的是，主通路两侧的重要磁石商品不要平行配置，而应该相隔一定的距离错开配置。其次要对相互关联商品的使用目的、时间、性能、价格、毛利率等商品的特性进行细致的分析，使不同商品之间的关联配置能产生乘数效应。

2. 主通路中的商品堆头问题

许多超市的主通路中央或两侧都摆放着大量的商品堆头或平台陈列。商品堆头是通过单品大量陈列的方式，向顾客宣传商品的性能或进行特卖的有效促销方法。但是，如果主通路中商品堆头过多、过密，则会大大影响主通路两侧商品的关联性。

在主通路达不到至少 4 米宽幅的条件下，商品堆头或平台陈列过大、过多、过密时，必然迫使顾客沿主通路一侧行走而忽略另一侧，使主通路两侧的商品部门失去关联关系。

堆头陈列是超市中一种有效的促销方式，但是如果不对堆头陈列进行合理的设计和配置，也会在很大程度上降低卖场的整体经营效率。有些超市为了堆头费等眼前利益，对通路中的堆头数量、位置、大小等不加限制，结果造成卖场商品配置混乱、通透性差、通路诱导作用降低等一系列问题。从厂家收取的堆头费只是部门眼前的利益，但损害的却是卖场的整体利益，卖场在配置堆头陈列时要特别注意这些问题。

3. 主通路拐角处的商品关联

国内许多超市是租用地产商的现成商用房，或者是将过去的旧商场加以改造而成，这些建筑物面临的一个主要问题是，卖场的不规则造成店内柱子或拐角过多，给主通路两侧的商品关联带来很多问题。

图 4-12 所示的是，当卖场主通路出现拐角时，为了不使第一磁石卖场商品群之间失去关联关系，而对商品陈列做出调整的一些方法。

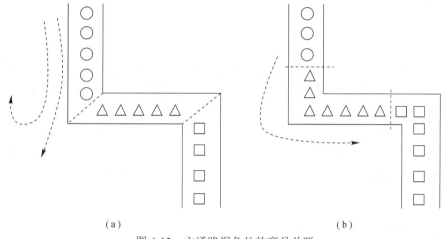

（a）　　　　　　　　　　　　　　（b）

图 4-12　主通路拐角处的商品关联

图 4-12(a)表示的是由于商品的连续性在拐角处被切断，失去了继续诱导顾客的可能性，顾客在拐角处很容易分散，因此很容易使下一个拐角区成为冷区，增加了该区成为死角的可能性。

为了尽可能防止拐角所导致的顾客分散，要尽量使 90 度拐角两侧的商品群连接起来，保持连续陈列的状态，这样才能很自然地诱导顾客拐弯进入下一个卖场，如图 4-12(b)所示。

（二）副通路两侧的商品关联

副通路是指卖场陈列架中间的通路，副通路两侧商品部门间的关联实际上是指陈列架两侧的商品之间的关联。

图 4-13 中，A 型是副通路商品相互关联中最合理的配置。之所以认为它合理，主要是因为 A 型配置使陈列架两侧相同商品品种或相同价格带之间形成了关联。正是由于这种相互之间的关联，才能使顾客在两侧货架之间呈蛇线行走，从而使货架两侧的商品配置达到最佳效率。

在现实大型卖场中，由于货架陈列线很长，副通路两侧的商品不可能达到品种或价格带之间的完全一致。在这种情况下，B 型两侧的配置方法最为理想。左侧的\$型商品的陈列线较长，而右侧的#型商品的陈列线较长，这样交错陈列可以使顾客感觉到货架商品陈列的延续性，容易诱导顾客深入货架中去。

相反，D 型配置方法是货架两侧采取对称型陈列，这种陈列方法容易使顾客产生陈列线突然中断的感觉，不利于顾客在货架间前行。

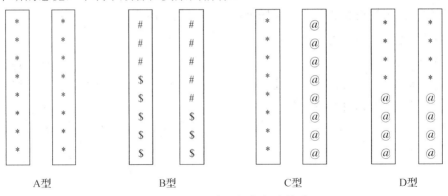

图 4-13　副通路两侧的商品关联

C 型是副通路两侧的商品关联配置中最失败的方法。由于货架两侧的商品在品种和价格带上毫无关联，因此容易导致顾客在副通路中呈直线行走，使副通路两侧的商品陈列效率大大降低。

实际上，C 型配置常见于我国的许多超市。例如，有些超市货架一侧陈列线中配置的是各种品牌和价格带的奶粉，而另一侧则配置的是各种酒类；或者一侧货架陈列的是各种方便面，而另一侧则配置的是各种调味料。这种不合理且低效率的配置方法，在实际的店铺运营中应尽可能地避免。

(三) 陈列架内的商品关联

陈列架内的商品关联是指在陈列设备内的商品陈列位置之间的相互关联。这种相互关联不仅适用于陈列架，同样适用于多段陈列平台、立式冷柜等其他陈列器具。陈列架内的商品关联包括纵向关联和横向关联，如图 4-14 所示。

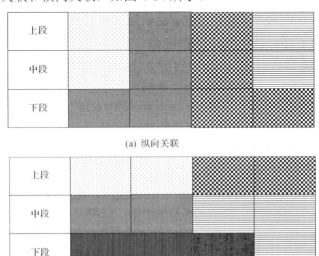

图 4-14　陈列架内的商品关联

图 4-14(A)是纵向关联陈列，顾客在挑选时视线上下移动，容易使视线扫描的范围变得狭窄，从而忽略相邻的商品，但是在货架空间较为有限的情况下，纵向关联能够陈列相对更多的商品种类和品项，因此较多地运用于货架空间不算富裕的便利店等小型业态中。

图 4-14(B)是横向关联陈列，它更容易被顾客看清楚，因为顾客在搜索商品时，眼球的视点轨迹是呈"Z"字形的左右扫描，而人的横向目光扫描的最大幅度是 1.5 米左右，因此在货架空间较为充分的条件下，商品应当尽量采用横向关联陈列，以给人商品丰富、陈列大气的感觉。但应该注意的是，在横向陈列同一品种的商品时，一定要从大到小或者从小到大陈列。如果商品不分大小随意摆放，就会打乱顾客的视线，给顾客挑选商品带来很大的困难。

另外，在大型超市的非食品卖场，衬衫、领带、羊绒衫等商品经常陈列在垂直面为格子状的陈列架里。为了便于顾客看到和挑选，格子状陈列架的纵轴最好按商品的型号大小陈列，而横轴最好按商品的花色或样式陈列，如图 4-15 所示。

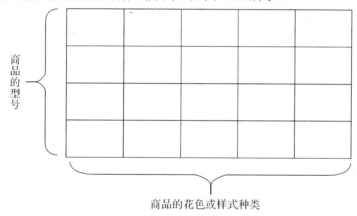

图 4-15　格子状商品陈列间关联

一般商品的型号有 S、M、L、XL 四个种类，从上到下按纵向陈列，而横向陈列的色数和样式的种类最好精选到五个左右。如果色数和样式过多，不仅会给顾客的挑选带来一定的困难，而且不利于商品的周转。当色数或样式压缩到三个种类时，其中两种最畅销的花色或样式可以各分两排陈列。

五、客动线调查

（一）卖场布局的调整

超市是以自选服务为主要销售方式的企业，在自选服务环境下，如何让顾客在卖场中识别和感知到商品的存在价值，始终是店铺经营和管理的核心问题。

在超市经营中，虽然强化商品组织能力是经营中的首要问题，但是仅仅采购到好的商品是不够的。如果在卖场中不能把商品的价值有效地传达给顾客，那么再好的商品也难以销售出去。这一点对于所有零售业来说，都是一个不变的真理。

卖场布局是卖场中连接商品与顾客之间关系的最重要技术手段。合理的卖场布局可以有效地提高卖场中顾客的停留率、对商品的注目率和购买率，使商品的价值更容易被顾客识别和确认，从而可以有效地促进商品销售。相反，不合理的卖场布局不仅加大了顾客挑选商品的难度，降低了卖场的使用效率，而且使商品销售受到很大影响。

如何客观地判断卖场布局的好坏，特别是能否通过合理而有效的调查方法使布局调整更加科学，一直是许多超市企业在布局调整中面临的问题。现在国内许多超市在布局调整中，基本上是依靠过去的经验或者个人的直觉。由于缺乏科学的调查手段，卖场调整的准确性和效率大大降低。

有些超市的布局调整只是限于对一些商品部门在位置上的调整，而忽视了卖场内部部门之间、品种之间和商品之间的相互关联配置。还有一些超市由于缺乏周密的计划和方法，经常频繁地对卖场布局进行调整，造成固定顾客对卖场商品部门识别的混乱，加大了顾客挑选商品的难度。这样的布局调整不仅对方便顾客购买毫无帮助，也不可能真正提高卖场效率和商品销售。

目前对卖场布局进行客观判断和合理调整的最有效方法是美国和日本超市中频繁使用的客动线调查法。客动线调查法产生于 20 世纪 60 年代美国新业态不断出现，经营不断革新的时代。80 年代以后，客动线调查成为美国超市企业中应用最为广泛的一种对卖场加以改善的有效方法。

90 年代中期，在日本经济面临严重衰退、消费低迷和零售业竞争空前激烈的环境下，许多食品超市和综合超市正是通过客动线调查，对卖场经营进行了大胆而有效的革新和改善，提高了企业的竞争力，收到了意想不到的效果。

目前在我国，越来越多的超市运用客动线调查对卖场进行客观分析，对卖场布局进行合理化改善。因此，我们非常有必要全面学习和掌握这一成熟而有效的方法，使之有利于提高卖场营销管理水平。

（二）客动线调查法的基本程序

所谓客动线调查，是指对店内顾客从进入卖场直到退出卖场的实际行走轨迹，进行科学的测量、图示和分析，从而对卖场布局加以有效改善的科学方法。

客动线调查不仅应用于卖场布局的调整，而且广泛应用于商品部门间的品类管理、价格带调整、磁石卖场的设计、理货员的配置、卖场生动化设计等卖场营销与管理的诸多方面。为了保证客动线调查的准确性和有效性，在实际调查时，必须对以下各个环节进行精心准备。

1. 成立调查小组

客动线调查的第一步是成立调查小组。小组成员最好由总部及门店的年轻骨干人员组成。由于客动线调查需要数量较多的样本，在可能的情况下也可以吸收一些以实习为目的的在校大学生加入调查小组。调查小组成立后，首先要对全员进行基本的培训，然后着手进行实际调查。

2. 确定调查对象

经过认真审议，选择那些多次在公司内部调查或经营分析中，经营问题、卖场问题突出或者具有一定代表性的样板店为主要的调查对象。

3. 设计调查表

设计调查表是客动线调查中非常重要的一环，由于在对顾客实际追踪调查中，每个调查员要人手一份调查表，并且需要将顾客在卖场中的行动路线详细记录下来，因此要求调查表中的每个项目的设计都要力求准确、精炼、简略。一般客动线调查表的大小同 A4 纸，其主要内容包括：

(1) 按严格比例制作卖场布局简略图。有时调查中需要测算出每个顾客在店内行走的准确距离，因此按严格比例制作卖场布局图是非常必要的。另外，卖场中所有商品部门和商品种类都必须标出其准确的卖场位置。

(2) 标明时间。要标明调查的年、月、日、星期，以及调查时的具体时刻，包括上午或下午几点几分至几点几分，以及顾客在店内滞留的具体时间。

(3) 标明顾客购物时的基本特征。顾客的基本特征主要包括：① 性别和年龄(最好标清每个年龄段)；② 陪同购物的顾客类型，大概判断出是夫妇、母子、兄弟姐妹、朋友等；③ 服装样式，包括所穿的是普通生活装还是工作服等；④ 鞋的样式，所穿的是普通的鞋还是拖鞋等；⑤ 购物是否使用推车。

调查表设计出来后，不要急于马上投入实际调查。最好的方法是，首先组织 10 人左右的调查小组进行试验性调查，当发现不合理的内容时，要及时加以更正。在确认内容准确无误后，才能最终确定为正式的客动线调查表。

4. 客动线实际调查

一般客动线调查需要 150～200 份样本。在实际调查中，调查人员不能根据自己的喜好去选择顾客，而应根据事先确定好的程序，如每隔 5 人或 10 人去选定 1 名顾客进行跟踪调查，并对顾客的动线进行记录。需要注意的是，不能对孩子进行跟踪调查。

在实际调查中，1 名调查员跟踪 1 名顾客，从顾客进入卖场开始，到顾客退出卖场结束。一般情况下，调查人员都是在调查对象身后 10～20 米的位置进行观察。当顾客发现了调查员的跟踪时，应立刻中断调查，以免引起顾客的误会。

在调查开始时，调查员首先要把开始的时间和顾客的基本特征记录下来。在卖场中顾客在什么位置停留，触摸和挑选过哪些商品，在什么位置把什么商品放入购物篮等，要全部用事先统一的符号准确地标明在卖场布局图中。

在顾客退出卖场时，要记录顾客的退出时间和在卖场中的滞留时间。当顾客在收银台结束清算后，要记录顾客在 POS 中的登录号码和购买金额。另外，顾客在购物中途上卫生间，或者到餐厅吃饭及中途休息时，应中断调查，前面的调查内容作废。

5. 对客动线调查的整理

客动线调查结束后，要及时收集调查表，并对调查的内容进行统计和分析。调查统计的一个基本的原则是用数据说话，如果没有事实数据做基础，就无法掌握卖场真实的动态，当然也就无法对改善的结果进行比较。

在调查统计中，调查内容的每一个环节都应该用百分比等数据化指标来表示。其中三项数据统计内容对于卖场布局的改善是非常重要的。

(1) 通过率。通过率是指顾客在店内主通路、副通路及横向通路通过的比例，是卖场布局调整和商品调整的重要依据。

$$通过率 = \frac{通过客数}{调查对象客数} \times 100\%$$

(2) 停留率。停留率是指卖场中某一商品部门顾客停留的比例，是磁石商品调整、商品陈列调整、商品促销调整的重要依据。

$$停留率 = \frac{停留客数}{通过客数} \times 100\%$$

(3) 购买率。购买率是指卖场中某一商品部门停留顾客中购买商品的比例，是商品陈列调整、关联商品调整的重要依据。

$$购买率 = \frac{购买商品的客数}{停留客数} \times 100\%$$

6. 客动线调查的结果分析

卖场布局理论认为，与卖场入口处呈斜向对角线的拐角位置是店内诱导顾客所能到达的最理想位置，对于一般超市来说，该位置至少要达到80%的顾客通过率，才能称得上通过率基本合理，才能认为卖场布局是基本合理的。

1) 商品部门调整

美国及日本一些成熟的超市企业，在处理通过率和停留率低的商品部门时，基本上是按照"卖场布局调整→商品分类调整→商品陈列调整→商品表现调整"这样一个基本顺序去分析问题的原因并寻找解决问题的对策的。

对于食品超市中非食品部门的调整，应具体问题具体分析。一个基本的原则是：对于购买频率低的非食品种类，如果是与料理食品有关的商品部门，则尽可能保留，并不断丰富其种类；如果是与料理食品无关的、通过率和停留率低的非食品商品部门，就应该坚决撤掉。

如果不加区别和分析就撤掉一些购买频率低的非食品部门，很容易引起顾客的不满，因为有一些非食品部门，平时顾客的通过率和停留率确实较低，但这些商品往往是顾客时常需要的商品，撤掉这些部门会给顾客带来极大的不便。

有时我们不能盲目追求或简单理解客动线调查分析的结果，对统计末尾的商品部门进行淘汰，而需要对统计末尾的商品部门的特性和销量低的原因进行分析。如果食品超市只有 A 类商品的话，对持续经营也是非常不利的。

2) 磁石商品调整

在客动线调查中，如果发现相当多的顾客在主通路行走的距离短，就说明主通路中磁石商品的配置出现了问题。如果磁石商品的配置不能持续地诱导顾客在主通路上长距离地行走，肯定是由于磁石商品力太弱，这时就必须对磁石商品进行调整。

3) 商品陈列调整

有些商品部门的顾客通过率和停留率过低，是由于不当的商品陈列和商品表现造成的，如端架商品种类过多，商品陈列量过少，POP 广告不醒目等。此时，就应该对陈列方式进行调整，或者设置一些大型 POP 广告以吸引顾客的注意。

另外也要认识到，顾客一般都是怀着某种明确的购买目的进入超市的，在店内顾客不走一些通路是因为这些商品与顾客的购买目的不一致，在这种情况下，不管这个区域的商品陈列和 POP 广告多么醒目，都不可能引起顾客太多兴趣。

第二节　商 品 陈 列

　　商品陈列指以产品为主体，运用一定艺术方法和技巧，借助一定的道具，将产品按销售者的经营思想及要求有规律地摆设、展示，以方便顾客购买，提高销售效率，商品陈列是销售产业广告的主要形式。合理地陈列商品可以起到展示商品、刺激销售、方便购买、节约空间、美化购物环境等重要作用。据统计，店面如能正确运用商品的配置和陈列技术，销售额可以在原有基础上提高 10%。

一、商品陈列剧场理论

　　20 世纪 60 年代，美国一些研究消费者购买行为的学者把商店形象地比喻成剧场，对卖场营销产生了非常大的影响。店铺剧场论的中心思想是把店铺整体比喻成剧场，其中卖场是舞台，设施、设备、灯光、广告等是舞台布景，顾客是观众，店长是导演，商品是演员。

　　在现实剧场中，真正让观众感动的并不是舞台的布景和道具，而是剧情的展开和演员出神入化的表演。同样，在卖场中能打动顾客的并不是设备、灯光、装饰、器具等，而是商品本身的魅力，如图 4-16 所示。不论商品装饰得多么美观耀眼，如果商品本身缺乏魅力，就不可能引起顾客的共鸣，当然也不可能诱发顾客的购买动机。

图 4-16　剧场和卖场有着很强的近似性

　　在卖场中真正的主角是商品，而装饰、设备、器具等不过是烘托剧情的道具。只有将出色的商品和卖场中的各种道具密切地结合起来，才能真正打动顾客。

　　卖场与剧场最大的不同是：剧场中的观众是静坐在观众席里观赏戏剧的，而卖场中的顾客是在流动中购物的。如何让流动的顾客停下来欣赏商品，进而打动顾客并诱导顾客购买，是商品陈列的主要目的。

二、商品陈列的原则

　　商品陈列的目的就是要让商品在货架上充分显示自己，最大限度地引起顾客的购买欲望。商品的陈列技术是非常关键的。要实现合理、规范的商品陈列，必须掌握几个原则。

（一）一目了然的原则（显而易见的陈列原则）

超市所采用的是自助式的销售方式，是由商品本身来向顾客最充分地展示、促销自己。对连锁超市而言，商品陈列是最大的，也是最直接的销售手段，要做到让商品在货架上实现最佳销售。因此，要使商品陈列得让顾客一眼就能看到，必须做到以下几点：

（1）商品品名和贴有价格标签的商品正面要面向顾客；

（2）每一种商品不能被其他商品挡住视线；

（3）进口商品应贴有中文标识；

（4）商品价目牌应与商品相对应，位置正确；

（5）标识必须填写清楚，产地名称不得用简称，以免顾客不清楚。

实践证明，连锁超市的商品价格标签位置对顾客挑选商品也会产生积极的影响。因此，规范价格标签的位置，就显得十分重要。同时，价格标签位置的规范化，对收银员提高收银速度创造了条件。

（二）容易挑选的原则

（1）要有效地使用色彩、照明。决定货架上商品位置的时候，要注意商品外包装颜色搭配的艺术性，尽量使顾客感到舒适、醒目。对于鲜肉、鲜鱼生鲜食品柜，灯光可以选择淡红色，以增加商品的鲜度感。对于需要强调的商品，可以用聚光灯加以特殊的照明，以突出其位置，引起顾客注意。超市、便利店内要达到标准的照明度，使商品能清楚地展现在顾客面前。

（2）要分类陈列商品并标明商品特征。商品按适当的分类进行陈列，不要给顾客混乱的感觉。商品陈列的价格牌、商品 POP 牌摆放要正确，要明确显示商品的价格、规格、产地、用途等。尤其是特价陈列，就更要明确与原价的区别处。必要时可向顾客提供购物参考、购物指南、商品配置图等，使顾客进店后，马上就能找到自己所需的商品。

（3）要尽可能纵向陈列商品。系列商品的垂直陈列也叫纵向陈列。纵向陈列能使系列商品体现出直线式的系列化，使顾客一目了然。系列商品的纵向陈列会使 20%～80%的商品的销售量提高。

系列商品如横向陈列，顾客在挑选系列商品中的某个单品时，就会感到非常不便。因为人的视觉规律是上下垂直移动方便，其视线是上下夹角 25 度。顾客在离货架 30～50 厘米距离时挑选商品，就能清楚地看到 1～5 层货架上陈列的商品。而人视觉横向移动时，就要比前者差得多，因为人的视线左右夹角是 50 度。在顾客离货架 30～50 厘米距离时挑选商品，只能看到横向 1 米左右距离内陈列的商品。

（三）便于取放的原则

商品陈列的位置要恰当方便。如果顾客取放商品不方便，就会很扫兴，大大降低购买的欲望。所以货架上陈列的商品与上隔板应有一段距离，便于顾客的手伸进去取放商品。这个距离要合适，以手能伸进去为宜，太宽会影响货架使用率，太窄会导致顾客无法拿取商品。

卖场的空间共分为展示空间、有效陈列范围和库存空间三个部分，如图 4-17 所示。所谓商品的有效陈列范围，是指便于顾客看到和触摸到商品的空间。这个空间具体是指从地面 30 厘米以上(百货店箱式货架为 60 厘米以上)到最高上限 210 厘米之间的范围。

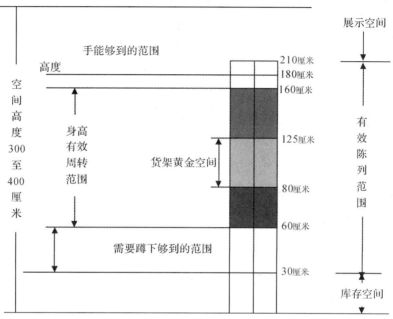

图 4-17   卖场中的有效陈列范围和黄金货架空间

货架的黄金空间是 85～125 厘米之间的空间。这是人们最易看到而且拿取商品最方便的陈列位置，因此是最佳陈列位置。此位置一般用来陈列高利润商品、独家代理或经销的商品。该位置最忌讳陈列无毛利或低毛利的商品，这样会严重影响零售店的利润率，造成利润的重大损失。

商品陈列还要考虑到顾客的身高。不要把商品放在顾客手拿不到的位置，放在高处的商品即使顾客费了很大的劲拿下来，如果不满意，很难再放回原处，也会影响顾客的购买兴趣。

货架上陈列的商品要稳定，排除倒塌的现象，给顾客以安全感。超市和便利店中经营的瓶装商品较多，如调料、酱菜、水果罐头、咖啡、奶粉、乳品等，一般一层货架只能摆放 1 到 2 层，如果摆放得太高，一是不便于顾客取放，二是稍不注意就有碰倒商品、砸伤顾客的可能，不仅损失了商品，也破坏了顾客的购买情绪。

(四) 丰富丰满的原则 (放满陈列的原则)

按各品项的销售量成正比例来决定陈列数量是商品陈列中的重要原则。货架摆满了商品并不能说明其经营水平，只有当货架陈列的商品保持按销售量成正比例来决定陈列量和陈列面时，卖场的商品管理和库存管理才达到合理的状态。

超市的商品放满陈列，可以给顾客商品丰富、品种齐全的直观印象，同时，也可以提高货架的销售能力和储存功能，还相应地减少了超市的库存量，加速了商品的周转速度。有资料表明，放满陈列可平均提高 24%的销售额。商品放满陈列要做到以下几点：货架每一格至少陈列三个品种(目前,国内货架长度一般是 1～1.2 米);畅销商品的陈列可少于三个品种,保证其量感;一般商品可多于三个品种,保证品种数。

按每平方米计算,平均要达到 11～12 个品种的陈列量。当畅销商品暂时缺货时,要采用销售频率高的商品来临时填补空缺商品的位置,但应注意商品的品种和结构之间关联性的配合。

(五) 整齐清洁的原则

货架的清理、清扫工作是商品陈列的基本工作。货架要随时保持干净整齐,陈列的商品要清洁、干净,没有破损、污物、灰尘。尤其对生鲜食品,内在质量及外部包装要求更加严格。不合格的商品要及时从货架上撤下。

商品的陈列要有感染力,要引起顾客的兴趣。要注意突出本地区主要顾客层的商品品种、季节性商品品种、主题性商品品种,用各种各样的陈列方式,平面、立体、全方位地展现商品的魅力,最大限度地运用录像、模型、宣传板等,使商品与顾客对话。

(六) 避免损失的原则 (前进陈列的原则)

当商品第一次在货架上陈列后,随着时间的推移,商品就不断被销售出去。这时就需要进行商品的补充陈列。补充陈列要遵循前进陈列的原则来进行。

首先,要将原先的陈列商品取下来,用干净的抹布擦干净货架,然后将新补充的商品放在货架的后排,原先的商品放在前排。因为商品的销售是从前排开始的,为了保证商品生产的有效期,补充新商品必须从后排开始。其次,当某一商品即将销售完毕,暂未补充新商品时,就必须将后排的商品移至前排陈列(销售),决不允许出现前排空缺的现象,也就是要遵循前进陈列的原则。如果不遵循先进先出(前进)陈列的原则,那么后排的商品将会永远卖不出去。对一些保质期要求很严的食品,用先进先出的方法补充商品,既可保证顾客购买商品的新鲜度,又不会使排在后面的商品超过保质期,给商店造成损失。

(七) 传统陈列方法与现代陈列方法有机结合的原则

国内商业在发展超级市场的初期,要注意针对具体情况处理好传统陈列方法与现代陈列方法相结合的问题。例如,猪肉目前加工、包装程度均较低,冷藏技术不成熟,城市居民又多喜爱食鲜肉。因此,不仿仍沿用传统的台式陈列法,或分割成不同大小的块状由顾客自选,或整片陈列,顾客选中部位后由营业员切割。

(八) 保持新鲜感的原则

保持新鲜感的原则指采用多种不同的商品陈列方法,并定期变化,增强店堂的新鲜感、变化感。对于超市货架上的商品,需要定期变化,但是这种变化不能太频繁,半年一次或一年一次即可,否则顾客会因为经常找不到需要的商品而心生厌烦,大大降低购物欲望。

三、商品陈列的方法

下面介绍 13 种商品陈列方法。

（一）分类陈列

分类陈列是根据商品质量、性能、特点和使用对象进行分类，向顾客展示的陈列方法。它可以方便顾客在不同的花色、质量、价格之间挑选比较。

分类陈列的目的是使商品陈列一目了然，方便顾客选择，促进商品销售。商品陈列应杜绝毫无章法地胡乱堆放，以免影响整个零售店的形象。

【小案例】

连锁钟表店出售钟表类商品，可按细分市场划分为闹钟、石英钟、石英电子表、机械表等进行分类陈列；连锁服饰专卖店，则往往可以配合服装的功能，根据服装的色别或款式甚至使用场合来进行卖场的分类陈列，以便于顾客选购。

分类陈列是整个百货零售店卖场中陈列范围最广的部分。凡是陈列在陈列台、展示柜、吊架、平台、橱柜的商品都属于分类陈列，因此在陈列时特别要注意显示商品的丰富感与特殊性。

（二）主题陈列

主题陈列也称专题陈列，即结合某一事件或节日，集中陈列有关的系列商品，以渲染气氛，营造一个特定的环境，以利于某类商品的销售。

主题选择有很多，各种节日、庆典活动、重大事件都可以融入商品陈列中去，营造一种特殊的气氛，吸引消费者注意。如"六一"儿童节来临之际，可将各种儿童用品集中陈列在一个陈列台上，再加上鲜花等装饰品，渲染出一种活泼、热烈的氛围。

主题陈列在布置商品陈列时应采用各种艺术手段、宣传手段、陈列用具，并利用色彩突出某种或某类商品。对于一些新产品，或者某一时期的流行产品，以及由于各种原因要大量推销的商品，可以在陈列时利用特定的展台、平台、陈列道具台、陈列工具等突出宣传，必要时，配以集束照明的灯光，使大多数顾客能够注意到，从而产生宣传推广的效果。

主题陈列的商品可以是一种商品，如某一品牌的某一型号的电视、某一品牌的服装等，也可以是一类商品，如系列化妆品、工艺礼品等。

（三）端架陈列

端架陈列即在端架上进行的商品陈列。端架也就是顾客视线的转弯处所设置的货架。端架是顾客在卖场之中经过频率最高的地方，也是最佳的陈列位置。

适于端架上陈列的商品主要有四类：快销商品，新商品，利润高、回转率高的商品和降价促销的商品。

端架陈列注意事项：

(1) 同一种商品在端架上陈列的时间不宜过长，以一周左右为原则，否则就会丧失新鲜感和吸引力。

(2) 要让顾客明显感到端架上陈列的商品价格便宜，以明确的价格优惠吸引顾客购买。

(3) 端架陈列的商品要引人注目，品种不宜过多，以垂直方向陈列为佳。

(4) 端架陈列要方便购买，尽量表现出大量销售的气氛，如采用堆积式陈列。

(5) 端架陈列要符合顾客的生活习惯，贴近顾客生活。一般按照商品的品种、用途、价格等因素集中陈列，或是按照品牌和品种进行集中陈列。

(6) 经常试行新的商品构成，有新意的商品陈列会吸引顾客经常光顾本店。

(7) 加强端架陈列效果，创造精彩的陈列形式。商品摆放要美观，色彩要协调，主题要突出。

(四) 关联陈列

关联陈列也称配套陈列，即将种类不同但效用方面相互补充的商品陈列在一起，或将与主力商品有关联的商品陈列于主力商品的周围以吸引并方便顾客购买。例如，将沐浴液与洗发水、香皂与香皂盒、皮鞋与鞋油放在一起，顾客在购买了 A 商品以后，顺便会购买旁边的相关商品 B 或 C。

关联陈列增加了商店陈列的灵活性，加大了不同种类商品陈列的机会，是商品组合原理在商品陈列中的一个集中体现。在运用关联陈列时一定要注意商品之间的相关性，确保顾客产生连带购买行为。

关联陈列的适用范围：

(1) 用途上的关联：如空调、电视机、影碟机、立体音响、录像机等商品相邻陈列；再如在销售家庭装饰用品时，把地毯、地板装饰材料、壁纸、吊灯等共同布置成一个色调和谐、图案美观、环境典雅的家庭环境，形成一种装饰材料的有机组合，让顾客在比较中感受到家庭装饰对居住环境的美化作用。

(2) 附属上的关联：旅行用品如电动剃须刀、电吹风、照相机、望远镜等应相邻陈列。

(3) 年龄上的关联：如老年用品助听器、按摩器、小型电器、电热毯、频谱仪等应相邻陈列。

(4) 商标上的关联：陈列商品以商标为纽带进行系列陈列，如强生系列婴儿润肤露、婴儿无泪洗发水、婴儿爽身粉、婴儿洗面露等产品可摆放在一起。

(五) 悬挂陈列

悬挂陈列是指将商品展开悬挂，能使顾客从不同角度直接看到商品全貌或触摸到商品。该方法主要用于纺织、服装类商品或一些小商品及扁平形、细长形等没有立体感的商品陈列。

悬挂陈列的使用一般分为两种：

(1) 高处悬挂：在柜橱上方安放各种支架或展示网悬挂商品，此陈列法大多属于固定陈列的一种，较少用于直接销售。其目的是使顾客进店后从较远的位置就能清晰地看到商品，起到吸引顾客、烘托购物环境的作用。

(2) 销售悬挂：主要用于敞开售货，悬挂的高度一般以 1.5 米为中心上下波动。1.5 米是中国顾客选购、平视浏览和触摸商品的正常高度。

(六) 量感陈列

量感陈列一般是指商品陈列的数量要充足,给消费者以丰满、丰富的印象。它只强调商品的数量,并非最佳做法,更注重陈列的技巧,从而使顾客在视觉上感到商品很多。例如,所要陈列的商品原本是 50 件的话,那么量感陈列要让顾客感觉不止 50 件商品。量感陈列一方面是指"实际很多",另一方面则是指"看起来很多"。量感陈列一般适用于食品杂货,以丰满、亲切、价格低廉、易挑选等来吸引顾客。

量感陈列的具体手法有很多,如店内吊篮、店内岛、壁面挑选、铺面、平台、售货车及整箱大量陈列等。其中整箱大量陈列是大中型超市常用的一种陈列方法,即在卖场辟出一个空间或拆除端架,将单一商品或 2～3 个种类的商品大量陈列。

一般在下列情况下使用量感陈列:低价促销、季节性促销、节假日促销、新产品促销、媒体大力宣传、顾客大量购买等。

(七) 盘式陈列

盘式陈列也称为箱式陈列,是量感陈列的一种方法。一般做法是将包装用的纸箱按一定的深度进行裁剪,以底为盘,以盘为单位,将商品一盘一盘地堆上去。这样不仅可以加快商品陈列的速度,而且在一定程度上提示顾客整箱购买。有些盘式陈列,只在上面一层做盘式陈列,而下面的则不打开包装箱整箱地陈列上去。盘式陈列架的位置,可与整齐的陈列架一致,也可陈列在进出口处。

盘式陈列主要是为了突出商品的量感,告诉消费者该商品是可以整箱出售的。在实际操作中,理货员只剪去商品包装纸箱的一半或 1/3 部分,主要露出纸箱中的一排商品即可。

这种陈列方法给顾客的印象是:价格低廉,量感突出,亲切,易接近。它可以节省操作的人力、物力,易补充或撤收商品,通常可布置成直线、V 形、U 形。

(八) 岛式陈列

商店卖场的入口处、中部或底部有时不设计中央陈列架,而配置以特殊陈列用的展台,这种陈列方法就称为岛式陈列。

岛式陈列运用陈列柜、平台、货柜等陈列工具,在卖场的适当位置展示陈列商品,可以使顾客从四个角度看到和取到商品,因此,其效果也是非常好的。这种陈列能强调季节感、廉价感、时鲜和丰富感,诱发顾客的购买欲望。

(九) 散装陈列

散装陈列指将商品的原有包装拆下,单一商品或几个品项组合在一起陈列在精致的小容器中出售,往往是以一个统一的价格或在一个较小的价格范围内出售。这种陈列方式使顾客对商品的质感能观察得更为仔细,从而诱发购买冲动。

（十）情景陈列

情景陈列是为再现生活中的真实情景而将一些相关商品组合陈列在一起的陈列方式。例如，用家具、室内装饰品、床上用品布置成一间室内环境；用厨房用具布置一个整体厨房等。

目前，国外一些商店十分注重这种情景陈列，尤其是家具专卖店，其陈列组合包括：床头挂有艺术壁挂，床头柜上有雅致的台灯，餐桌上摆着精美的花饰，酒柜里陈列着各色名酒等。

情景陈列利用商品、饰物、背景和灯光等，共同构成一定的场景，给人一种生活气息很浓的感觉，同时，生动、形象地说明商品的用途、特点，从而对顾客起到指导作用。

这种陈列使商品在真实性中显示出生动感，对顾客有强烈的感染力，是一种颇为流行的陈列方式。

（十一）搬运容器(卡板)陈列

搬运容器(卡板)陈列是指直接利用商品配送时使用的容器进行陈列的方法。搬运容器(卡板)陈列在作业上节省人力、物力，方便商品种类数的管理，易突出商品的廉价感。

价格广为人知的商品、可以直接用搬运容器陈列的商品、预计商品周转率较高的商品适用于此种陈列方式。

（十二）堆头陈列

堆头是指超市中商品单独陈列所形成的商品陈列，有时是一个品牌产品单独陈列，有时是几个品牌的组合堆头。商品可放在花车上，或箱式产品直接堆码在地上。堆头一般都是供货商要向超市缴纳一定的费用才能申请到。对于最佳的堆头地段，供货商甚至需要通过激烈的竞争，付出最高价才能争取到。

（十三）橱窗陈列

橱窗陈列是利用商店临街的橱窗专门展示样品且有商业广告作用的一种陈列形式。橱窗陈列的商品一定要有代表性，体现出经营者的特色，陈列要美观大方，引人注目。

1. 橱窗陈列的方式

橱窗陈列方式大致有以下几种：

(1) 以版面装饰为主，配上部分主力商品的陈列；

(2) 以大块图版、图表为主，以宣传文字为辅的陈列；

(3) 以实物为主的陈列；

(4) 以高度抽象、艺术化的文字为主，以部分商品为辅的陈列；

(5) 以展示电子、激光新技术为主的陈列；

(6) 以图画、油画为主要表现手法并配有文字的陈列。

企业或店铺应根据商品的质地和特点，选择最恰当的形式或手段表现已确定的主题。

2. 橱窗陈列的类型

一般橱窗陈列有以下五种类型：

1) 综合式

综合式指将不相关的品牌或产品类型综合陈列在一个橱窗内，以组成一个完整的橱窗广告。例如，将商品整体陈列成一个标志、图形等。这种陈列方式由于商品之间差异较大，设计时一定要谨慎，避免显得杂乱。

2) 系统式

系统式指将商品按照不同标准组合陈列在一个橱窗内。例如，按照化妆品的不同品牌组合陈列在一个橱窗内。这种陈列分区鲜明，也很容易让顾客了解到店铺中主要经营的化妆品品牌，但缺点在于缺乏新意，不具有较强的吸引力。

3) 专题式

专题式指以一个广告专题为核心，围绕某一个特定的主题，组织不同类型的商品进行陈列，向顾客传递一个明确的信息。例如，绿色护肤品专题陈列，可以将绿色包装的化妆品集体摆放成一个图形陈列在橱窗里。但这样的陈列方式需要在设计时既考虑品牌的定位，又符合专题的要求，只有做到这两点才能达到吸引顾客的目的。

4) 特写式

特写式指利用平面广告、各种类型的 POP 海报、具有特色的照片、现场播放的影视广告和语音广告来强调广告效应的陈列方式。这种陈列方式一般比较适合新品、促销产品和利用设计师或形象大使进行宣传推广的产品。这种方法主要起到广告宣传的效果，其目的是吸引顾客对重点商品的关注，并使顾客产生极为深刻的印象。它的特点是：形象生动，具有视觉冲击力和强大的宣传推广作用，有利于顾客形成品牌联想和加强对品牌的认知。

5) 季节式

季节式指根据季节变化，把应季商品集中陈列，以满足顾客应季购买的需要。这种陈列方式一般可以结合专题式陈列，以取得最佳效果。

3. 常见商品的橱窗陈列

1) 服装布料

服装布料类商品通常不需要浪费过多的颜料在版面上做文章，它们本身的色彩就足以使橱窗五彩斑斓。陈列时，最主要的工作是从展品中找到突出产品和适合做背景的布料，在商标的制作(包括标牌、标志的制作)上下功夫，要使人一看就知道是什么牌子的产品，有什么特点，适合哪类人穿着。同时要注意，平铺直叙、毫无生气的陈列是与橱窗广告的意义相违背的。在陈列时，需要将静态的商品活跃起来，使它们充满活力，饱满，具有立体感。在服装的橱窗陈列中还需要注意以下方面：

(1) 根据视线安排。服装的主要品种要陈列在比较理想的部位，即中心位置，一般是在人们的水平视线范围内，要防止所陈列的服装过高或过低，避免消费者在观看陈列服装时需要抬头、仰视、蹲身、俯视，产生不舒服的感觉。一般外橱窗的宽与高之比是 2∶1。对其中心位置来说，可连对角线，然后按宽、高各 1/2 的数值画线，即为中心位置。但是，当人们看橱窗时，中心位置将随着人体与橱窗的距离的变化而变化，距离越近，中心位置越小，反之则越大。

(2) 形体搭配。陈列的服装在安排上要灵活多样，要考虑各种服装的不同款式、不同花型、不同色泽的合理搭配，并能呈现出鲜明的立体感，使服装陈列展现出多而不乱、活而不呆的艺术效果。

(3) 层次处理。对橱窗陈列的服装，要根据橱窗的大小、深度条件来决定，构成层次分明、穿插恰当、疏密相称、格调和谐的统一体。要从多个角度陈列服装样品，防止杂乱无章或"大合唱"式的呆板陈列方式。对柜台、货架上的服装陈列，应根据规格存放，一般是小规模放上层，大规格放下层或同规格分类存放，以显示各种服装的整齐、美观。

(4) 色彩运用。在大小橱窗的服装陈列中，要考虑色彩的运用。营业员要掌握基本的用色规律，才能使陈列的服装在色彩烘托下给人们以美好、新颖、鲜明和舒适的感觉，这样有助于增强服装的宣传功效。

(5) 道具作用。道具是橱窗陈列的必备用具，也是加强橱窗陈列艺术效果的一种手段。专卖店橱窗布置用的道具种类较多，如全身"模特儿"，适合穿着套装、大衣、连衣裙等；半身"模型架"，适合穿着上装、衬衫等；自由木质或铅丝拗成的简易人字架和塑料定型衣架，适合陈列上装、两用衫；简易丁字架适合陈列裤子；几何图形架和支撑架则适合陈列折叠的服装；等等。在橱窗陈列中运用道具时，一定要从实际出发，因店制宜，讲究实效，发挥道具应起的作用。另外，某些道具的搭配组合可以向消费者透露品牌文化的内涵，如旧画框、古乐器、西洋镜、旧家具甚至枯树枝、老树桩等。

(6) 图案设计。橱窗图案设计其构图要与服装的性能特点相关联，一般采用装饰、写实图案，并要同橱窗的主题相配合，灵活运用，起到点缀美化作用，从而使陈列的服装达到显著的宣传效果。

(7) 广告编写。广告编写可运用于整个商店。在橱窗里除了用道具、图案外，还要用文字广告来帮助顾客了解服装的种类、名称、特点、性能、保养等知识。宣传内容要实事求是，文字表达要简单明了、美观、整洁，不能自由造字。这样能起到交融顾客与商店的关系，扩大服务销售的作用。

(8) 灯光照明。正确运用灯光照明，可使橱窗陈列的服装光彩夺目。商店要根据商场的面积大小，安装不同数量的照明设备，来增强陈列服装的宣传效果。

2) 工艺品

工艺品品种繁多，在陈列中按其性质可分为美术陶瓷、玻璃器皿、草编制品、竹编制品、漆器、景泰蓝、文房四宝、雕塑、各种工艺首饰等。展示工艺品的形式比较讲究，展架不能粗糙，要由透明度好、结构精巧的材料制成。展示工艺品对灯光的要求也较高，从色彩到质地都要精心挑选，反复对比。每一类工艺品为一组，不要混合陈列，应根据颜色、形状的不同，配以不同的灯光。陈列组合应错落有序，把重点商品摆放在明显位置，加投影灯，衬以名贵织物，充分展示出质地、工艺及工艺品所具有的意境价值。

3) 儿童玩具

玩具是孩子们的乐趣所在，因此玩具橱窗的广告装潢不宜用冷色调，不宜用可能引起孩子们产生恐惧联想的道具和具有危险性的物品，而应采用暖色调和明快的色调，配上孩子们喜爱的故事情节做布景，选一些为儿童所乐于接受的玩具陈列品。玩具橱窗的陈列要让孩子们在参观之后，产生亲切、安全、趣味无穷的感觉，橱窗中的那些玩具也就成了他们渴望得到的礼物。

4. 橱窗陈列应注意的细节

不论用哪种方式陈列都要注意细节，以下是在橱窗陈列的过程中需要注意的方面：

(1) 橱窗陈列的商品要经常更换。只有不定期地更换橱窗内的商品，才能给顾客新信息，用新奇感吸引顾客进店。一成不变的橱窗只能让过往的人群慢慢地忽略它。

(2) 色彩陈列要协调。色彩不协调的商品不能放得很接近。例如，陈列化妆品的容器可能因色彩不协调而显得相互抵触，如果不得不放在一起，这时的补救方法只有用中性色彩或粗线条图案做背景，或用具有中性色彩的物品将商品分隔。

(3) 橱窗陈列的产品最好是本店的主推品牌或新上市的品牌，同时要注意商品是否具有较强的品牌效应。

(4) 橱窗陈列的季节性商品必须在季节到来之前半个月到一个月预先陈列出来，如防晒霜等，这样才能起到迎季宣传的作用。

(5) 陈列商品时应做到使人一目了然地看到所宣传介绍的商品内容，尽量简洁而清爽，不可乱堆乱摆使消费者视线分散。

(6) 摆放商品的色彩要调和，高低疏密要均匀，但不宜过多或过少，主打商品应陈列在最引人注目的橱窗位置。橱窗布置应尽量少用同类商品做衬托、装潢或铺底。

(7) 橱窗应经常打扫，保持清洁。肮脏的橱窗玻璃或橱窗里面布满灰尘会给顾客不好的印象，引起顾客对商品和整个店铺的怀疑或反感，进而失去购买的兴趣。

(8) 商品陈列在橱窗内受太阳光照容易变质，应该注意及时更换。每个橱窗的日常更换或布置，或某一系列宣传结束的陈列品更换，必须在当天内完成。

本 章 习 题

一、选择题

1. 对于卖场出入口设计的论述，以下不正确的一项是(　　)。

A. 卖场出入口的设置根据卖场形状、面积及周边环境决定，但尽量分开设置

B. 卖场出入口应当设置在卖场两侧

C. 应该是把入店顾客最多的方向设为入口

D. 出入口不一定要直接接通主通路

2. 以下关于卖场关联描述不正确的一项是(　　)。

A. 顾客在主通路呈直线行走还是呈蛇形线行走，对主通路两侧的商品销售会产生很大的影响

B. 如果商品堆头太多、太密则会大大影响主通路两侧商品的关联性

C. 人的横向目光扫描的最大幅度是 1.5 米左右，横向商品关联陈列更容易被顾客看清楚

D. 对于衬衫、领带、羊绒衫等商品的陈列，横向上是商品的大小型号，纵向上是商品的色数或样式种类

3. 最能够活跃卖场气氛的两种陈列方式是(　　　)。

A. 容器陈列和散装陈列

B. 主题陈列和情景陈列

C. 堆头陈列和端架陈列

D. 关联陈列和箱式陈列

4. 第二磁石卖场位于卖场布局中的(　　　)。

A. 主通路两侧

B. 出入口或拐角处

C. 端架商品陈列区域

D. 堆头或货架中的磁石商品区域

5. 第三磁石卖场位于卖场布局中的(　　　)。

A. 主通路两侧

B. 通路尽头或拐角处

C. 面向主通路两侧的端架商品陈列区域

D. 堆头或货架中的磁石商品区域

二、问答题

1. 什么是磁石卖场？磁石卖场的类型有哪些？

2. 正规形状卖场的主通路设计有哪些原则？

3. 商品陈列的类型有哪些？

第五章　零售采购管理

【学习目标】

1. 掌握分散采购和集中采购两种制度的含义和优缺点；
2. 了解采购流程和采购谈判的主要内容；
3. 了解商品采购决策的主要内容，掌握最佳采购批量的计算原理和思路；
4. 了解零供矛盾的表现方式和原因；
5. 掌握进场费的含义，了解进场费的治理方式。

第一节　采购制度与采购流程

一、采购制度

（一）分散采购

分散采购是指采购权力分散到各个部门或各个分店，由零售商的各商品部门或分店自行组织采购。这些部门或分店不仅负责本身的商品采购，还直接负责商品的销售，其特征是采购与销售合一。

1. 分散采购的优点

(1) 能适应不同地区市场环境的变化，商品采购具有相当的弹性；

(2) 对市场反应灵敏，补货及时，购销迅速；

(3) 由于分部拥有采购权，可以提高一线部门的积极性，提高其士气；

(4) 由于采购权和销售权合一，分部拥有较大权力，因而要求其对整个经营业绩负责，便于分部考核；

(5) 能突显各个不同地区的特色，更好地满足当地消费者的需求；

(6) 由于分部拥有采购权，产生相互竞争，可以加强各部门工作积极性；

(7) 可以加强各个部门的彼此监督。

某种产品的采购可以分散在多家供应商之间，方便企业提升自己的议价地位。若每个个体供应商的交易量够大，就足以让供应商关注这些交易，不愿意失去交易。这样一来就能将采购分散到多家供应商之间，能够帮助企业充分利用结构化的议价能力。

2. 分散采购的缺点

(1) 各部门或分店各自为政，容易出现交叉采购，人员费用较大。例如，联邦百货商店有限公司有 8 名采购员(每个连锁店配备 1 名)和 1 名负责自有品牌女装的总公司采购员；
GAP 公司只有 1 名在公司总部的女装采购员。

(2) 由于采购权力下放，因此采购控制较难，采购过程中容易出现舞弊现象。

(3) 各部门或分店拥有采购权，其相互争斗，但也有可能产生相互包庇的现象。

(4) 计划不连贯，形象不统一，难以实施统一促销活动，商店整体利益控制较难。

(5) 由于各部门或分店的采购数量有限，因此难以获得大量采购的价格优惠。

分散采购制度存在许多弊病，当地区之间消费需求存在较大差异时，分散采购更适于
跨地区的连锁公司。

(二) 集中采购

集中采购又称为中央采购，是指采购权限高度集中于商店总部或连锁总部，由零售商
设置专门的采购机构和人员，统一采购商店的商品，商品分部或分店则专门负责销售，与
采购脱离。这是一种采营分离的采购制度。在这种制度下，商品的引入与淘汰、价格的制
订及促销计划等，完全由公司总部统一规划实施，分部或分店负责商品陈列、小仓的商品
管理和销售等工作，各部门或分店对商品采购无决定权，但有建议权。

1. 集中采购的优点

(1) 可以提高零售商在采购谈判中的议价能力。由于集中采购进货量大，因此零售商
在谈判中处于优势，可以获得优厚的合同条款，享受较高的价格优惠，这是许多连锁商店
竞争力的主要来源之一。

(2) 可以降低采购费用。零售商只需要在总部建立一套采购班子，而不必像分散采购
需要各部门或分店建立自己的采购队伍，从而降低了采购人员费用，同时，采购谈判、信
息搜寻、商品运输等费用也大幅度降低，这就大大降低了企业的采购总成本。

(3) 可以保持企业统一形象，易于策划实施整体营销活动。

(4) 可以提高采购效率和店铺的营运效率。

(5) 配送体系的建立降低了连锁店仓储、收货费用。连锁公司在实施集中采购后，才
可以建立与之相适应的统一配送体系。

(6) 可以规范采购行为。当前困扰零售商的一个很大的问题是商业贿赂。所谓商业贿
赂，是指供应商给零售商的采购员提供金钱或有价值的物品以影响其采购决策。通过集中
采购，建立一套行之有效的规章制度及制衡机制，可以有效地解决这一问题。

2. 集中采购的缺点

(1) 购销容易脱节。集中采购制度在享有专业化分工效率的同时，也增加了专业化分
工协调的困难。尤其是连锁企业，由于分店数量众多，地理分布又较分散，各分店所面对
的消费和需求偏好都存在一定程度的差异，集中采购制度很难满足各分店的地方特色，物
流人员配送商品也难以适应各分店的地方特点。

(2) 采购人员与销售人员合作困难，销售人员积极性难以充分发挥，较难维持销售组
织的活力。

(3) 责任容易模糊，不利于考核。

目前，集中采购制度为大多数连锁企业所采纳。针对集中采购存在的弊病，尤其是采

购员不了解顾客的真正所需，采购商品难以满足各地消费需求这一问题，许多零售商都在努力探索解决办法。下面介绍几种常用手段：

(1) 完善信息系统。完善的信息管理系统是集中采购制度得以实施的保证，由于 POS 系统将销售信息和库存信息及时准确地集聚到采购部门，采购人员可以随时了解门店的销售动态和库存状况，从而做出有效的商品分析，这尤其对商品的补货和滞销商品的淘汰工作提供了极大的方便。目前，国内外大部分连锁企业都安装了 POS 系统；此外，EOS(电子订货系统)也较好地弥补了中央采购制度的缺陷。

(2) 做好岗前培训。大多数零售商都要求采购人员在从事采购业务之前要先在商店里工作一段时。在为期 6～18 个月的培训期内，未来的采购人员要学会商店的运营，了解销售人员和商品经理面临的问题以及顾客需求等。这样做的目的，一是增加采购人员与顾客的接触，使采购人员懂得如何接近顾客并了解顾客需求；二是改善采购人员和负责销售这些商品的商店人员之间的关系，以保证日后的正式交流和非正式交流。

(3) 经常参观商店。让采购人员经常参观商店并与相应的部门一同工作也是解决采购与销售脱节的一个办法。沃尔玛公司所有的经理(不仅仅是采购人员)都要经常参观门店，并且练习他们的"漫步管理"哲学。经理们在星期五晚上离开位于阿肯色州的公司总部，然后及时返回，并在周一早晨例会上与其他人员交流他们的经历。诺顿百货公司不是将采购人员集中在位于西雅图的公司总部，而是让采购人员居住在他们负责采购商品的门店周围，由于这些采购人员只和他的办公室周围数量有限的几家门店一同工作，所以，他们经常光顾这些门店，了解门店经营情况和顾客信息，以及竞争对手的商品信息。

(4) 委派专人负责协调。有些连锁商店设立专门的商品联络员负责协调购销活动。商品联络员向采购部门的商品经理提交报告，他们通常要在店中耗费大量时间协助门店人员进行商品展示和销售，还要负责通知采购人员门店销售商品时遇到的有关问题。日本伊藤洋货堂公司在采购部门设立品种督导(Category Supervisors，CS)一职，主要作为总部采购人员和门店之间的中介。这些人由部门总经理管理，他们就流行趋势、商品销售等议题向品类经理通报信息、提供支持和建议，以便总部采购人员在引进商品时能够做出更准确的判断，使引进的新商品能够在商店中更好地销售。

(5) 加强部门间的联系。尽管采购是一项很专业的工作，但采购人员必须与企业内的许多部门保持联系，还要与外部的供应商和其他代理商保持联系。国外大型连锁商店十分鼓励采购组织与各部门相互合作。商品管理者、自有品牌经理、技术工程师以及质量控制员在采购功能中合作很紧密。在一些大型连锁企业，这些管理人员被纳入企业采购团队的一部分或成为采购委员会的成员。而且，各部门与采购部之间的信息流动是横向的，这样就能够有效避免信息向上汇报后再转回时造成信息被延误和扭曲的情况发生。

(三) 分散与集中相结合

分散与集中相结合的采购制度是将一部分商品的采购权集中，由专门的采购部门或人员负责，另一部分商品的采购权交由各经营部门自己负责。

这种采购制度的优点是：灵活性较强，商店可以根据所处地区和自己的实际情况，有针对性地采购部分商品。

这种采购制度的缺点是：如管理不当，容易形成各自为政的局面。

"如果你能确定不同地方所需的商品品种，你差不多就赢得了零售生意。"西尔斯公司的某位部门主管这样说。确实，每个零售商都在努力探索这个问题。

目前，国内一些连锁企业采取一定程度的分权以弥补集中采购制度的缺陷。例如，将全部分店按地理位置分区，每区拥有一定数量的分店，以区为单位设地区总店，实行连锁企业总部集中采购与地区总店采购相结合的采购制度，企业称之为"划片"管理。

另一常采用的方法是直接赋予分店一定程度的采购权。这可以按销售额的一定比例(比如 10%)下放。各分店可用来采购本店的特色商品，也可以将某些商品类别、品种(比如地产地销的商品)交给分店自行采购。这种分权形式很受商店欢迎，但要注意避免成为另一个腐败的源泉。

二、采购流程

采购流程是零售商从建立采购组织到商品引入商场并进行定期检查评估的一系列整合而系统的步骤。了解采购流程，有利于掌握零售商采购的每一个环节的工作，这些工作对零售商的采购控制而言是非常重要的，如图 5-1 所示。

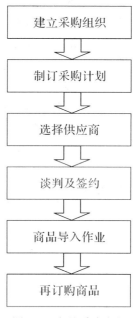

图 5-1　商品采购流程

（一）建立采购组织

零售经营者一般将采购业务交给企业内某些人或某些部门负责，因此而产生了正式的或非正式的采购组织。正式的采购组织是零售商建立的专门采购机构，负责整个商场或整个连锁商店的采购任务。在一个正式的采购组织里，往往拥有专门的采购人员，这些采购人员分别负责某一类商品的采购，有明确的采购任务和授权，公司也对其实施严格的考核指标。非正式的采购组织不是一个独立和专门的部门，它是由一群兼职的采购人员负责的，这些人既负责商品经营，又负责商品采购，有时也处理其他零售业务，责任和授权往往并不明确，但却具有充分的灵活性，这种形式常见于小型零售商或实施分散采购制度的零售商。

1. 内部采购组织

一般大型连锁商店的采购组织设计是：总部设立负责采购的总监，采购总监下设几个采购部门(按照商品大类划分，如食品采购部、服装采购部等)。每一采购部又按照商品类别进一步细分为若干小组(如生鲜部可分为鱼类、肉类、蔬菜类、熟食类、面包类)。每一小组包括买手、里手、排面员。买手是指与供应商进行业务谈判、签订采购合同的谈判员；里手是指根据采购合同以及门店销售、库存情况向供应商发出订单的下单员；排面员主要根据公司的商品经营计划、策略以及门店卖场布局和销售实际情况，制定、调整商品陈列配置表。如果该连锁企业总部对各分店的商品陈列没有硬性规定，只是一种原则上的指导，则采购组不设排面员，一般只包括采购主管和采购助理两个职位。

跨区域的大型连锁商店，一般采购组织设置两个层次：一是连锁总部采购部；二是地区采购部。连锁总部采购部的职责主要是：商品采购制度的制订；商品结构的制订；采购作业规范手册的编制；全国品牌采购条件的年度谈判与全国性促销计划的制订；地区采购人员的培训与考核；地区采购工作的指导和供应商关系的协调；协助新入市地区的商店采购工作；等等。地区采购部的主要职责包括：制订并执行商品采购计划和采购预算；筛选合格的供应商并进行管理；选择适合公司目前市场定位的商品，不断开发新商品，淘汰滞销品；与供应商谈判获取最有利的供货条件；负责开发或协助开发公司自有品牌商品；制订有竞争力又能保持合理利润的商品价格；制订或协助营销部门制订有吸引力的商品促销方案，并推动实施及进行效果评价；与卖场销售人员沟通，确保商品畅销；收集市场信息，掌握市场的需要及未来的趋势。

为了保证引进新商品及新供应商决策的科学性，很多零售商成立了商品采购委员会这一非常设机构，该机构由采购人员、销售人员及财务人员等组成。该机构定期召开会议，对引进新供应商、新商品做出决策，采购人员根据采购委员会的决策具体与供应商进行谈判。

2. 外部采购组织

零售商的上述采购组织均是将采购业务放在企业内部，由内部员工组织完成。其实，在费用更低或效率更高的情况下，零售商也可以选择将采购业务转向外部，即依靠外部组织进行采购。在外部采购组织中，通常由零售商支付一笔费用雇佣外部的公司或人员，这笔费用比零售商自建采购组织相对要低，且效率更高。外部采购组织通常被中小型零售商或远离货源的零售商所采用，它具有与供应商谈判的优势，通常服务于若干无竞争关系的零售商，有时还提供营销咨询及自有品牌商品。

3. 联合采购组织

还有一种采购组织目前在国外中小型独立零售商中比较流行，这就是联合采购组织。联合采购组织是若干中小零售商通过签订一个有利于各方的协约进行联合采购而设立的组织，这种采购方式主要是为了应对日益成长的大型连锁企业的威胁，以便在采购业务上拥有更多的与供应商讨价还价的能力。联合采购一般是在中小型零售商中自愿组成的，有的也是由一家批发商发起，联合零售商谋求一种规模效益的采购方式。

（二）制订采购计划

零售商在商品采购上需要对采购什么、采购多少、从哪里采购、什么时候采购等一系列问题进行决策，并以此制订采购计划，以便加强采购管理。采购计划是企业经营计划中的一个重要组成部分，一般包括年度采购计划和月度采购计划，采购人员在掌握年度计划的基础上根据月度计划执行采购任务。

采购计划的制订要细分落实到商品的小分类，对一些特别重要的商品甚至要落实到品牌商品的计划采购量。采购计划要细分到小分类，其意图就是要控制好商品结构，使之更符合目标顾客的需求。同时，采购计划的小分类细分也是对采购业务人员的业务活动给出了一个范围和制约。另外，如果把促销计划作为采购计划的一部分，那么，零售商就要在与供应商签订年度采购合同之前，要求供应商提供下一年度的产品促销计划与方案，便于在制订促销计划时参考。在制订采购计划时零售商也应要求供应商提供下一个年度新产品上市计划和上市促销方案，作为新产品开发计划的一部分。

在制订商品采购计划的过程中，采购人员关键是通过各种渠道收集顾客需求信息，以便采购适销对路的商品。通过研究目标市场的人口统计数据、生活方式和潜在购物计划，零售商可以直接研究消费者需求。如果零售商无法直接获得消费者数据，也可以通过其他途径。例如，向供应商征询有关资料，有些供应商会做出有关自己产品行业的消费者需求预测和营销研究；零售商也可以通过人员销售直接与顾客打交道，了解顾客的需求动态；零售商还可以通过对竞争对手的调查研究、政府公布的行业经济发展数据、新闻机构的消费者调查，或者向有关商业资讯机构购买商业数据等方式收集和分析消费者需求信息，使采购计划建立在科学、充分的市场调查的基础上。

（三）选择供应商

选择供应商和商品货源是零售商开展采购活动的重要环节，零售商需要在各种货源渠道中确定哪一渠道可以满足商店对某一商品的需要。

1. 零售商的进货来源

(1) 制造商；

(2) 当地批发商；

(3) 外地批发商；

(4) 代理商和经纪人；

(5) 批发交易市场；

(6) 附属加工企业。

由于零售商的类型和规模不同，进货渠道也有所不同。为确保进货及时畅通，商品品种、花色、式样丰富多彩，零售商必须广开货源渠道。零售商最好建立固定的进货渠道和固定的购销业务关系，这样做，有利于互相信赖和支持；由于彼此了解情况，易于符合进货要求；可以减少人员采购，节约费用。在保持固定进货渠道的同时，零售商还要注意开辟新的进货渠道，以保持商品品种的多样化。

2. 选择供应商的标准

(1) 信用情况。零售商在进货前必须了解供应商以前是否准时收款发货，遵守交货期限，以及履行采购合同的情况，以便同诚实、信用好的单位建立长期合作关系，稳定货源。

(2) 价格。价格是零售商进货的主要依据之一，只有价廉物美的商品才能吸引消费者，增强企业竞争力。因此，在保证商品质量的基础上，价格低廉的供应商是零售商进货的首选。

(3) 品质保证。零售商进货时要明确了解对方商品质量如何，比较不同供应商的商品性能、寿命、经济指标、花色品种、规格等，择优进货。

(4) 时间。这包括供应商发货后商品在途时间及结算资金占用情况。

(5) 服务情况。零售商应比较不同供应商服务项目的多少和服务质量的高低作为选择标准。例如，供应商是否送货上门，是否负责退换商品，是否提供修理服务，是否赊销，是否负责介绍商品性能、用途、使用方法，是否负责广告宣传等。

(6) 管理规范制度。这包括管理制度是否系统化、科学化，工作指导规范是否完备，执行情况是否严格等。

供应商准入制度的核心是对供应商资格的要求，包括供应商的资金实力、技术条件、资信情况、生产能力等。这些条件是供应商供货能力的基础，也是将来履行供货合同的前提保证。这些基本的背景资料要求供应商提供，并可通过银行、咨询公司等中介机构加以核实。采购人员应主动开发收集具有合作潜力的供应商的相关资料，并记录在供应商资料卡上，然后根据资料卡内容及选择标准评定供应商是否列为开发对象或合作对象。

(四) 谈判及签约

当货源已经确定、购买前评估也已完成时，零售商开始就采购的相关条款进行谈判。一次新的或特定的采购订货通常要求签订一份经过谈判的合同，在这种情况下，零售商和供应商将认真讨论商品采购的所有方面的细节。如果供应商已经成为零售商的供货伙伴，订货只是例行的再订货活动，通常只涉及一份格式化的合同，在这种情况下，条款是标准化的，后者已经为双方所接受，订货过程按例行方式进行。

以超市为考察对象，超市采购部门同供应商进行谈判的依据是公司制订的商品采购计划、商品促销计划以及供应商文件。

商品采购计划包括商品大类、中分类、小分类(不制订单品计划指标)等各类别的总量目标及比例结构(如销售额及其比重、毛利额及其比重)、周转率，各类商品的进货标准、交易条件等。

商品促销计划包括参加促销活动的厂商及商品，商品促销的时间安排，促销期间的商品价格优惠幅度、广告费用负担、附赠品等细节内容。

供应商文件。商品采购计划与促销计划是公司采购业务部制订的两项总体性计划，通常是针对所有采购商品而不是针对某供应商而制订的。买手同供应商进行业务谈判还必须依据总部制订的供应商文件来进行，供应商文件实际上是要求供应商在与连锁商的交易中，按照连锁企业的运作规范来进行。

上述三项文件尤其是供应商文件构成采购业务谈判内容的框架，也是采购合同的基本内容框架。

1. 采购谈判的内容

零售商采购谈判的主要内容包括以下几点：

(1) 采购商品：包括商品质量、品种、规格、包装等。

(2) 采购数量：包括采购总量、采购批量、单次采购的最低订货量和最高订货量。

(3) 送货：包括交货期、频率、交货地点、最高与最低送货量、保质期、验收方式、交货应配合事项等。

(4) 退换货：包括退换货条件、退换货时间、退换货地点、退换货方式、退换货数量、退换货费用分摊等。

(5) 价格及折扣：包括新商品价格折扣、单次订货数量折扣、累积进货数量折扣、年底进货奖励、不退货折扣、提前付款折扣等。

(6) 售后服务保证：包括是否负责保换、保退、保修、安装等。

(7) 付款：包括付款天数(账期)、付款方式等。

(8) 促销：包括促销保证、广告赞助、节庆赞助、促销组合配合、促销费用承担等。

在谈判过程中，采购人员要明确重点谈判项目。对于这些重点问题，采购人员要找出分歧点，明确重点问题的预期目标和自己的态度，善于应用谈判技巧，赢取主动。采购人员尤其应注意以下问题：

(1) 配送问题的规定。零售商经营的商品一般周转率都比较高，要保持充分的商品供应，商品配送是一个十分重要的问题。许多连锁商店设有自己的配送中心，这一问题相对容易解决，但许多商店是单体商店或小型连锁商店，自己的配送能力有限，必须全部或部分依靠供应商的配送，此时商品配送问题就成为谈判中一个主要内容。因此，商店应在配送的方式及配送的时间、地点、配送次数等方面与供应商达成协议，清楚地规定供应商的配送责任，以及若违反协定必须承受的处罚。

(2) 缺货问题的规定。缺货是零售经营的大敌，不但损失了销售机会，也有损商店形象。对于供应商的供货，若出现缺货的现象，必然会影响销售。因此，在谈判中要制订一个比例，明确供应商缺货时应负的责任，以约束供应商准时供货。

(3) 商品品质的规定。进行商品采购时，采购人员应了解商品的成分及品质是否符合国家安全标准和环保标准或商标等规定。由于采购人员的知识所限，不能判断所有商品的各种成分及技术标准，因此，在采购时，必须要求供应商做出合乎国家法律规定的承诺，提供相应的合法证明。对于食品，还必须要求供应商在每次送货时提供相应的检验报告。

(4) 价格变动的规定。零售商与供应商往往建立的是一种长期的供货关系，在这期间，零售商应当希望供应商的商品价格保持不变。但由于供应商的商品成本因素会出现意外情况，如原材料成本上升或原料供应减少造成供不应求或薪金上涨，价格的变动自然在所难免，但在谈判时仍需规定供应商若调整价格必须按一定程序进行，取得零售商的同意。

(5) 付款的规定。采购时，支付的货款天数是一个很重要的采购条件，但需对支付供应商的方式有所规范。例如，将对账日定在每月的某一天，付款日定在某一天，付款时是以现金支付还是银行转账等，都要有一系列规定，并请双方共同遵守。

【小知识】

账　期

生产商或批发商在规定时间内给予零售商一定全额的信用额度，零售商在信用额度内不用付款就可以进货，但是在规定时间内必须回款，这个规定时间内的周期就称为账期。零售商的额度和账期一般可以根据合作的情况进行调整，回款信用越好，则额度会越大。零售行业会出现拖欠货款情况，供货厂商会尽力避免账期，尤其是对小零售商，一般要求全款提货；但对大的零售商，供应商一般给予一定的信用，因此导致账期；还有一些供货企业，为了扩大市场份额，会提供比竞争对手优惠的账期，由此也可能会导致信用风险。

2. 签约及合同管理

采购合同是买卖双方为实现一定的经济目的而依法订立的明确双方有关权利义务的一种书面协议。它对双方当事人都具有法律约束力。合同一旦签订，任何一方不得强迫对方接受不平等条件，也不能单方面撕毁合同，否则将受到法律制裁。对于供应商，其商品第一次进场销售，双方往往先签订一个试销协议，期限不等，一般为三个月或更短。待试销期满，试销成绩合格的商品，零售商可以与供应商签订正式的采购合同，建立长期的供销关系。

采购合同的具体内容由以下几方面构成：

(1) 采购商品的名称。合同上应注明商品的生产厂名、牌号或商标、品种、型号、规格、等级、花色等。

(2) 采购商品的数量、价格和质量。数量和价格经购销双方协定。对于质量，合同可以规定多种鉴别方法，一是直接观察法；二是以样品为标准鉴别；三是以牌号为依据鉴别；四是以标准品级为依据鉴别。

(3) 采购商品的交货地点及交货时间。交货地点包括现场交货、船上交货、车站交货、到库交货；交货时间分别有立即交货、近期交货、远期交货。

(4) 采购商品货款的支付。货款的支付包括结算方式、开户银行、账户名称及账号，是当时付款还是预付货款、约定期付款等。

(5) 其他事项。其他事项包括供应商的售后服务、对消费者的承诺、应支付的各种进场费、赞助费等。

(6) 违约责任及违约金。采购合同一经签订就正式生效，买卖双方必须严格执行，任何一方不得随意毁约。如遇特殊情况，一方需要修改的，需经对方同意。在合同执行过程中，如果发生纠纷，双方应充分协商，尽量要求合理解决。协商不成的，可由中介机构出面调解，调解不成的可直接向法院起诉，由法院做出裁决。

(五) 商品导入作业

当零售商与供应商签订采购合同后，商品就开始被引进商场销售，工作人员需要对引进的商品进行各种销售前的准备工作。这个阶段包含了零售商从实体上处置商品的一系列过程，如进货验收、退换货、存货、标价、补货上架等作业。

1. 进货验收作业

1) 卸货

进货作业是从商品自运输工具上卸下来开始的。理想的卸货应在室内进行，以避免因气候、多余的外包装或交通阻塞等因素而发生损失，但由于商店内寸土寸金，大多数卸货仍在室外进行。这里要注意避免营业时间在商店门口卸货，这样会阻碍顾客的进入，减少销售机会。一些商店对送货车统一配锁，锁匙配置给各商店，当货物到达商店后，再由商店开锁卸货，这样，司机便会省去许多麻烦，当出现商品短缺，商店可直接找厂商或配送中心的配货员交涉。

2) 核验

商品从送货车上卸下后，未拆卸前，应在司机面前验收箱数是否正确，以及外包装是否完好无损。如有任何破损或已开的箱子，或箱数短少，都应在司机带来的送货单上注明。无论是否短缺，送货单都必须有司机签名，如果将来对破损有争议，司机的签名是很重要的依据。核验商品必须及时、迅速、准确，做到随时进货随时验收。

3) 收货记录

当商品验收后，验收员还必须做好验收记录。验收记录是进行商品验收的书面记载，内容一般包括：收发货单位名称，凭证号码，实收商品数量、规格、质量，数量差额和质量不符程度，验收日期、地点，验收员等。许多商店直接以送货单作为收货记录，上面注明实收商品数量及差额并有验收员及司机的签名，作为日后会计记账和商店盘存的依据。

2. 退换货作业

退换货主要由如下原因造成：品质不良、订错货、送错货、过期品、滞销品、商品标示不符等。商品退换，一般不大为厂商所接受，除非证明品质不良或标示不符，因此，必须事先约定协议。退换货作业可单独进行，也可与进货作业相配合，利用进货回程将退换货带回。在退换货作业上应注意：

(1) 厂商确认，即先查明待退换商品所属的厂商或送货单位。

(2) 填写退换货申请单，注明其数量、品名及退换货原因。

(3) 退换商品要妥善保管，应划专门区域暂存，整齐分类。

(4) 一旦确认商品不符合要求，要迅速联络厂商办理退换货。

(5) 退换货时确认扣款方式、时间和金额，退换货最好定期办理，如每周一次或每10天一次。

3. 存货作业

已进货商品不可能全部陈列在商店货架上，有一部分则进入仓库暂时保管。将各项商品分类管理，使工作人员对商品的位置一目了然，补货上架工作才能顺利完成。存货作业同进货作业一样都是商品销售的基础。每一个商店的仓库空间都是有限的，必须进行有效的商品库存，使得在满足销售要求的前提下，库存商品占用空间最小化、放置最优化。库存商品需要定位，即将不同的商品按分类、分区域管理的原则来存放，并用货架放置，勿在指定的场所外放置商品。区位确定后应制作一张配置图，张贴在仓库入口处，以方便存取。如果物流配送跟得上的话，商店最好不设仓库，而实现零库存经营，这样可以大大节省库存费用，降低经营成本，增强商店的竞争力。

4. 标价作业

不管何种业态的商店都要在每一个陈列的商品上标上价格，以便于顾客选购和收银员计价。标价是指将商品代码和价格用标价机打在商品包装上，并在商品陈列处的货架或陈列柜的价格标签上标明价格。标价作业应注意整洁准确，易于查看，并具有一定的持久性。标价作业最好不要在卖场进行，以免影响顾客的视线和行动，因此，可在配送中心标价或要求厂商代为标价。当商品减价、涨价，或商品退货、标签污损、遗失时，都需要重新标价。如果是将原价格调高，应将原标签去掉，重新打上标签，以免顾客产生抵触心理；若是调低，则可以在原标签上打贴新价格，以让顾客知道减价的事。要注意的是，一件商品上不能出现两种价格，以免招来争议。

5. 补货上架作业

补货上架作业是指将标好价格的商品，依照既定的陈列位置定时或不定时地补充到货架上或商品陈列处。定时补充是指在营业高峰时段补充；不定时补充是指随销随补，即只要卖场上的商品即将售完就需要立即补充。补货上架应注意：

(1) 预先制订好商品配置表。商品配置表应按每个货架设计，每种商品应陈列于何处，陈列多少量，应十分明确。理货员应严格按照商品配置表上的说明，将商品正确陈列到货架上。

(2) 对于食品，补货时应按先进先出的原则，将原有商品取下，清洁货架及原有商品，接着将补充的新货放到货架的后段，再将原货放在前段。补货工作与商品陈列技巧密切相关，可以参看商品陈列的有关内容。

（六）再订购商品

对于试销符合业绩的商品，零售商会确定为正式销售的商品，此时，商品的采购就不止一次，而是一种连续发生的行为，零售商往往需要制订再订购计划。再订购计划的制订要考虑以下几个关键因素：

1. 订货和送货时间

对于零售商，处理一份订单需要花多长时间？对于供应商，履行订单并将货物送达要花多长时间？零售商需要掌握处理订单的时间，以便早做打算，计算出当库存降到什么水平时，订购的货物刚好能到达商店，既不会导致商品脱销，也不至于造成商品积压。

2. 财务支出

不同采购方案下的财务支出是不同的。大批量订货可以获得较大的数量折扣，使单位商品进价较低，但大批量进货需要大量现金支出，增加了资金压力；小批量订货无法享受价格优惠，使商品进价较高，但小批量订货无需占用太多资金，增加了资金的使用效率。零售商在订购时需要权衡两种方案的利弊。

3. 订货成本和储存成本

订货量大，一定时期订货的次数就会减少，相应的订货成本也会降低，因为较高的数量折扣、较低的单位运输成本易于控制和处理；但订货量大也会使一定时期商品的储存成本增加，商品损坏和过时的可能性大。订货量小，一定时期订货的次数就会增多，相应的订货成本也会增加，因为较少的价格优惠、较高的单位运输成本使额外的服务支出及控制和处理过程更复杂；但订货量小会减少一定时期商品的储存成本，商品损坏和过时的可能性也小。零售商在再订货时需要权衡这两种成本，最佳情况是订货批量使订货成本和储存成本的总和为最低值。

4. 存货周转率

存货周转率(Stock Turnover)也是零售商制订再订购计划要考虑的一个重要指标。存货周转率表示特定时期内(通常为一年)现有存货平均销售的次数。它可以按商品数量或金额计算，其计算公式如下：

$$存货周转率 = \frac{净销售额}{平均销售的存货量}$$

$$存货周转率 = \frac{售出商品成本}{平均的存货成本}$$

存货周转率的两个计算公式没有什么区别，其选择取决于零售商所采用的会计制度。

1) 高存货周转率的优点

(1) 提高销售额和资金利用率。快速的存货周转率可以增加销售额，提高投资效益。因为滞留在存货上的资金会解放出来，可以购买更多的商品，创造更多的盈利机会，顾客也可以买到新货品，而且新货品要比旧货品、磨损的商品更吸引人注意，刺激顾客的购买欲望。

(2) 降低商品贬值风险。时尚商品和易腐商品的价值在它一摆上货架时，就开始贬值了。当存货销售很快时，货架上的商品经常是新上的，由型号和款式变化而引起的损失相应减少。

(3) 提高售货员的士气。快速的存货周转率，以及由此而来的新鲜商品可以使售货员感到兴奋，商品也不会在商店里磨损。当售货员士气高涨时，他们会更加努力工作，从而进一步提高销售额和存货周转率。

(4) 减少费用。高存货周转率可以降低与存货有关的一切费用(如利息、保险费、商品损失及仓库保管费等)。

零售商可以通过多种不同的策略来提高存货周转率，如减少经营商品品种、对滞销商品不经营或只保留最低存货，高效及时地采购商品，采用反应迅速的存货计划及利用可靠的供应商等。

2) 高存货周转率的缺点

(1) 为了获得高存货周转率，零售商会经常性地小批量采购商品，这样做可以降低平均存货量，而且不会降低销售额。但是，小批量购货会提高商品成本，因为这可能丧失数量折扣并增加运费。

(2) 存货周转率高可能是由于商品组合窄而浅引起的，这样商品的选择性较差，从而失去一些顾客。

(3) 如果零售商采取低价格以加快库存周转的话，会导致单位商品利润降低。

因此，零售商应该努力保持存货周转率的平衡，过快和过慢的存货周转率都可能会带来一定的损失。

第二节 商品采购决策

一、商品采购数量的确定

商品采购数量的确定会影响到商品销售和库存，关系到销售成本和经营效益。商品的采购数量取决于商店的采购方式是大量采购还是适量采购。

（一）大量采购

大量采购是商店为了节省采购费用，降低采购成本而一次性把一种商品大批量地采购进来。这种采购方式的优点是可以降低一次性采购成本，获得进货优惠；缺点是需要占用大量资金和仓储设施。大量采购的商品数量一般很难找出规律性，主要依靠商店的经营需要、仓储条件和采购优惠条件等情况而定。大量采购一般适合以下几种情况：

1. 在市场中需求量巨大的商品

有些价格弹性较大的商品，价格降低一定幅度以后，可以引起需求量迅速扩大。有些商店针对这一点，采取大量进货，压低进货成本，再通过薄利多销的促销策略吸引消费者购买，从而加速商品周转。对于这些价格比较敏感而大量销售的商品，可以采取大量采购的方法。

2. 在共同采购方式下采购的商品

共同采购是许多独立中小商店为降低采购成本而联合起来的一种联购分销的采购方式，在国外零售业中非常普遍，而在国内这种联盟相对较少见。在这种采购方式下，尽管具体到每一个企业采购量不大，但各个企业联合起来采购，聚沙成塔，可以采用大量采购方式。

3. 供货不稳定的商品

有些商品的供应时断时续，没有规律可循。当市场上供应这种商品的时候，商店便大批量采购并储存起来，供以后陆续销售。这种情况下，商店必须准确估计需求量以及商品供应不稳定的缺货时间，否则商店会承担商品积压的风险。

（二）适量采购

适量采购就是对市场销售均衡的商品，在商店保有适当的商品库存的条件下，确定适当的数量来采购商品。适量采购的关键是确定适当的采购数量，如果数量不当，将直接影响企业销售，增加进货成本。这一适当的采购数量被称为经济采购批量。尽管经济采购批量是理论上的一个数字，但商店需要测算出这一经济采购批量，为实际的采购工作提供参考。

对于商店而言，采购中经常会出现这种问题：如果采购商品过多，会造成商店商品的保管费用增多，资金长期被占用，从而影响资金的周转和利用率；但如果商品采购太少，不能满足顾客的需要，会使商店出现商品脱销，失去销售的有利机会，而且又要保证商品供应，势必增加采购次数，频繁的采购会增加采购支出。

为了避免出现商品脱销和商品积压两种经营失控的现象，有必要确定最恰当的采购数量，即经济采购批量。经济采购批量与采购费用和保管费用有着密切的关系。

(1) 采购批量与采购费用成反比例关系。因为在一定时期内的采购总量不变的情况下，每采购一次商品，就要耗费一次采购费用，所以每次采购批量大，采购次数少，采购费用也就少；反过来，采购批量小，采购次数多，采购费用也就多。

(2) 采购批量与保管费用成正比例关系。因为在一定时期内采购总量不变的情况下，每次采购批量大，平均库存量也大，保管费用支出就多；反之，采购批量小，平均库存量也小，保管费用就少。它们之间的关系如图 5-2 所示。

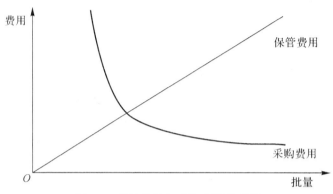

图 5-2　保管费用与采购费用关系图

采购费用与保管费用对一次性采购批量的要求是不同的。从商店经济效益来考虑，要使这两种费用都能节省，就必须寻找一个最佳采购批量，使两类互相矛盾的费用加起来的总费用最小。经济采购批量就是使采购费用与保管费用之和减少到最小限度的采购批量。其计算方法如下：

$$Q = \sqrt{\frac{2KD}{PI}}$$

式中：Q 为每批采购批量；K 为商品单位平均采购费用；D 为全年采购总数；P 为采购商品的单价；I 为年保管费用率。

例如，某商店预计全年销售某种商品 800 件，已知每件商品的采购费用是 0.5 元，单价为 20 元，年保管费用率为 2.5%，求最经济的采购批量。根据上述公式可得：

$$Q = \sqrt{\frac{2 \times 0.5 \times 800}{20 \times 2.5\%}} = 40 \, (\text{件})$$

通过上述计算可知，每次采购数量在 40 件以上或 40 件以下的年度总费用都高于 40 件采购批量的年度总费用。只有每次采购批量在经济采购批量附近时，才使年度总费用最小；如果远离经济采购批量而去盲目进货，都不可能取得良好的经济效益。

零售商在计算出商品的经济采购批量后，还要考虑到实际需求、数量折扣及可变的订货成本和占有成本等方面的变化，才能确定实际的采购批量。

二、商品采购时间的确定

确定了采购商品的品种和数量后，还要确定什么时间采购，以保证无缺货现象发生。这里的商品采购时间是指再订购商品的时间。每种商品都会有一定的采购季节，适时采购不仅容易购进商品，而且价格也较为便宜，过早购入会延长商品的储存时间，导致资金积压。因此，零售商应权衡利弊，选择合理的采购时间。

（一）定时采购

定时采购就是每隔一个固定时间采购一批商品，此时采购商品的数量不一定是经济批量，而是以这段时间销售掉的商品为依据来计算的。

定时采购的特点是：采购周期固定，采购批量不固定。

定时采购的采购周期是根据企业采购某种商品的备运时间、平均日销售量、企业储备条件、供应商的供货特点等因素而定的，一般由企业预先固定，为10天、15天或更长时间。采购批量则不固定，每次采购前，企业必须通过盘点了解商店的实际库存量，再定出采购批量。其计算公式为

$$采购批量 = 平均日销售量 \times 采购周期 + 保险储备量 - 实际库存量$$

其中，保险储备量是防止由消费者需求发生变化和延期交货引起的脱销的额外库存量。

例如，某商店日销售某件商品30件，保险储备定额为5天需求量，订货日实际库存量为500件，进货周期为30天，则

$$采购批量 = 30 \times 30 + 5 \times 30 - 500 = 550 \, (件)$$

从上述例子中可以看出，进货周期为30天，一般情况下，采购批量应为900件，而现在这批只需采购550件，说明实际库存严重超储，必须在采购时做适当调整。

定时采购的优缺点是：采购时间固定，因而可以做周密的采购计划，便于采购管理，并能得到多种商品合并采购的好处；但由于这种采购方法不能随时掌握库存动态，易出现缺货现象，盘点工作较复杂。

（二）不定时采购

不定时采购是指每次采购的数量相同，而每次采购的时间根据库存量降到一定点来确定，也称为采购点法。

不定时采购的特点是：采购批量固定，采购时间不固定。

不定时采购的采购批量可以参考经济采购批量的计算方法，采购的关键是确定采购点的库存量，如图5-3所示。

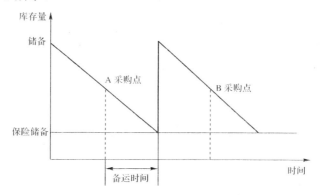

图5-3 不定时采购的采购点和库存

由图 5-3 可知，从 A 采购点开始到可以销售，一般需要一定的间隔时间，不可能随进随销。这段间隔期也称为备运时间，包括：商品在途运输时间、商品验收入库时间、销售前整理加工时间、其他时间。

在这段时间内，存货通过逐日销售下降，如果存量下降到 A 采购点而不开始采购，则商店就会冒脱销的风险；如果存量尚未下降到 A 采购点就提前采购，则企业要冒积压的风险。因此，当库存量下降到 A 或 B 采购点时，是开始采购的最适当时间。

采购点的计算公式如下：

$$采购点 = 平均日销售量 \times 平均备运时间 + 保险储备量$$

例如，某商品平均日销售量为 30 件，备运时间为 10 天，保险储备量为 150 件，则

$$采购点 = 30 \times 10 + 150 = 450 （件）$$

因此，当商品库存量超过 450 件时，不考虑采购；当降到 450 件时，商店就及时按预定的采购数量或经济采购批量进行采购。

不定时采购的优缺点是：能随时掌握商品变动情况，采购及时，不易出现缺货现象；但是，由于各种商品的采购时间不一致，因此难以制订周密的采购计划，不便于采购管理，也不能享受多种商品集中采购的价格优惠。

第三节　零售商与供应商的关系

流通产业是国民经济的基础性和先导性产业，对提升消费水平和引导产业转型升级意义重大。零售商与供应商作为市场流通最基本的主体细胞，连接着生产和消费，对降低流通成本、提升流通效率、扩大消费和保障市场平稳运行发挥着重要作用。但零供关系既有协调一致、互利共赢的一面，也存在着利益分配的差异和矛盾。深化零供合作，促进零供关系和谐发展是搞活流通、扩大消费的重要途径。

一、零供矛盾

（一）零供矛盾的表现形式

1. 零售商占据相对优势地位

目前，零售商压低进货价格或者要求供应商返佣金、给折扣，已成为其吸引消费者、争取市场份额、获取竞争优势的主要手段。零售商会在合同中添加严格的附加条款，如商家可以延期付款，无条件退货等，要求供应商必须遵守，否则就视为违约行为。

同时，中小供应商需承担各种名目的进场费以及苛刻的还款条件。零售商以低毛利、少收益为代价引进著名品牌来迎合消费者的需求，但向那些品牌影响力较弱的中小供应商收取更多的进场费。因此，零供矛盾主要表现在中小供应商与大型零售企业之间。

2. 零售商利用自有品牌抗衡供应商

一些实力雄厚的零售商采取后向整合的方式，向上游生产环节延伸，整合生产资源，开发自有品牌与供应商的品牌抗衡。国外大型零售商开发自有品牌已经很成熟，百货店的

自营与联营比例约为3：7，沃尔玛、家乐福、乐购等零售企业都拥有自有品牌；而我国连锁超市的自有品牌与供应商品牌的竞争方兴未艾。

3."网上通道费"初现端倪

在国内各种零售业态的成长性上，网络购物已连续多年保持第一。尼尔森调查报告称，我国二线城市中有43%的受访者表示会更多依靠网上购物来寻找最实惠的商品，一线城市的这一比例则高达73%。网络零售以远高于传统零售行业的增长速度冲击着传统零售渠道，传统零售商也纷纷试水网络零售，以电子商务的方式满足消费者的需求，电商改变零售业的格局已经开始。

网络购物在冲击传统零售和批发业的同时，一些不好的商业"习惯"也开始显露，出现了与大型实体零售店非常相似的"食利型"盈利模式。交纳进场费和按销售额扣点正在成为国内电商平台的交易潜规则。如某些大型网络电商平台实行了"平台使用费+交易佣金"的收费模式，每个网店年服务费数千元，交易佣金按照"销售额×类目费率"计算缴纳金额。平台使用费实质就是网上"通道费"，交易佣金则是网上的"销售扣点"，这些在零售实体店中正在被清理整顿的行业陋规开始在网络销售平台上大行其道。

4.消费者为零供矛盾埋单

商超乱收的费用最终会转嫁到消费者头上，使消费者成为零供矛盾中真正的冤大头。由于商场超市对供应商加收各种不合理的进店费、促销费、广告费等，因此可能使原本1元的商品售价提高到1.3元。为了确保销售利润，供应商将超市向他们收取的费用分摊到商品的供货价上，从而转嫁给消费者。当各种乱收费被附加到商品售价后，大型商超的价格优势很难得到全面释放，已经影响了零售行业的健康成长。大多数供应商认为，如果没有这些乱收费，商超里的物价至少可降一至两成。

(二) 零供矛盾的主要原因

在买方市场的状态下，大部分供应商追逐着零售商，受制于零售商，极易引发供应商与供应商、供应商与零售商之间的矛盾和利益冲突。

1.商品供求失衡

我国大部分商品处于供过于求的状态，对零供关系的影响很大。自从买方市场逐渐形成，产品种类丰富，同质性增强，不同品牌的同种商品竞争日益激烈。大多数供应商以中小企业为主，在产品销售渠道上严重依赖零售卖场。有限的渠道资源、无限的商品资源制造了零供双方矛盾，"渠道为王"的现实依然无法改变。麦肯锡公司曾预言："未来中国零售业60%的零售市场将由3～5家世界级零售巨头控制，30%的市场由国家级零售巨头控制，剩下10%的市场则掌握在区域性零售企业手中。"由于产品同质化竞争日益激烈，因此制造业对销售渠道的争夺已呈白热化，谁能获得主流渠道的青睐，谁就能在市场竞争中站稳脚跟，"供过于求"的局面使大型零售商处于绝对优势地位。

2.市场资源配置不对称

就市场资源分配而言，零售企业相比生产企业拥有三种宝贵的通道资源，即销售对象—顾客、销售客体—商品、销售空间—货架。为通过这些资源获得更高的销售利润，供应商支付了一定的通道费用，从根本上可以说是一种等价交换的关系，是正常的市场交易行为。供应商希望产品在市场上获得有价值的宣传，希望支出的费用其收益最大化。据统计，美国制造商的促销费有30%用于媒体广告，70%投放于渠道中，包括宣传材料、促销活动和卖场相关活动等的费用。制造商在渠道中支付适当的费用是经济运行中的正常活动。对制造商或供应商而言，符合消费者需求的商品是其最宝贵的资源，但这一资源要依赖于零售商才能得以实现。因此零售企业处于整个产业供应链的主导地位，但如果零售企业滥用相对优势地位，向生产企业收取不正当的费用，则必然引发零供矛盾。

3. 现代信息技术水平低

高效的信息技术水平可以将信息流快速转化成物流和资金流。随着我国大型连锁零售企业的规模化跨区域发展，信息技术的应用广度与深度不断扩大，商业竞争将更多地利用信息流在供应商资源和物流资源等领域展开，建立工业化运营模式，实现零售企业的规模扩张。但现阶段我国流通领域信息技术水平不高，产需双方难以共享信息，对市场需求不能做出快速反应，无形中加大了物流成本，使资金周转周期延长。据中国连锁经营协会统计，尽管我国有80%左右的流通企业不同程度地采用了信息管理技术，但大部分仅限于简单的数据统计功能，对数据的深层挖掘和分析功能没有体现，而且各个信息单位互相分割，信息无法共享，特别是生产企业不能很快了解市场的需求，或者掌握需求后不能很快将商品送达消费者手中。

4. 供应链管理效率低

物流标准化和信息化程度低、缺少物流方面的专业人才、物流基础设施建设落后和重复建设突出是我国现阶段物流和供应链管理的掣肘，直接导致零售商的运营成本增加。为了获得更高的利润空间，零售商向供应商索取各项费用，从而加大了供应商的供货成本，在无形中吸食了供应商的利润，增加了零供双方爆发冲突的可能性。所以，零供矛盾究其根源是整个产业链条出现了问题，零售商的运营成本费用已经不再是过去简单的进销差价所能涵盖的了。降低物流成本，从宏观上说，有利于充分提高资本使用率，促进生产增长；从微观上说，企业物流成本降低，会增强市场竞争力，提高盈利水平，从而缓和零供矛盾。

(三) 零供矛盾的深层原因

现代零售业的连锁化发展和信息技术的使用是区别于传统零售业的重要因素，这些区别给现代零售业带来了前所未有的机遇，现代零售业逐渐掌握了供应链的主导权。其中，连锁化经营模式是推动零售商掌握供应链主导权的关键因素，零售商依靠连锁化发展使自己有能力拥有某个区域市场举足轻重的市场份额，零售商所占有的市场份额表示供应商的产品在此区域市场中理论上所拥有的市场份额(不包含网络零售和直销)。

现代零售业开始掌握了对营销因素的控制权，而这些营销因素的控制权是传统零售业所没有的。这些营销因素主要体现在产品组合、定价、陈列和促销等方面。虽然是基本的营销术语，它们的内涵也没有发生根本性变化，但是控制这些营销因素的主导者发生了变化，即由供应商控制改变为由零售商控制，而传统零售商对这些营销因素却几乎没有任何作为。如表5-1所示，从传统零售业发展到现代零售业的过程中，营销因素的控制权随之发生了转移。

表 5-1　营销因素控制权的转移

营销因素	传统零售业	现代零售业
产品组合	被动接受供应商的产品	根据顾客需求和自身的利润要求而选择商品
定　价	接受供应商的价格建议	根据顾客需求和竞争对手情况而调整价格
陈　列	接受供应商的陈列建议	根据分类和顾客需求自主设计陈列
促　销	执行供应商的促销计划	拥有了各种店内促销资源，主导促销计划

1. 产品组合营销因素控制权的转移

传统零售商往往被动地接受供应商提供的产品(虽然供应商的新产品仍然需要说服零售商接受，但是某家零售商接受与否，对供应商的推广来说几乎没有影响)，因为单独的零售门店对整个市场来说影响很小，而且传统零售商往往是在没有任何营销主见的前提下考虑是否接受供应商的产品，他们所考虑的最关键因素是产品给他们带来的毛利如何。供应商还可以通过广告、促销和推销等手段打动零售商，使他们几乎可以分销供应商的所有产品。

但是，现代零售商对于产品的选择更加理智和富有经验，他们为了增加自己门店的竞争力，会根据顾客的需求来选择适合的产品组合，他们并不轻信供应商的推销，只有那些适合零售商需要的产品才能进入其商品组织表中。而且现代零售商对每个分类都有很清晰的利润标准，比如当某个商品由于毛利贡献太低而可能导致零售商整个分类的毛利无法完成指标时，那么这个商品可能不会被接受，或者要被清除。更确切地说，某个零售商货架上所陈列的供应商的产品并不是供应商所有的产品，供应商的有些产品是不被零售商接受的。一个很好的例子是零售商对商品的清除管理，零售商一般会挑选出销售排名最靠后的一部分商品，确定为将被淘汰的产品范围，然后在这些商品中再挑选出毛利率低的商品，它们就是最终需要淘汰的对象。虽然每家零售商的具体操作方法不同，但其管理思路是大致相似的。我们看到，在这个过程中，完全是零售商的独立思考，虽然他们分析的是供应商的产品，但是并不需要供应商提供意见，零售商在产品组合中的主动权在此表现得淋漓尽致。

2. 定价营销因素控制权的转移

传统零售商的定价权和能力非常弱，当然包括进价的谈判和零售价的制订。毫无疑问，传统零售商在产品供价上是没有机会与供应商讨价还价的，因为他们没有任何谈判筹码，供应商也习惯于制订产品在各渠道环节中的价格。而且零售价格也被供应商牢牢地控制着，传统零售业也已经习惯了接受供应商在价格上的指导和管理，他们不会定期到附近的竞争门店做价格调查，更没有复杂的变价流程，在一个城市所有的零售店几乎执行的是完全统一的市场价格。在这个阶段能对价格造成一定影响的渠道成员只有批发商，他们对生产商的产品进货价(包括销售折扣和账期)和出货价有一定的谈判能力。

现代零售商在谈判桌上步步紧逼，不仅要求最低的供价，还找了各种理由向供应商索要费用，供应商几乎无力阻挡自己的毛利被一点点榨干。供应商对商品的零售价更是失去了控制力，零售商经常告诉供应商："这些商品是我们买的，所有权是属于我们的。"更令供应商头疼的是，零售商们往往有着不同的价格策略，比如沃尔玛的天天低价和家乐福的超低售价，沃尔玛根据自己所选出的敏感分类，降低商品的零售价格，只给自己留出最低的毛利率，这样强化了自身的价格形象。同样地，家乐福在所有商品中挑选出高敏感商品和敏感商品，并慎重地选出竞争对手，然后派人定期做价格调查，然后根据自己制订的价格指数，调整零售价。例如，如果高敏感商品在某城市的价格指数是95%，即比竞争对手的零售价低5%，这同样达到了提升自身价格形象的作用。尽管供应商采取了各种价格措施，如制订建议零售价，规定最低售价，甚至有些供应商有细致的针对价格控制的断货流程(即如果零售商破价将停止供货等)，但是仍然没有人能有效地阻止零售商自主的定价行为，这也包括那些消费品巨头，诸如宝洁、可口可乐等。因此，现代零售商的定价完全是根据顾客的需求和竞争的需要，他们很少考虑供应商对价格的要求。

3. 陈列营销因素控制权的转移

对于传统零售商来说，商品陈列技术几乎是没有听说过的，他们的货架陈列只是简单的商品堆积。而且他们的货架陈列无疑会受到供应商的强烈影响，各个供应商会根据自己制订的陈列原则给零售店以指导，零售店还会对供应商提供的陈列指导和POP感激不尽。其实他们并不清楚，供应商有着自己的算盘，他们所有的陈列指导当然是有利于自己产品销售的，而肯定是不利于其竞争产品的，但是零售店的店主不知道，也许那个给他很多陈列指导的、令他感激不尽的供应商的产品毛利贡献很低，而被他放到货架角落的另外一个同类产品却是能给他带来高毛利的商品。

但是现代零售商对货架的陈列有着不可动摇的绝对权力，零售商会说："货架是我们的，如何摆放商品当然是我们说了算。"此时供应商感受到了更大的无奈和失落，他们的陈列指导书和生动化设计在零售商门店那里失去了魅力，零售商通常对他们的指导书不屑一顾，供应商梦寐以求的集中陈列难以执行了，除非付出比竞争对手更大的代价。现代零售商在陈列设计时，一般是以分类为陈列单位，而且每个分类中商品的陈列原则所考虑的关键因素是顾客对此分类商品的购买习惯。例如，在食用油分类中零售商一般不会按照供应商的品牌来陈列，而是按照油种来陈列，顾客在货架上可以看到依次按茶油、葵花籽油、花生油、大豆油等陈列。又如，在牙膏分类中，顾客如果习惯于首先选择品牌，然后选择牙膏的功能，那么零售商的陈列设计原则也可以按照品牌进行陈列。

4. 促销营销因素控制权的转移

如果提及促销，那么传统零售商的弱势就更加明显了。传统的零售店基本上没有自己主导和设计的促销能力，而且他们单独的门店也没有更多的促销资源，因此促销完全掌握在供应商手里。不管是降价促销还是赠品促销，零售店主都只能翘首以待供应商的"恩赐"，想方设法多要些促销品。供应商推出的各种促销活动，店主只能被动等待和接受，而且等来的往往是大家都一样的促销，零售店主会看到彼此都在同样的时间以同样的形式促销同样的商品，其实这样的促销活动无法为零售店带来忠诚的顾客，最多只能达到提升销量的作用。

供应商针对消费者的促销要通过零售商的门店作为载体来体现，但是现代零售商有了更多的想法，他们力图更多地控制促销，这是因为他们有了更多的促销资源。在一次以促销为主题的研讨会中，我们从几个角度归纳了零售商所拥有的促销资源，如图5-4所示。这是从促销类型上进行的归纳，零售商的促销资源从店内促销到非店内促销，出现了多种促销资源，如最熟悉的DM、地堆、季节区等，这些促销资源为供应商的产品提供了更多促销和展示品牌的舞台。虽然在各种促销中展示的都是供应商的产品，但是零售商并不是为了增加供应商的品牌影响力，而是为了营造自己的价格形象，从而提升顾客对门店的忠诚度。零售商为了达到自己的目的，开始主导各种促销资源的使用，如一年中所有的海报主题都由零售商确定，地堆的使用计划也由零售商所控制。因此，供应商在促销合作中越来越感受到更大的压力，不仅促销的代价越来越高，而且供应商往往要面对这样的无奈局面：市场部精心设计的促销方案往往由于无法说服零售商而不能执行，好不容易谈好的促销活动在门店的执行过程中又面临着重重困难，最后使促销的效果大打折扣。

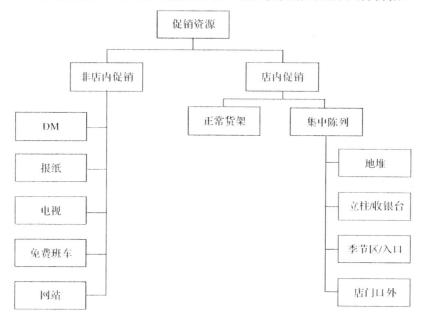

图 5-4　现代零售商的促销资源

零售商还可以充分利用供应商之间的竞争，为自己创造更大的利益。例如，当某个供应商拿给零售商一个促销计划时，其实他们的竞争对手也可能已经拿给零售商一个促销计划，这时零售商就会从容地对几个促销方案进行评估，当然他们会选择对自己最有利的那个促销方案，这种犹如拍卖式的促销方式使供应商痛苦万分。另外，当零售商面临激烈的竞争时，为了获得更多的顾客，他们会不断要求供应商提供次数更多、力度更大的促销，这时供应商不仅要投入更多的促销费用，还很容易由于过度促销而损害了品牌形象和定位，但是零售商是不会考虑这些的，你的品牌没有利润了，他们会马上再引进一个新品牌。毫无疑问，零售商控制着促销。

二、进场费问题

（一）进场费的起源

进场费又称通道费，是指产品的生产者为使产品进入销售商的销售渠道从而被消费者最终购买，而向销售商支付的费用。进场费的出现反映了商品经济由生产者主导向消费者主导转变。

早在 20 世纪 80 年代，当美国工业开始依靠计算机时，就出现了进场费。当时，不管增加或减少一个产品，计算机程序员都要重新编程，进场费用于支付编程费用，每个单品大约350美金，后来这个费用涨到了每店每单品1 000美元。于是，进场费从作为支付正常操作的费用变成了收入的一部分。

在中国，一些跨国公司称他们最初不收进场费，只想通过谈判获得更低的价格。但是，绝大部分公司都报告：他们没能通过谈判促成供应商足够的让步，最终还是采用了收取进场费的政策。收费额度为每单品500～100 000元不等，收费的多少因零售业态、网点数、销售额、产品而有很大差异，收取方式也非常灵活。如果一个公司不能付进场费，则零售商可能使用其他交易条款，如寄售或首次订货免费。另外还有返佣，依据产品销售额来计算，幅度为0.5%～3%不等。

实际上，进场费对大型供应商来说是十分有利的一种营销模式，他们凭借资金优势，可以利用进场费获得更有利的货架空间与更大的市场份额。供应商为了在众多的相互竞争的产品中获得有利的销售位置，需要通过竞争，向零售商支付一定的费用。例如，每年大约有1万种新的食品杂货类商品产生，而大型超市也仅能容下极少部分的新品上市，上市产品中也只有不到10%的商品的市场生命周期超过12个月。这就使得有限的零售货架空间成为供应商争相获取的稀缺资源。零售商面对如此众多的商品，也应该有权进行挑剔的选择，这也有利于供应商在商品生产与营销方面不断创新。

我国现实情况也基本如此。大供应商凭借雄厚的经济实力，可以按规定支付各项费用，并获得优质的货架空间。而且这些大供应商拥有消费者的品牌忠诚度，零售商也有求于他们。这其实是用金钱换取了市场，大供应商更愿意接受这种方式：一方面，零售商从这些大供应商处所能获取的进场费要低于平均水平；另一方面，这些大供应商支付一定的进场费以后占有了更多、更好的渠道与货架空间，使他们获得了很好的回报。

零售商以低毛利、低收益为代价引进著名品牌而迎合消费者需求，但向那些没有品牌影响力的中小供应商收取更多的进场费。同时，对中小供应商来说，预付固定金额通道费用的采购模式增大了他们的经营风险，在这种经营模式下，中小供应商处于不利的境地。

(二) 进场费的合理性分析

评价一项费用是否合理，要看费用支出能否获得对应的收益。就此分析，不难得出进场费具有一定的合理性。

(1) 零售商专事销售提高了交易效率。

产品从工厂不经中间环节直接到达消费者手中，在商品经济初期是可能的。但随着社会化生产的发展，产品种类日益丰富，分工日益细化，消费者需求也呈个性化。为满足交易效率的要求，厂商与消费者的联系必然要通过零售商来进行。超市能提供场地、货柜，还有更为重要的客源，使各类商品从不同的厂商那里集中起来，再分散给四面八方的消费者，大大提高了交易效率。因此零售商所提供的客源、场地、货柜就成了一种宝贵的经济资源，生产者要利用这些资源就应支付费用。

(2) 零售商对产品有增值作用。

产品从出厂至到达消费者手中，要经过包装、运输、储藏等多个环节，而零售商就是这项任务的完成者。通过商品的运输、包装、储藏、宣传，再分门别类地摆放商品供顾客挑选，有的超市还提供质量保障和一定的售后服务，使产品的价值得到增值，增值的这部分价值包含在商品的最终价格中，必然要求受益者即生产者来给予补偿。

(3) 零售商的经营成本要用进场费来弥补。

同生产一样，超市从事销售也会有高额成本。例如，经营一家中等超市要求面积在 1 000 平方米以上，大型超市则达 2 500～5 000 平方米，要精心营造良好的购物环境、购置 POS 机等现代化设备，投资巨大。超市的商品实行自选还会带来较高的损耗率和失窃率。超市固有的低价特性使得这些成本不能完全地通过商品的买卖差价来得到弥补，必然会转向产销链中，要求生产商让渡一部分生产利润。

(三) 进场费的负面影响分析

零售商具有很大的控制零售终端的力量并表现出潜在的反竞争倾向。这是典型的"买方垄断力"。大型零售商收取进场费的买方垄断行为，对公平交易的危害是显而易见的。

(1) 限制竞争。

如果供应商在与大型零售商交易中处于排他性位置，那么竞争性伤害将会出现。供应商会运用支付进场补助、保管费或者排他性协议来减少竞争企业的数量或者妨碍竞争者的竞争力，从而维持产品的垄断地位。事实上滥收进场费已经阻止了中小生产商获得超市货架空间。进场费中各种费用的支付使生产商减少了能创造消费需求的广告支出。对新产品收取高额上架费、推广费、试销费对于那些计划扩展生产线来满足新品种需求的生产商来说是一种限制，加大了开发新产品的成本。

(2) 损害消费者权益。

一般来说，买方垄断通常打着维护消费者权益的旗号，但实际上它所造成的低效率，对消费者转嫁的费用负担至少是双层的：上游企业缺乏竞争所造成的低效率和下游买方的双边垄断地位所造成的低效率，会双重地加价在消费者的购买价格中。除此之外，付不起费用的供应商，便无法将商品摆上超市的货架，新产品的开发会受到进场费的限制。这些都限制了消费者的选择权。收进场费行为长期持续下去的后果是导致零售价格的上涨趋势，或者是商品质量和服务水平的下降趋势，从而使消费者权益受到损害。在我国一些相关法律制度不健全的情况下还可能导致一些极端的行为。

(3) 零售企业经营管理能力下降。

由于可通过收取进场费预先取得利润，因此零售商很少运用价格竞争的方法来试图扩大销售。本质上，进场费为零售商之间的相互勾结提供了便利的条件。滥收进场费行为得不到遏制而成为普遍现象甚至商业习惯时，零售商便会放松内部管理和成本控制，不再有经营创新的动机，其市场角色也将从转售商品的中间商变为货架出租商。事实上也是如此，我国大型连锁超市的进场费有些已经超过了全年利润的总和，甚至是利润的几倍。大型零售商大量拖欠、占用供应商的资金，四处圈地造势，其表面繁荣的背后，却是自身经营风险的不断积累，一旦现金流出现问题，便毫无抵抗风险的能力。

(四) 进场费的整治

由于进场费有一定的合理性，因此完全取消是不可能的，只能去适应和对其进行规范。

1. 法律规制

继续完善《反垄断法》，培育公平竞争的市场体系。当前我国市场发育程度较低，市场主体的经营规模、产业构成、技术档次、经营意识、管理水平普遍不高，地区封锁、行业垄断等现象时有发生，一些关键性行业外资控制力不断加大，过度生产导致恶性竞争大打价格战的现象层出不穷。我们也特别需要关注互联网公司利用自己的网络平台优势而进行具有垄断嫌疑的商业行为。《反垄断法》适用于所有主体，对内资企业和外资企业、国有企业和民营企业、大企业和中小企业、互联网企业和传统企业一视同仁、平等对待，目的是要保障各类市场主体平等参与市场竞争。《反垄断法》也将不断完善法律体系以实现对可能存在的互联网平台的掠夺性定价、恶性竞争等垄断性商业行为进行规制。

2. 规范进场费行为

进场费应公平、透明。进场费属于一种价格行为，进场费的确定应当依据超市经营的成本、利润和税金等因素合理确定。进场费的征收应当由零售商与供应商事先签订合同明确约定，零售商不得在合同之外收取其他名义的、与商品直接销售无关的费用，不得随意扣除对销售商的应付货款，收费要建立规范的台账，依法纳税。

我国由商务部等联合公布的《零售商供应商公平交易管理办法》于2006年11月15日起在全国施行，其中规定：零售商店铺改造、装修时，不得向供应商收取未专门用于该供应商特定商品销售区域的装修、装饰费；未提供促销服务，零售商不得以节庆、店庆、新店开业、重新开业、企业上市、合并等为由收取费用。

3. 发展行业协会

我国应发展行业协会，健全进场费的社会监督体系。从现有的案例可以看出，行业协会在保障会员利益过程中发挥了很大作用。西方国家多年的行业协会发展实践证明，行业协会可以发挥良好的自我约束和监管职能、维权功能。我国应当消除行业组织发展的限制，鼓励企业自发组建行业协会，引导其在维护市场竞争方面发挥政府所不能达到的功能。行业协会可以根据市场变化，在会员企业间协商提出企业价格自律的意见，引导企业进行理性的合作；对不正当的价格行为，行业协会可以进行劝阻，或报请国家主管部门查处。

本 章 习 题

一、选择题

1. 以下属于集中采购优点的是(　　)。

A. 能适应不同地区市场环境变化，商品采购灵活

B. 对市场反应灵敏，补货及时，购销迅速

C. 可以提高一线部门的积极性，提高其士气

D. 可以降低采购费用

2. 适量采购时，某商店预计全年销售某种商品1 600件，已知每件商品的采购费用是0.5元，单价为40元，年保管费用率为2.5%，则该商店最经济的采购批量是(　　)。

A. 45　　　　　　B. 40　　　　　　C. 50　　　　　　D. 30

3. 以下对于进场费合理性的描述不正确的一项是(　　　)。

A. 零售商专事销售提高了交易效率

B. 零售商对产品有增值作用

C. 零售商的经营成本要用进场费来弥补

D. 零售商具有很大的控制零售终端的力量并表现出潜在的反竞争倾向

4. 经济进货批量法一般适用于(　　　)商品的采购。

A. 总量确定、供销平稳　　　　　　　B. 总量确定、供销不稳

C. 总量未定、供销平稳　　　　　　　D. 总量未定、供销不稳

5. 采购点是零售商据此来采购商品的(　　　)。

A. 时间　　　　　　B. 品种数量　　　C.库存水平　　　　D. 供货商地点

二、问答题

1. 采购制度的类型有哪些？每种采购制度的优缺点是什么？

2. 零售采购的流程是什么？

3. 采购谈判的主要内容有哪些？

4. 商品采购决策的内容有哪些？

三、计算题

某零售商全年欲订购某商品总量为 900 件，每次每批的订购费用为 50 元，平均每件商品一年的库存费用为 1 元。问：最优的订购批量为多少件？此时的库存费用、订购费用和总费用分别是多少？

第六章　零售促销管理

第一节　零售促销概述

一、零售促销的定义

近年来，随着我国人民生活水平的提高和消费形态的转变，各种业态的零售商店不断增加，竞争的加剧给零售经营带来了严峻的挑战。如何在充满竞争的环境中脱颖而出，确保优势及创造利润，是零售商的一大难题。于是，许多零售商纷纷通过采取各种活动加强与消费者的信息沟通，刺激顾客的购买欲望，从而达到扩大销售、增加盈利的目的。

菲利普·科特勒关于促销组合的概念在国际上已经成为一种权威的观点，他提出："公司的促销组合(Promotion Mix)，又称为营销沟通组合(Marketing Communications Mix)，由广告、公共关系、人员销售、销售促进和直复营销等工具的特定组合构成，用于有说服力地沟通顾客价值和建立顾客关系。"所谓促销组合，是一种组织促销活动的策略思路，主张企业运用广告、公共关系、销售促进、人员促销四种基本促销方式组合成一个策略系统，使企业的全部促销活动互相配合、协调一致，最大限度地发挥整体效果，从而顺利实现企业目标。促销组合体现了现代市场营销理论的核心思想——整体营销。这一概念的提出，反映了促销实践对整体营销思想的需要，也是近年来广泛流行的"整合营销传播"这个理念的思想来源。促销组合是一种系统化的整体策略，四种基本促销方式则组合成了这一整体营销策略的四个子系统。每个子系统都包括一些可变因素，即具体的促销手段或工具，某一因素的改变意味着组合关系的变化，也就意味着一个新的促销策略。

零售促销(Retail Promotion)是指零售商为告知、劝说或提醒目标市场的顾客关注有关企业任何方面信息而进行的一切沟通联系活动。

在现今激烈竞争的零售市场环境中，零售商日益认识到比选择适当的地点、商品、价格更重要的是与现有顾客及潜在顾客的沟通。零售商要吸引消费者，创立竞争优势，必须不断地与顾客沟通，向顾客提供商店地点、商品、服务和价格方面的信息；通过影响顾客的态度与偏好说服顾客光顾商店，购买商品；使顾客对商店形成良好的印象。通过一系列有效沟通的促销活动，零售商吸引顾客进入商店，完成企业的目标。

零售商应用促销活动的目标与企业经营的目标是一致的，可以将之归纳为有利于提高长期和短期的经营效果，如图6-1所示。

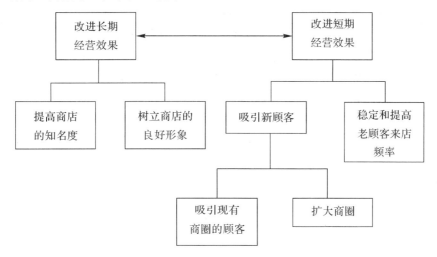

图 6-1　零售商促销活动的可能目标

二、零售促销的意义

零售市场竞争激烈，企业为适应市场环境改变，经营状况相应也在不断变化，因此零售商需要利用各种传播方法告诉消费者变化的信息，消费者也需要知道零售商的新信息以便决定购买行动。企业与消费者都有沟通的需求，促销的意义在于以下几个方面：

(1) 让消费者认识、了解零售企业。

零售市场每天都有新变化，如新商店开张、原有商店重新装修、新品上市、价格变动提供新服务项目等。顾客如果不知道某个商店的存在及所在地点，不了解商店有什么商品、商品的档次、服务水准、价格水平、商店新的变化，就不会去该商店。所以，零售商首先要让顾客知道商店的存在及企业现状、商店有哪些商品可供选购、某种厂牌或商标的商品价格是多少、在哪里能买到、顾客能得到哪些优惠、还能为顾客提供哪些服务等，帮助顾客认识商店。同时面对数量众多的商店，顾客也不知如何选择，他们也迫切想了解能满足自己需求的信息。因此，零售企业的促销活动能直接或间接地向顾客提供有关商店与商品的信息。顾客了解这些信息后，便能决定到可满足自己需求的商店去进行购买。

(2) 让消费者知道零售企业的定位，树立商店形象。

商店的形象和声誉是零售企业的无形资产，直接影响其商品销售。通过促销活动向消费者传播企业有关信息，可以使消费者了解到本商店对待消费者的态度和为消费者提供的利益。零售企业特别要强调本企业能给消费者带来的特殊利益，从而在市场上树立并巩固本企业的良好形象，一方面使消费者形成对本商店的印象，树立起商店的形象，另一方面有利于加强零售企业在市场竞争中的优势。良好的企业形象会使顾客产生亲切感、信任感，使其愿意到本零售企业购物，并可能积极为本企业做口头宣传，进一步扩大企业的知名度和可信度。

(3) 让消费者知道零售企业的特点和优势。

促销可以突出零售企业特点，扩大企业影响。在竞争激烈的市场环境下，消费者往往难以辨别或察觉众多零售企业间的差别以及经营同类商品间的细微差别。这时，各零售企业就可以通过促销活动，反映各自的经营特色和特点，突出各自不同的主题、特色商品、特色服务；同时借助促销活动，大力宣传本零售企业与竞争企业以及经营商品间的不同特点，强调能给消费者带来的独特利益等。这样可促使消费者偏爱本商店的商品与服务，起到吸引目标顾客进入商店的作用，稳定本零售企业的市场占有率，巩固市场竞争地位。

(4) 引起消费者的购买欲望，扩大销售。

零售企业的促销信息使顾客相信，购买该商店的商品对顾客本身是必需的、方便的、有利的，从而起到说服顾客采取购买行动的作用。零售企业可通过促销激发潜在顾客的购买欲望，引发他们的购买行为。有效的促销活动不仅可以诱导和激发需求，在一定条件下，还可以创造需求，从而使市场需求朝着有利于零售企业商品促销的方向发展。当零售企业的商品处于需求不足时，促销活动可以扩大需求；当需求处于潜伏状态时，促销活动可以开拓需求；而当需求衰退时，促销活动又可以吸引更多的新用户，保持一定的销售势头。

(5) 维持和扩大零售企业的市场份额。

许多情况下，在一定时期内，零售企业的销售额会出现上下波动，这不利于稳定其市场地位。这时，零售企业可以有针对性地开展各种促销活动，使更多的消费者了解、熟悉、信任本公司出售的商品以及提供的服务，从而稳定乃至扩大公司的市场份额，巩固其市场地位。

(6) 保持零售企业的竞争优势。

促销是市场竞争的产物。促销主要是由竞争引起的，促销的主要作用之一是与竞争者对抗。零售市场每时每刻都在竞争，促销是对付竞争的最好办法。由于竞争者采取了促销措施，本零售企业就必须对此做出反应，即进行相应策划。促销策划具有充分的预期性，可以对抗竞争。促销在市场上的效果是推动竞争，促销也正是使零售企业在竞争中取胜的利器。

(7) 反映零售企业的经营活力。

零售企业经营商品种类繁多，新产品层出不穷，很多产品刚上市时，不为消费者所了解。零售企业适当地开展促销活动可以迅速地把商品介绍给消费者，激发消费者需求，促进消费者购买和消费。同时，通过与消费者接触，可以加强零售企业与消费者间的信息沟通和感情交流，了解消费者对商品的反应和消费需求的变化。

(8) 帮助零售企业清除库存的过时商品。

由于换季或商品保质期的限制等各种原因，商店可能会形成较大的不必要的库存。若不及时处理，这些库存将会给企业带来很大损失。这时零售企业就要借助促销把库存商品迅速处理掉。

三、零售促销活动的类型

(一) 按实施时间长短划分

1. 长期性促销

长期性促销活动的进行时间一般在一个月以上，主要着眼于塑造本店的差异优势，增加顾客对本店的向心力，以确保顾客长期来店购物。长期性促销项目手段各种各样：早晨提前开店，晚上延长闭店时间；提供免费停车服务，或凭购物收据提供免费停车服务；设置快速收银通道；晚上定时部分商品打折出售；购买大件商品免费送货上门；免费礼品包装；等等。

2. 短期性促销

短期性促销的主要目的是希望在有限的时间内，通常是 3～7 天，借助具有特定主题的促销活动，以提高来客数，达到预期的营业目标。短期性促销名目有春节、五一劳动节、十一国庆节、圣诞节、元旦等。

（二）按实施活动的促销主题划分

1. 开业促销活动

大中型商店在开业时均会策划一个较为大型的促销活动，因为开业促销对商店而言只有一次，而且它是顾客第一次接触商店，会在心目中留下深刻的第一印象，影响顾客将来的购买行为。顾客往往根据自己的第一印象长久地留下对这家商店的商品、价格、服务、气氛等印象，而第一印象一旦形成，以后会长期保持。所以，每一家商店对开业促销都非常重视。如果开业促销活动成功，通常当天的销售额将超过同类商店平时销售额的 3 倍。

2. 周年庆促销活动

周年庆促销活动是仅次于开业促销活动的一项重要活动，因为每年只有一次，而且供应商对商店的周年庆也比较支持，会给予商家更多的优惠条件。因此，商店一般会在这一时期举办较大型的促销活动，活动范围比较广、优惠很多，往往引起购物狂潮。

3. 例行性促销活动

除了开业和周年庆促销活动，商店还往往在一年的不同时期推出一系列的促销活动。这些促销活动的主题五花八门，有的以节日为主题，如国庆节、春节、中秋节、儿童节等；有的以当年的重大活动为主题，如庆祝北京举办奥运会等。尽管这些主题花样繁多，但每一家商店在下一年要办哪些促销活动已经做好计划，每年的变化不会太大，故称为例行性促销活动。有些超市每个月举办一次促销活动，均可算在例行性促销活动之列。

4. 竞争性促销活动

竞争性促销活动是指针对竞争对手的促销活动而采取的临时性促销活动。这一方面是由于新的商店或商业集群不断涌现，市场竞争日趋激烈；另一方面是现存的竞争商店不断在推出促销活动。为了与竞争对手相抗衡，防止竞争对手在某一促销时期将当地客源吸引过去，商店往往会针对竞争对手的促销行为推出相应的竞争性促销活动，以免自己的营业额下滑。

（三）按沟通方式划分

1. 单向沟通式

单向沟通式包括特价、优惠券促销、赠品促销、POP 促销等。

2. 双向沟通式

双向沟通式包括意见征询、有奖答题现场促销等。

（四）按作用效果划分

1. 产品入市促销

新产品入市通常要使用促销工具来解决消费者认知及尝试购买使用这两个障碍，常规的促销形式有样品派送、赠购、限期优惠等。

2. 巩固重复购买促销

维护品牌忠诚者重复购买率的重要武器之一，就是合适的、持续的促销活动，如消费者跟踪优惠折让、新产品或新服务优先试用、累计积分奖励等。

（五）按营销角度划分

1. 零售企业卖场促销

零售企业门店要执行总部的统一促销计划，此外门店促销主要体现在零售企业卖场促销，包括店头促销、现场促销、展示促销、特价促销、让利酬宾、折扣优惠等。这是连锁零售企业使用最频繁的促销工具之一，也是影响消费者购买最重要的因素之一。

2. 广告促销

广告促销指利用各种广告媒体，如邮报、商场内广告、街头广告牌等进行促销。

3. 服务促销

服务是零售企业巩固老顾客和开发新顾客的最重要的方法之一，零售企业间的竞争，某种意义上就是服务的竞争。

零售企业的服务促销，是零售企业以某种方式、活动或劳务向消费者提供服务的促销活动。常见的方式有商品介绍服务、订购服务、加工服务、送货服务、维修服务、培训服务、咨询与信息服务以及日常便民服务项目促销活动。例如，代缴公用事业费、代售电影及晚会票、代收洗衣服、复印和传真、出售和出租书籍等。这些项目的开展不仅可以增加零售企业每日的客流量，促进商品的购买，还能使零售企业在其服务的社区内形成良好的企业形象。

4. 人员促销

零售企业人员促销，主要是指营业员促销。但零售企业的销售过程十分强调顾客的"自助"，即"自我服务"，故一般只是在商品促销期间，或是当顾客有请求时，营业员才会向顾客提供帮助。营业员的主要任务如下：

（1）巡视。在零售企业中，营业员应以亲切、温和、细致的眼光巡视商场，观察顾客群，随时准备为需要咨询的顾客服务，并兼顾货架上翻乱商品的整理。

（2）熟悉零售企业商品知识，包括商品原料、性能、质地、产地、使用方法、保管方法、真伪识别等知识，以备顾客咨询。此外，营业员还应开展针对性介绍及演示，提高顾客的即兴购买欲，尤其是新产品，通过营业员热情推荐，把新产品顺利推出市场。

（3）发展与顾客的友好关系。零售企业多开在居民区，因此应努力培养老顾客，发展彼此间友好和信任的关系，使顾客把零售企业当成自己的家，把营业员当成购物好参谋，形成对零售企业商品的习惯性购买。

5. 公关促销

许多富有创意的公关促销活动，在极大地促进销售的同时，也使零售企业的形象获得良好、适当的传播。事实上，越来越多的顾客希望零售企业在更多的促销活动中加入公关服务。这种需求形态的转变，代表了一种新的趋势。那些著名的零售企业，都非常善于利用公关促销方式制造公关事件，扩大企业的知名度，而忽视公关的零售企业将难以生存成长。

公关活动的创意一定要新奇。从事零售企业工作的人员会觉得要做到这点很难，因为消费诉求及消费偏好的变化很快，似乎只在消费者的一念之间。在这种情况下，零售企业必须事先对促销活动定位与企业定位的结合度、企业环境、竞争分析、企业资源条件、活动目的等方面进行综合性的评估，然后再制订企业公关促销活动计划及其具体内容。

第二节　促销活动流程管理

零售企业的促销活动主要围绕零售企业的年度促销计划展开，促销活动能否实现计划的目标，取得预期的活动效果，关键在于活动策划是否有创意，是否周密。促销策略实施的步骤为：确定促销目标，选择促销时机，确定促销商品，确定促销主题，选择促销方式，选择促销媒介，确定促销预算和评估促销效果等，如图 6-2 所示。

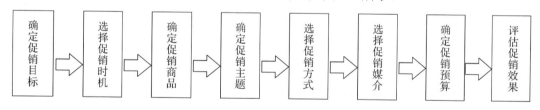

图 6-2　零售促销流程图

一、促销目标的确定

零售企业在不同时期的促销活动都有其具体目标，促销目标不同，促销方式也不尽相同，所以在制订促销策略时，首先要明确具体的促销目标，这样才能有的放矢，事半功倍。零售企业的促销目标有：提高销售额，提高利润额，提高来客数，提升企业形象，加快商品的周转和对抗竞争对手等。

二、促销时机的选择

同样的促销活动方式，同等的费用，由于促销活动所展开的时机不同，会产生不同甚至相反的效果。良好的促销活动必须把握时机。选择促销时机是促销活动策划的重要内容之一。促销时机的选择主要包括以下两个方面的问题：

(一) 促销活动的期限

促销活动的期限分为长期性促销活动和短期性促销活动。期限在一个月以上的促销活动称为长期性促销活动，其目的是塑造商店的差异化优势，增强顾客对商店的忠诚度，确保顾客长期来店购物。例如，提供免费停车服务，购物满一定金额可享受免费送货等。短期性促销活动通常开展 3～7 天，其目的是在有限的时间内通过特定的主题活动来提高来客数及销量，实现预期的营业目标。

(二) 促销活动的时机

季节和天气的变化，节假日与重大事件等因素，都会引起消费者需求的变化。把握好时机就等于把握了消费需求，在不同的时间采用适当的促销方式会取得非常好的效果。零售企业常用的促销时机有以下几种：

1. 季节

消费者在不同的季节会有不同的市场需求，这对各类商品的畅销、滞销会产生很大的影响。春、夏、秋、冬都可以成为零售企业促销的好时机，选择该季最畅销的商品种类进行促销，其效果会非常明显。同时，零售企业应在淡季策划有创意的促销活动，使淡季不淡，通过提前或延迟销售期来提高销量。

2. 天气

天气变化对人们购物的影响越来越大，它不仅对人们的出行有影响，而且对人们的消费心理也有着重要的影响。天气不好时，如何向顾客提供价格合理、鲜度良好的商品，以及舒适的购物环境(如伞套、伞架、防滑垫、干爽的卖场等)也是促销计划中应考虑的因素。

3. 节假日

节假日已成为零售企业进行促销的重要机会之一，零售企业应依节日的不同来策划不同的活动。一般可将节假日分为以下四类：

(1) 法定节日。法定节日是指人们依法享有休息日的节日，如元旦、五一、十一、春节等。

(2) 西方节日。西方节日是指西方传统节日。现在许多年轻人热衷于西方的传统节日，如圣诞节、情人节等。

(3) 宗教节日。宗教节日是指与宗教信仰有关的节日，如开斋节等。

(4) 民俗节日。民俗节日对于商品的销售有很大的影响，尤其是节日特色商品，如元宵节的汤圆、端午节的粽子等。

4. 重大事件

重大事件是指各种社会性的活动或事件，如重大政策法令出台、学校的寒暑假、运动会等。这些事件与活动常会为促销带来机会，有计划地对其加以利用，会取得较好的促销效果。

5. 日期

顾客在一个月或一个星期之中的购物是不平衡的，如周末休息日的需求与平日会有差异，所以促销活动的实施也应与日期相配合，有针对性地进行促销活动。

(1) 日促销时机。一天之中的促销时机，一般分为临时促销和时段促销(又叫分班促销)。由于每天的情况都在迅速变化，促销时机随时都可能出现，因此促销必须根据实际情况，在最短的时间内采取相关的促销措施，及时捕捉商机、拉动销售。例如，化妆品连锁店开门营业较晚，上午的客流不足。当有家化妆品店的营运店长在上午 11 点钟前后发现单位面积的顾客数量还是不足时，就会立刻启动一次促销：迅速调整店面音乐风格；派两三名营业员站在门前招揽顾客，他们一边有节奏地击掌，一边不停地喊出促销内容。如果，天突然下起了雨，营业员马上就会把雨伞摊床摆在门口。这便是临时促销。如果需要每天在相同时段进行相同产品的促销，则有必要把它列入"日例行促销"的内容。这便是时段促销。例如，某餐饮连锁店白班要进行中午快餐促销，而夜班要进行烧烤或宵夜促销。

(2) 周促销时机。一周之中的促销时机，要根据客流或业态特点进行捕捉。例如，"5+2"型的店铺，就要针对工作日 5 天和双休日 2 天的不同特点，进行有针对性的促销。如果每个周末都要进行相同产品的促销，则有必要列入"周例行促销"的内容。

(3) 月促销时机。一个月之中的促销时机，则要看月度单店营运计划完成的进度。例如，上半月业绩未能完成过半，那么在下半月就有必要启动阶段性促销；如果预期下半月雨季到来，那么上半月则要抢前抓早进行促销。根据不同行业的特点，月度促销时机的选择还会有所不同。

三、促销商品的确定

顾客的基本需求是能买到价格合适的商品，所以促销商品的品种和价格是否具有吸引力，将影响促销活动的成败。一般来说，促销商品有以下几种：

(一) 节令性商品

节令性商品指根据季节和节日选择时令性的促销商品，如夏季选择饮料、旅游用品与空调等。

(二) 敏感性商品

敏感性商品一般属于必需品，消费者十分熟悉它的市场价格，极易感受到价格的变化，如饮料、牛奶、鸡蛋与大米等。选择这类商品作为促销商品，在定价上稍低于市场价格，能有效地吸引更多的顾客。

(三) 众知性商品

众知性商品一般是指品牌知名度高、市场上随处可见、替代性强的商品。选择此类商品作为促销商品，往往可以获得供应商的大力支持。

(四) 特殊性商品

特殊性商品主要是指商店自行开发、使用自有品牌或市场上无对比的商品。这类商品的促销活动主要应体现商品的特殊性，价格不宜定得太低，但也要注意价格与品质的一致性。

四、促销主题的确定

零售企业开展一系列的促销活动或进行大型的统一的促销活动时,需要设计一个统一、鲜明的主题,使一系列的活动成为一个有机的整体,如表 6-1 所示。

表 6-1　零售促销活动的年度主题

月　　份	主　　题
1 月	新年大拍卖、节日优惠、冬季清仓大甩卖等
2 月	节日促销、春节拍卖、春季流行商品展销等
3 月	妇女节、春季时装发布会等
4 月	郊游时装发布会、体育用品展销等
5 月	劳动节、母亲节、儿童用品展销等
6 月	儿童节、端午节、夏季流行服饰展销等
7 月	节日促销、夏季商品大减价、海滨用品展销等
8 月	夏季清仓打折、学生用品展销等
9 月	教师节酬谢、秋季商品发布会等
10 月	国庆节、秋冬季新产品展销等
11 月	御寒用品、保暖器具展销等
12 月	年货促销、圣诞节、元旦等

五、促销方式的选择

促销方式的选择是促销策划的一个重要内容。促销方式应该以促销目标、促销主题及促销商品特点为依据,再依据促销效果和超市在不同时期的需要来选择合适的促销方式。零售企业的促销方式主要有:广告、销售促进、公关和人员推销等。

六、促销媒介的选择

零售企业举办促销活动,必须通过相应的媒体把信息发布出去。媒体的选择应该根据促销活动的方式、商圈范围、顾客特点和媒体本身的成本等因素进行选择。不同媒体的优劣势如表 6-2 所示。

表 6-2　不同媒体的优劣势

促销媒体	优　　势	劣　　势
报纸	市场覆盖面大,受众广泛,可信度高	寿命短,复制质量差,读者传阅少
电视	结合影像,感官吸引力强,接受人数多	成本高,演播瞬间消逝
广播	传播面广,受众多,成本低	只有声音效果,一播即逝
杂志	地理和人口选择性强,读者传阅多	广告购买前置时间长
户外广告	富有灵活性,展示重复率高,竞争弱	不能选择受众,创造性有限
互联网	范围广,开放度高,互动性强	制作费用高

七、促销预算的确定

通过促销预算来确定合理的促销费用是促销活动能够顺利进行的保证。确定促销预算的总原则是：促销为企业所增加的利润应当大于促销费用的支出。零售企业促销预算包括两项内容：一是需要的资金量；二是资金的来源。

（一）确定促销预算的方法

1. 营业额比例法

营业额比例法是指按营业额的一定比例来提取促销费用。这种方法的优点是简单、明确和易控制。这个比例数的大小因企业不同、市场不同会有很大差异。其缺点是缺乏弹性，不一定能满足促销的实际需求，会影响促销效果。

2. 逐项累积法

逐项累积法是指根据年度促销计划设定的促销活动所需的经费，逐项累积得出需要的促销费用，如广告费、礼品费、人员费和公关费等。这种方法的优点是以促销活动为主，考虑到了实际的需要；缺点是费用支出较大，如未达到预期效果，必将影响整体效益。

3. 量入为出法

量入为出法是根据企业的财力来确定促销预算。这种方法的优点是能确保企业的最低利润水平，不会因促销费用开支过大而影响利润的最低水平；缺点是由此确定的促销预算可能低于最优预算支出水平，也可能高于最优水平。

4. 竞争对等法

竞争对等法是指企业按竞争对手的促销费用来决定自己的促销预算的方法。这种方法的优点是能借助他人的预算经营，并有助于维持本企业的市场份额；缺点是情报未必准确，而且每家公司的情况也不同。

5. 目标任务法

目标任务法是根据促销目标和任务来确定促销预算的方法。这种方法的优点是促销效果较好，使预算能满足实际需求；缺点是促销费用的确定仍带有主观性，且促销预算不易控制。

（二）促销费用的来源

在现在的零售促销活动中，厂商与商店共同负担促销经费的方式已成为一种趋势。其主要方法是将厂商的促销活动融入商店的促销计划内。例如，由厂商提供样品和赠品；举办推广特定商品的促销活动；配合厂商在大众传播媒介的促销活动；在店内开展优惠促销活动；等等。

八、促销效果的评估

促销活动结束后，企业应立即对其进行效果评估，以总结经验与教训。但是很多企业却忽视这一工作，即使有的企业进行评估，可能也做得不够深入，而有关获利性的评估更是少之又少。其实，促销效果评估是促销决策的重要一环，它对整个市场营销战略的实施具有重要意义。

对促销效果评估的方法依市场类型的不同会有所差异，总的来说，主要有销售绩效分析、消费者固定样本数据分析、消费者调查和实验研究四种方法。

(一) 销售绩效分析

销售绩效分析是最普通、最常用的一种评估方法，即对活动前、活动期间和活动后的销售或市场份额进行比较分析，根据数据变动来判别促销活动的效果。在其他条件不变的情况下增加的销售额或市场份额就应归因于促销活动的影响。这时主要有三种不同情况，具体分析如下：

第一种情况：假如企业在促销活动前占有 6% 的市场份额，活动期间上升至 10%，活动结束后又跌至 5%，经过了一段时间又回升至 7%。这是一种较为理想的结果。显然，此次促销活动吸引了新的消费者，也刺激了原有消费者更多地购买。活动结束后销售量的下降，主要是消费者需消耗他们的存货所致。此后市场份额又回升到 7%，说明该企业获得了一些新顾客。

第二种情况：企业产品的市场份额在促销期间上升至 10%，活动结束后立即跌至 2%，经过一段时间后又回升至 6%。这表明，活动期间，购买者主要是现有顾客并且在储存商品活动结束他们便消费这些商品，最后又恢复到以前的购买频率。这说明，此次促销活动的结果在很大程度上表现为购买时间模式的改变而非总需求的改变。但企业在这种情况下的促销并不一定是浪费。特别是当企业库存过多、资金周转不灵时，这种促销活动还是有一定意义的。

第三种情况：企业的市场份额在活动期间只上升了很少或没有改变，活动期一过就回落，并停留在比原来更低的水平上。这说明该产品基本上处于销售衰退期，此次活动只是使衰退速度放慢了一些，但无法改变衰退的趋势。

(二) 消费者固定样本数据分析

消费者固定样本数据分析可用来评估消费者对促销的反应。有学者曾对消费者固定样本数据进行了专门研究，他们发现优惠活动通常促进了品牌转移，其比率则视具体的优惠形式而定。通过媒体送出的赠券能引起大规模的品牌转移，降价的效果却没有这样明显，而附在包装内的折价券则对品牌转移几乎没什么影响。尤其需要注意的是，在优惠活动结束之后，消费者通常又会恢复到原来品牌的偏好。

(三) 消费者调查

消费者调查是在目标市场中找一组消费者进行面谈，以了解活动结束后有多少消费者能回忆起这项促销活动，他们如何看待这次活动，有多少人从中受益，对他们以后的品牌选择行为有什么影响等。在此基础上，企业可以进一步采用某些标准对消费者进行分类研究，以得到更为具体的结论。这种方法常用来研究某种促销工具对消费者的影响程度。

(四) 实验研究

实验研究是指通过变更刺激程度、优惠时间、优惠分配媒体等属性来获得必要的经验数据，以供比较分析和得出结论。优惠属性的改变与地理区域的变换相搭配，可以了解不同地区的促销效果。同时，运用实验研究方法还需做一些顾客追踪调查，以了解不同优惠属性所引起消费者不同反应水平的原因及其规律，为改进促销活动、提高促销效果提供依据。

第三节　零售销售促进策略

由于市场竞争日趋激烈，零售企业开始越来越多地运用一些销售促进的手段来刺激消费者的购买行为，以达到带动销售的目的。销售促进是指零售企业运用各种短期诱因，鼓励消费者购买商品或服务的促销活动。美国市场营销协会定义委员会认为，销售促进是指"除了人员推销、广告和宣传报道以外的，刺激消费者购买商品的种种企业市场营销活动，如陈列、演出、展览会、示范表演以及其他非经常发生的推销努力"。该定义委员会还指出，在美国零售业，销售促进被理解为零售企业"刺激顾客的一切方法，其中包括人员推销、广告和宣传报道"。因此，在美国零售业，销售促进和促销被视为同义语。

一、赠送优惠券

赠送优惠券是指企业采用邮寄、在商品包装中附带或广告等形式向顾客附赠一定面值的优惠券，持券人可以凭此优惠券在购买某种商品时免付一定金额的费用。优惠券可分为两大类，即零售商型优惠券和厂商型优惠券。

(一) 零售商型优惠券

零售商型优惠券只能在某一特定的商店或连锁店使用。通常，此类型优惠券由总经销或者零售店策划，并运用在平面媒体广告或店内小传单、POP 广告上。运用此类优惠券的主要目的是吸引消费者光临某一特定商店，而不是为了吸引顾客购买某一特别品牌的商品。另外，零售商型优惠券也被广泛用来协助刺激对店内各种商品的购买欲望。零售商型优惠券的种类繁多，主要包括下列三种：

(1) 直接折价式优惠券，即在某特定零售店的特定期间内，针对某特定品牌，可凭券购买并享有某金额的折价优惠。这种促销方式也可运用在大量购买上。

(2) 免费送赠品式优惠券，即买 A 产品可凭此券免费获赠 B 产品。

(3) 送积分点式优惠券，即购买某商品时，可获赠积分点，凭积分点可在该零售店兑换赠品。一般此券的价值由零售商自行决定。

(二) 厂商型优惠券

厂商型优惠券是由产品制造商的营销人员设计发放的，通常可在各零售店兑换并获得购买该品牌商品的折价或特价优惠。厂商型优惠券因发放方式的不同又分为以下四类：

1. 直接送予消费者的优惠券

直接送予消费者的优惠券是指通过挨家挨户递送，或用邮寄方式直接送到消费者手里的优惠券。它既可单独寄送，也可附带在宣传性资料内寄送。另外，它还可采用在街头散发、置于展示台上任人自取、通过商店"欢迎取用"告示牌来吸引顾客索取、委托促销或直销公司代送等方式发送。

2. 媒体发放的优惠券

媒体发放的优惠券是通过媒体来散发的优惠券。因各种媒体的受众不同，故各类优惠券应选择对口的媒体。例如，选择报刊等平面媒体刊登优惠券，既符合零售企业的促销目的，又符合消费者需要，可因版面大小、构图设计、时效性和发行区域而灵活调配，也可与版面内容相搭配，如与生活版的"美食日"或体育版等做连接式广告刊登。

3. 随商品发放的优惠券

随商品发放的优惠券是指吸引消费者再次购买时享受优惠的一种形式，它包括包装内和包装外两种方式。包装内优惠券是指将优惠券直接附在包装里面。当运用此方式时，商品的外包装上常以"标贴"的方式特别标明，以吸引消费者的注意。需要注意的是，在食品类商品中使用包装内优惠券时，因食品卫生管理的规定极为严格，要特别小心，在优惠券的形式、规格、纸张材料、印刷方式等方面均应符合规定。包装外优惠券是指在外包装上某处附优惠券，它可以印在包装标签上或直接印在外包装上。

4. 特殊渠道发放的优惠券

特殊渠道发放的优惠券是指将优惠券印在收银机打出的收款条背面、商店的购物袋上、蛋筒盒上、冷冻食品包装袋上、街头促销宣传单上等。这类优惠券散发渠道多，运用灵活，但正因为发放方法新颖，缺乏长期的记录轨迹，所以运用时要慎重。

二、折价优惠

折价优惠也是企业常用的销售促进策略之一。折价优惠是指企业在一定时期内调低一定数量商品的售价，是一种适当地减少自己的利润以回馈消费者的销售促进活动。企业之所以采用折价优惠，主要是为了与竞争者相抗衡；同时，折价优惠还用来增加销售，扩大市场份额。从长远角度来讲，折价优惠也可增加企业利润。

大部分零售企业惯用折价优惠来巩固已有的消费者群，或利用这一促销方式来应对竞争者的活动。通常，折价优惠在销售点上能强烈地吸引消费者的注意，并能激发其购买欲，提高销售点的销售量，甚至可刺激消费者购买一些单价较高的商品。

折价优惠的方式灵活多样，种类繁多，但较为常用的方式主要有以下几种：

1. 标签上的运用

在商品的正式标签上可以运用锯齿形设计、旗形设计或其他创意设计，将折价优惠明显地告知消费者。例如，某品牌啤酒提供每罐 4 角的折价优惠，其折价标志清晰易懂。

2. 软质包装上的运用

通常情况下，将折价标识运用在软质包装上不太容易，而且容易出问题，所以在设计制作时应非常注意，以降低风险。

3. 套装式包装上的运用

当几个商品包装在一起折价促销时，可以将折价金额标示在套袋上。此方式常在香皂、糖果等商品上使用。

4. 买赠方面的运用

通常情况下，零售商提供两个以上的商品进行折价促销，如"买一赠一""买三赠二"等方式。这种方式深受消费者的喜爱，并能吸引消费者积极参与。

现在，国内的零售商越来越多地采用开架型自助式售货，营销人员也越来越相信消费者多数是在店内或货架前才做购买的决定，所以，折价优惠在现今的营销活动中日益成为重要的促销手段。

三、集点优惠

集点优惠又叫商业贴花，指消费者每购买单位商品就可以获得一张贴花，筹集到一定数量的贴花就可以换取特定商品或奖品。消费者对集点优惠的偏好不一，但总的来说集点优惠仍不失为一种重要且具有影响力的促销手段。此促销手段的最终目标是让消费者再次购买某种商品或再度光顾某家零售店。

集点优惠与其他促销方式最大的差别在于时间上的延后性，消费者必须先购买商品，再收集点券或购物凭证，在一定的时间后，达到了符合赠送的数量，才可获得赠品。

通常如果消费者参加了某一集点优惠活动，他就会积极地去收集点券、标签或购物凭证以兑换赠品。此时，他自然不愿意转而购买其他品牌的商品，可见集点优惠对解决某些促销问题很有效果，尤其对促使再次购买及保护现有使用者免受竞争品牌的干扰更具成效。

集点优惠通常可分为零售商型集点优惠和厂商型集点优惠两大类。

(一) 零售商型集点优惠

零售商型集点优惠包括赠品式、积分券式和积点卡式三种。

1. 零售商赠品式集点优惠

零售商赠品式集点优惠是在零售店或专卖店运用的集点优惠。这种促销方式在食品店及超级市场中运用较为普遍，其方法是利用成组的赠品来招徕顾客。例如，有一家商店曾推出陶瓷餐具组赠送活动，每周从全套餐具中推出一种进行超低价特卖，消费者为得到不同餐具，只有每周光顾一次，最终才能集齐全套餐具组。此外，为了向顾客提供更周全的服务，对在特价品之外的其他组合配件也减价供应，以方便顾客选购。

2. 零售商积分券式集点优惠

零售商积分券式集点优惠指以在零售店购物达到一定量的消费金额为基准赠送积分

券。消费者收集积分券达到某一数量时，即可依赠品目录兑换赠品。

3. 零售商积点卡式集点优惠

零售商积点卡式集点优惠是指零售商根据某个特定标准向顾客发放积点卡，顾客根据其不同的累积购买量，享受不同的优惠。例如，某商场发行的网络卡，每年消费 5 000 元的顾客可获得 5%的优惠，每年消费 5 万元的顾客可获 10%的优惠，每年消费 10 万元的顾客可获得 15%的优惠。

（二）厂商型集点优惠

厂商型集点优惠可以划分为点券式、赠品式和凭证式三种。

1. 厂商点券式集点优惠

厂商点券式集点优惠是指厂商为鼓励消费者多购买其产品，而给予其特定数量的点券，消费者凭这些点券可兑换各种不同的免费赠品，或凭此点券再次购买商品时可享受折扣优惠。

以厂商式立场推出积分券、优惠券等的集点优惠，已不像从前那样受到消费者的广泛喜爱，但目前仍有厂商喜欢以该方式促销且效果较好。例如，许多食品生产企业的促销活动就运用此法，在每包食品中均有一张点券，使消费者不断地收集点券，当达到某一数量时，即可根据食品手册核对以兑换所喜爱的赠品。

2. 厂商赠品式集点优惠

厂商赠品式集点优惠指在包装内、包装上附赠品的集点优惠方法。例如，某品牌洗衣粉就曾在包装上附送毛巾等赠品达数年之久，并且不同的容量包装附送不同的赠品，消费者可以通过购买不同的包装收集到成组的赠品。

3. 厂商凭证式集点优惠

厂商凭证式集点优惠是指消费者提供某种特定的购物凭证，即可获得厂家提供的某种特定优惠，如奖金、赠品等。例如，某公司曾推出奖金总额为 500 万元的集点优惠活动。其累积奖励规则是：如果拉开拉盖里面只印有产品 8 个优点中的一个优点，请保留好，只要继续集够 5 个以上不同优点的拉盖，便可将上面所印的奖金额累加起来向公司兑奖；如果集齐 8 个不同优点的拉盖，可按照上面所印的奖金额累加获双倍奖金；如果拉开拉盖，上面印有全部 8 个优点，即可获"特别大奖"5 000 元。这一活动期间，该公司在两广地区的销售量提升了 38.5%。

四、竞赛与抽奖

竞赛与抽奖是指零售企业通过某种特定方式，以特定奖品为诱因，让消费者产生兴趣，并积极参与以期待中奖的一种销售促进活动。为了能够吸引消费者，奖品的价值从普通商品到金银珠宝、彩电和汽车等都可选用。实践证明，竞赛与抽奖的促销效果明显，因为它可以为消费者提供意想不到的收入和机会。例如，让中奖者出国旅游，或获得名贵汽车等。获此大奖，当然比获取样品或折价券更为诱人。因此，一次规划完善的竞赛或抽奖活动能帮助企业达到既定的促销目的。

美国广告代理商协会认为，竞赛是一种请消费者运用和发挥自己才能以解决或完成某特定问题的活动。在现实中我们常见到这样的竞赛方式，如要求消费者针对某些商品写一首诗，或给产品命名，或给配乐加上最后几个音符，等等；然后在所有参赛作品中，依优劣或摇号选出优胜者。因此，竞赛活动要靠才能和运气才能获胜。

抽奖不是针对部分具有才能的消费者而举办的，获奖者是从所有参加的来件中抽出的，也就是奖品的获取全凭个人的运气。可见，抽奖活动的优胜者通常是从所有来件中抽出的，而不需任何才能和学识。参加者只要填好姓名、身份证号码或者其他个人资料即可。

最为流行的抽奖方式有两种：一种是直接式抽奖，即从来件中直接抽出中奖者；另一种是兑奖式抽奖，即由厂商事先选定好数字或标志，当一组奖券送完或到指定的日期后，由媒体告知消费者，参加者若符合已选定的数字或标志即中奖。

五、免费赠送样品

免费赠送样品是指将产品免费送达消费者手中的消费促进方式，也称为赠送样品。在绝大部分促销方式中，消费者常须完成某些事情或符合某些条件，才可取得商品或获得馈赠。免费赠送样品则不同，消费者无须具备什么条件即可得到商品。实践证明，免费赠送样品是吸引消费者试用其产品的好方法，特别是当新产品进入市场时更为有效。

但并非所有的商品均适合这种方式。对于特殊性商品或目标市场小又有选择限制时，免费赠送样品效果不佳。而当产品差异性或特点优越于竞争品牌，并值得向消费者进行披露时，免费赠送样品效果极好。根据实践经验，大众化消费品最适合运用此方式。因此，当广告都难以详尽表达产品的特性时，运用免费赠送样品来推广介绍产品的效果十分明显，因为只要展示产品的好处，即可获得消费者的认可。

在具体操作上，一般在新产品上市进行广告宣传之前 4～6 周，先举办免费赠送样品的促销活动，不仅可有效地刺激消费者的兴趣，还可提高其尝试购买的意愿。但有一点必须注意，那就是要保证货源充足，渠道顺畅，以避免出现消费者正式使用产品时却没有货品的情况，挫伤购买者的积极性。

免费赠送样品按发送方式的不同可分为以下几种：

（一）直接邮寄

直接邮寄即将样品通过邮局或利用专门的快递公司和促销公司直接送到潜在消费者手中。此方式除了邮寄费用昂贵以外，有时还会受到一定程度的限制。例如，新建小区、边远地区等，快递公司不能及时服务到位，这样就会影响快递效果。尽管如此，运用直接邮寄可称得上是样品发送的较好方式。调查表明，直接邮寄的成效是发放优惠券的 3～4倍，尝试购买率可达到 70%～80%。

（二）逐户分送

逐户分送即将样品以专人送到消费者家中的促销方式。此方式通常通过快递公司或委托专业的样品促销和直销服务公司完成，一般将样品放在门外、客户信箱内，或交给应门的消费者。此方式因为直接面对消费者，无中间的转折，所以效果很好。宝洁公司在这方面做得较有成果。但是，此方式在某些高档社区已被禁止使用，不过仍适用于普通社区或人口密集度较大的地区。

（三）定点分送及展示

定点分送及展示即选择在零售店、购物中心、交通要道、转运站或其他人流汇集的公共场所，将样品直接交到消费者手中的促销方式。此方式可同时向消费者宣传产品信息，使消费者更加了解产品。此方式若再搭配送优惠券或其他购买奖励，则效果更加明显。

（四）联合式选择分送

联合式选择分送是指由专业的营销服务公司来规划各种不同的分送样品方式，以便有效地送到各个选中的目标消费者手中。例如，对新娘、军人、学生、婴儿、母亲或其他一些特定的消费群体，根据其个别需求将相关的非竞争性商品集成在一个样品袋送到他们手中。因为此方式构思巧妙，样品袋组合精致，所以特别受受赠者的喜爱。另外，此方式针对特定对象分送组合样品，其最大的优点在于它能迅速而又直接地接触目标顾客，且使各品牌分摊费用，从而使成本无形中降低许多。

（五）媒体分送

部分消费品可经由大众媒体，特别是通过报纸、杂志将免费样品送给消费者。如果样品体积小且薄，就可附在或放入出版物里分送给订户。此方式的优点在于它能送到家庭和机构内部，同时能够传播商品信息。但是，此方式制作成本较高，因此并不经济实用，所以不是一种理想的样品分送方式。

（六）凭优惠券兑换

凭优惠券兑换是指消费者凭邮寄或媒体分送的优惠券，到零售店兑换免费样品，或是将优惠券寄给厂商，换取样品。这一促销方式效果往往不错，但是费用较高，因为厂商要付零售店样品兑换处理费用。

六、包装促销

进行包装促销的最主要目的是凭借特殊的包装在零售店的货架上显出产品的独特性，以吸引消费者，特别是当商品的差异性不大时，更具有突出的效果。

通过包装内、包装上、包装外或可利用的包装等来进行促销，在刺激消费者尝试购买方面特别有效。尤其是当消费者因赠品而买了本产品，经试用后深感满意时，他们自然会继续使用，从而成为这一商品的忠实顾客。

采用包装内赠送、包装上赠送、包装外赠送或可利用包装赠送等方式来促销的目的相同，情况各异，运用的产品类别也有差异。

（一）包装内赠送

包装内赠送是指将赠品放在产品包装内附送。此类赠品通常体积较小，价位较低，但目前也有将大规格、高价位的商品放在产品包装内附送的情况，如将餐具、酒具等附在装电冰箱的箱体内赠送。

（二）包装上赠送

包装上赠送是指将赠品附在产品上或产品包装上。包装上赠品种类较多，如用胶带将赠品与商品扎在一起，或用透明成型包装，也有的将优惠券、折价券等印在包装盒或纸箱上，以便消费者剪下来使用。

（三）包装外赠送

当赠品体积较大、无法与产品包装在一起时，可在零售店内将赠品摆放在产品附近，以便消费者购物时一并带走。

（四）可利用包装赠送

可利用包装赠送的最大特点是：产品通常被装在容器内，当产品用完后，此容器可再被用来装其他产品，是一个很好的储物罐。这种方式在药品、保健品和饮料类产品中使用得较为普遍。

七、会员制促销

零售店在经营过程中，为了能够争取稳定的顾客群，可以采用会员制，这是很多大型零售店普遍采用的一种促销方式。具体做法是：把在某一零售店或连锁零售企业购物的消费者组成一个俱乐部，当消费者向俱乐部缴纳一定数额的会费后，就成为该俱乐部的会员，在购买商品时可享受一定价格的优惠或折扣。

（一）会员制促销的作用

(1) 享受价格优惠或折扣。

对消费者来说，加入俱乐部的一次性缴费要远远低于以后享受到的价格优惠累计额。因此，它是一种非常具有诱惑力的促销形式。

(2) 方便购买。

消费者加入俱乐部以后，会经常收到零售企业送来的新产品的介绍资料，如某品牌新产品的性能、款式、价格、样品等，消费者足不出户就可以通过电话购物或其他方式购物，为快节奏的现代生活节省了宝贵时间。

(3) 有利于维系亲情。

消费者加入俱乐部以后，零售企业会发给其一张精美的会员卡。该会员卡即购物卡，消费者本人可以使用，家庭成员也可以用来购物并享受同样的价格优惠，这对于消费者维系与家庭成员之间的亲情有一定作用。

(二) 会员制促销的优点

(1) 有利于建立稳定的顾客群。

对零售店来说，利用会员制促销不仅能促进商品的销售，还可以为企业建立起长期稳定的顾客群，有利于零售店在维持现有市场占有率的基础上开拓市场。会员的资格一般为1～3年，在这段时间内，会员可以享受到零售店提供的价格优惠、免费送货、免费提供商品信息等服务。这非常有利于培养顾客对零售店的忠诚感，使他们成为企业的回头客，为零售店节省大量的促销费用。

(2) 便于零售店进行顾客调查。

由于绝大部分会员都是零售店的老顾客，他们对零售店发放的调查问卷一般都会采取积极配合的态度，使零售店能够取得相对真实的资料，从而能准确把握市场需求的发展趋势，及时调整卖场内的商品结构和品牌结构，使企业在市场竞争中赢得先机。

(三) 会员制促销的会员种类

零售店会员制一般有公司会员制、终身会员制、普通会员制和内部信用卡会员制四种类型。

1. 公司会员制

公司会员制是指消费者不是以个人身份而是以所在公司的身份加入零售店的会员俱乐部，零售店向入会公司收取一定数额的会费。这种会员制的会员卡适合入会公司内部职员使用。在美国，消费者日常购物普遍使用信用卡，很少使用现金进行结算，因此常发生透支现象。实际上，公司会员制是入会公司对持卡职员的一种信用担保。在发放会员卡时，公司应向持卡人讲明公司能够担保透支的最大额度，以减少不必要的麻烦。

会员在指定零售店中购物时可以享受10%～20%的价格优惠和一些免费的服务项目。非会员购物时则不能享受这些优惠。

2. 终身会员制

终身会员制是指消费者一次性向零售店缴纳一定数额的会费，从而成为该俱乐部的终身会员。该会员可长期享受一定幅度的价格优惠，并且长年得到零售店提供的免费商品广告，还可享受电话订货、网络订货、送货上门等服务。

3. 普通会员制

普通会员制是指消费者不用向零售店缴纳会费或年费，只要在零售店一次性购买一定金额的商品就可以申请到会员卡，以后在购买商品时便可享受 5%～10%的价格优惠和一些免费的服务。

4. 内部信用卡会员制

内部信用卡会员制适用于大型零售店。消费者申请了某零售店的信用卡后，购买商品时只需出示信用卡，便可享受分期支付货款或购物后 15～30 天内免息付款的优惠，有时也可享受一定幅度的价格折扣。

八、售点广告

售点广告的英文为 Point of Purchase，简称 POP，也称为店面广告，是指在商品购买场所和零售商店的周围、入口、内部以及有商品陈列的地方设置的广告。根据定义，商品的招牌、商店名称、门面装潢、橱窗布置、商店装饰和商品陈列等都属于售点广告的范畴。

（一）售点广告的作用

实践证明，售点广告是零售企业开展市场营销活动、赢得竞争优势的利器。它的作用表现在以下几个方面：

(1) 传输产品信息。

零售企业利用售点广告可以使顾客充分了解产品的功能、价格、使用方式以及售后服务等方面的信息。

(2) 唤起顾客的潜在意识。

经营者虽然可以利用报纸、杂志、电视和广播等媒体把企业形象或产品特点传达给消费者，但当媒体受众走入零售店，面对众多商品时，他们极有可能将上述媒体广告传输的信息遗忘了，而张贴、悬挂在销售地点的售点广告则可以提醒顾客，唤醒他们对不同产品的潜在意识，使他们根据自己的偏好选购产品。

(3) 诱使顾客产生购买欲望。

当顾客经过产品销售地点时，五颜六色的售点广告会使他们放慢脚步，在欣赏各种宣传广告之后，会不经意地认为"这个牌子的产品看起来不错，可以试一下"。这就是最初的购买冲动，当购买冲动积累到一定程度时，就会产生购买行为。

(4) 能配合季节促销，营造节日气氛。

售点广告可以配合不同季节展开促销活动，在特殊的节日可以使用有特殊含义的售点广告，这对促进商品销售有非常大的作用。

(5) 吸引顾客的注意力，引发兴趣。

售点广告可以凭借其新颖的图案、绚丽的色彩、别致的造型吸引顾客，使他们驻足观看，进而对售点广告中的商品产生兴趣。

(6) 塑造企业形象，保持与顾客的良好关系。

企业形象也称为企业视觉识别系统(CIS)，包括企业理念识别(MI)、企业行为识别(BI)和企业视觉识别(V1)三部分内容，而售点广告是企业视觉识别的一项重要内容。经营者可以将企业名称、企业标志、标准字、标准色、企业形象图案、企业宣传标语、口号和吉祥物等印刷在店面广告上，以塑造富有特色的企业形象。当顾客接触到这些图案时，就会立刻明白它们代表哪些企业。

（二）售点广告的设计原则

售点广告设计的根本要求就是独特。无论是采用陈列的形式还是发放的形式，都必须新颖独特，能够很快地引起顾客的注意，激起他们"想了解""想购买"的欲望。具体来讲，零售店经营者在设计售点广告时，必须遵循以下原则：

(1) 造型简练，设计醒目。

售点广告要想在琳琅满目的商品中引起顾客的注意，必须以简洁的形式、新颖的格调、和谐的色彩突出自己的形象，否则就会被消费者忽视。

(2) 重视陈列设计。

售点广告不同于节日的点缀。售点广告是商业文化中企业经营环境文化的重要组成部分。因此，售点广告的设计要有利于树立企业形象，要注意商品陈列、悬挂以及货架的结构等，要加强和渲染购物场所的艺术氛围。

(3) 强调现场广告效果

由于售点广告具有直接促销的特点，经营者必须深入实地了解零售店的内部经营环境，研究经营商品的特色(如商品的档次、零售店的知名度和售后服务状况等)，以及顾客的心理特征与购买习惯，以求设计出最能打动消费者的售点广告。

【延伸阅读】

家电大卖场的促销策略及建议

1. 促销策略

1) 赠品促销

赠品促销是最古老也是最有效、最广泛的促销手段之一，是指企业一定时期内为扩大销量，迫于市场压力，向购买本企业产品的消费者实施馈赠的促销行为，具体手段有直接赠送、附加赠送等。在家电大卖场中，很多大家电会选择此种促销方式。

赠品促销的主要作用有：

(1) 吸引消费者的注意力，增加顾客的好感，刺激顾客接受购买的欲望。

(2) 刺激顾客转移消费品牌。

(3) 刺激顾客转移消费档次，购买高档、昂贵的家电。

(4) 刺激顾客购买新品。

(5) 保持顾客购买的忠诚度，鼓励顾客重复消费或增加消费量。

(6) 增加服务项目的附加价值，与竞争对手形成差异。

(7) 对抗、抵御其他品牌的促销手段。

赠品促销的优点有：

(1) 创造产品的差异，好的赠品可以使商品的附加值增加，展现与竞品的差异点。

(2) 通过赠品传达品牌信息。消费者往往会将附赠品与产品(品牌)相联系，从其所提供赠品的质量、价值、使用档次等联想品牌的价值。

(3) 附送赠品是吸引消费者购买的最有效方法之一。如果赠品与产品相关，还可以增加产品的使用率；如果消费者认同你的赠品属多多益善类，可能愿意多购买或将所得赠品赠送亲朋。

(4) 好的赠品可以提升商品的价值。

赠品促销的缺点有：

(1) 好的赠品人人想要，尤其价值高的赠品。厂家进行赠品促销时，更容易发生自己的业务人员近水楼台。将赠品据为己有，代理商截留赠品甚至变卖赠品，使赠品没有用到终端促销的现象。

（2）赠品策划难度高，赠品既要成本低廉，有较高的顾客观感，同时与产品和品牌特点相称，又要制作、运输、分发、保管……很不容易策划，而不适当的赠品对促销效果可能适得其反，当赠品的吸引力不足，品质欠佳时，反而会使本欲购买某家电的消费者产生心理失衡，放弃购买。

（3）赠品促销工作量大。从策划、选择厂家或供应商、订货、催货、验货、入库、分发、保管、终端使用登记监督到调配，都比价格型促销的工作量大很多。

（4）没有价格促销方式直接，可能费力不讨好，如不少顾客会提出不要赠品，把赠品的价值在家电价格中减去。

2）打折促销

打折促销是指以打折的方式直接降低商品价格，从而刺激消费者购买，是最常见、最简单、最直接、最基础的促销方式。由于价格是消费者购买决定的主要影响因素，因此，打折促销对顾客的吸引力很大。著名的营销专家菲利普·科特勒认为："价格是营销组合中最灵活的因素，它与产品特征和承诺渠道不同，它的变化是非常迅速的。"而事实上众多商家也把打折促销看作应付竞争对手、获取较大销售额的有力武器。

打折促销的优点：刺激销售，冲业绩；打压竞争对手。因为它是对价格的直接让利，因此消费者可直观看到，感受到。

打折促销的缺点：

（1）不能长时间、大范围、连续性、大幅度使用，否则容易使消费者形成打折依赖，正价不买，只等打折。

（2）消费者购物习惯改变，频繁的打折促销活动会使消费者变得麻木，对打折促销不敏感。

（3）消费者购物信心下降，打折促销的力度越大，消费者越缺乏购物信心，消费者在等待新的促销活动，新的更低的价格。

（4）消费者购物满意度下降，大卖场在进行打折促销时，购物环境嘈杂、拥挤，人较多。

3）返券促销

返券促销是指店方承诺当消费者购买达到一定金额时，给予一定金额的购物券，该购物券可在本店消费。其目的是吸引消费者为获得更多的购物券而购买商品，这是一种变相的退费促销方式。

返券促销的特点如下：

（1）可以灵活设置，可以针对特定的款式返券；或者大部分商品是一种返券额度，少数商品是更高的返券额度；也可以按照金额的阶梯设置，诱导消费者进行组合购买或批量购买。

（2）促销成本低于打折和退费，操作复杂度高于其他价格促销方式。其促销直接性弱于退费，对品牌的伤害较大。

（3）计算相较于其他促销工具更复杂。

（4）可以十分确定地带来后续购买行为。由于其优惠不是直接退钱，而是退给只能在本店使用的购物券，因此只要前期用现金购买，后期必会用券购买。

（5）促销效果取决于当地消费者对这种促销方式的认识、返券门槛、返券比例、参与品牌多少、价格组合的难度、返券可以使用的范围大小等，一般越大型的商场其使用效果越好。

4) 抽奖促销

抽奖促销是指通过即开式、递进式、组合式等手段吸引消费者购买企业产品、传达企业信息的促销行为。

抽奖促销的优点：以购买为前提的抽奖销售能够直接促进销售额的提升；对产品的宣传力度较大；促销奖品的费用比较稳定且容易控制；适当的奖品有助于提升品牌形象；可以使顾客产生兴趣和兴奋(考虑到很多人，尤其是年轻人对于广告和其他惯用的促销产品的做法相对冷淡，这一点尤其重要)。

抽奖促销的缺点：法律限制较大；会引起未获奖消费者的不满；对促销方案设计和活动组织实施的要求较高。

5) 预约顾客促销

预约顾客促销是指通过预约的方式使顾客购买卖场的家电，即顾客预存一定的金额，成为预约顾客，从而享受到比非预约顾客更多的购买优惠。

家电卖场导购员非常喜欢预约顾客促销的原因：首先，预约顾客促销成本最低，可以通过打电话的方式预约顾客，或者在卖场设立一个预约顾客的专柜，无须太高成本，却可以挖掘潜在顾客，吸引有购买力的顾客，同时可预计顾客流量。由于预约顾客已在卖场交了预约金，或者通过电话的方式留下了相关信息，因此基本预约的顾客都会来卖场选购。例如，有的家电卖场五一预约顾客来店里消费率高达90%，这便能大概预计顾客流量。而当预约顾客来卖场时，他的成单率往往比普通顾客高，因为顾客之所以会成为预约顾客就是因为顾客有购买家电的需要，才会预存现金，同时还可以将竞争门店的顾客吸引过来。

2. 促销策略建议

(1) 家电卖场应根据不同的促销目的选择不同的促销组合工具制订促销策略。如果促销目的是要让消费者产生品牌转换行为，将竞争对手的顾客吸引过来，那么应该考虑使用打折促销和返券促销。但是，由于打折促销对于企业的伤害程度极大，因此，卖场可以多选用返券促销来代替打折促销，从而减轻打折促销的弊端。

(2) 如果促销目的是要加快商品周转速度，刺激顾客购买欲望，那么应该考虑多使用打折促销、返券促销和顾客预约促销。考虑到卖场利益，应少用打折促销，而采用返券促销和顾客预约促销的组合方式。

(3) 节假日促销策略应与节假日环境相结合，与卖场的假日特点相结合。除了运用一些常用的促销工具之外，卖场还可举办富有传统文化内涵的促销活动。例如，中秋节人们有猜灯谜的传统，可在卖场布置一些灯谜字谜，既烘托了卖场的节日氛围，又能促进销售。

(4) 促销策略有助于促进销售，但过度使用也会造成顾客疲劳，因此要将节假日效应发挥到最大，平时少用促销方式，到节假日才用，让顾客觉得难能可贵、机不可失，这样便可提高节假日销量。

(5) 对于非节假日而言，为减少顾客对大家电品牌忠诚度的影响，卖场可多采用抽奖促销和预约顾客促销这两种促销工具，以此来维护顾客对大家电的品牌忠诚度。

(6) 对于卖场和消费者偏好程度相似的促销工具——赠品促销，对于家电卖场而言成本较高，对于消费者而言促进销售的作用不大，不要盲目使用。但是，可将其作为一种抗击竞争对手的竞争方式，即若大家电的品牌、价位、顾客群体与竞争对手相似，这时使用赠品促销，对顾客就具有极大的吸引力，可击败竞争对手。

本 章 习 题

一、选择题

1. 零售促销的本质和核心是(　　)。

A. 引发消费行为　　　　　　　　B. 沟通信息

C. 实现销售　　　　　　　　　　D. 塑造店铺形象

2. 能够迅速促进消费者发生购买行为的短期促销手段是(　　)。

A. 零售广告　　　　　　　　　　B. 零售公共关系

C. 零售销售促进　　　　　　　　D. 零售人员推销

3. (　　)是通过赞助文化、教育、体育、卫生等事业，支持社区福利事业，参与国家、社会重大社会活动等形式来塑造企业形象的。

A. 零售广告　　　　　　　　　　B. 零售公共关系

C. 零售销售促进　　　　　　　　D. 零售人员推销

4. 以下不属于促销的短期目标的是(　　)。

A. 树立零售企业形象　　　　　　B. 引起消费者的购买欲望，扩大销售

C. 稳定和提高老顾客来店频率　　D. 清除库存的过时商品

二、问答题

1. 零售促销的长期目标和短期目标是什么？

2. 零售促销的类型有哪些？

3. 零售促销活动流程有哪些？

4. 零售销售促进策略有哪些？

第七章　零售战略

【学习目标】

1. 掌握零售战略的特征、定义、类型与层次；
2. 掌握零售战略管理过程的含义；
3. 掌握零售竞争优势的含义和来源；
4. 了解零售扩张战略的类型。

第一节　零售战略与战略管理

一、零售战略的特征与定义

(一) 零售战略的特征

在现代市场经济环境中，零售企业要生存、发展，关键之一就是要重视和制订零售战略。零售战略是零售企业进行经营活动的总体计划和行动纲领，它将零售企业在战略期间的经营宗旨、目标、重点的具体活动及控制机制扼要地提出来，描绘出一个未来的蓝图。因此，零售战略有以下显著特征：

1. 全局性及复杂性

零售战略的全局性表现在以下四个方面：

(1) 零售战略要符合整个世界的政治、经济、技术的发展趋势。世界经济全球化是 21 世纪不可抗拒的潮流，零售战略必须要符合这一发展趋势，零售企业才有可能取得竞争的胜利。

(2) 零售战略要符合所在国的政治、经济、技术的发展趋势。即零售战略必须要与所在国国民经济的发展计划相一致，企业战略才有可能实现。

(3) 零售战略要符合零售行业的发展趋势。每个行业都有其自身的发展趋势，零售战略必须与零售业的发展趋势相一致，零售战略才有可能实现。

(4) 零售战略要符合本零售企业的发展趋势。每个零售企业的昨天、今天与明天是连续变化的，企业历史是不可能割断的，因此，零售战略也必须与本零售企业发展趋势相一致，零售战略才有可能实现。

综上所述，零售战略要符合世界的、所在国家的、零售行业的及本企业的发展趋势，没有全局观念，就无法制订零售战略。

零售战略的复杂性表现在以下两个方面：

(1) 零售战略的制订过程是非常复杂的。零售战略的制订是零售企业高层领导人价值观念的反映，它是一种高智慧、复杂脑力劳动及集体决策的结果，是一种非程序性决策。因此，零售企业完全要靠战略咨询专家及企业高层领导团队的政治敏感、远见卓识、捕捉机遇、战略技巧的有机组合才能制订出好的零售战略，制订过程是非常复杂的。

(2) 零售战略的贯彻实施是非常复杂的。因为新战略的贯彻实施会牵扯到企业产品结构、组织机构、人事安排的调整，关系到企业内部干部和职工的切身利益、权力、地位等问题。实际上，零售战略的实施是零售企业内部高层领导者权力平衡的结果。因此，企业的董事长或总经理如果没有坚定的决心，即使企业战略制订得很好，也未必能贯彻到底。事实也证明，有的零售战略贯彻 1～2 年就被迫停下来，因为阻力太大，贯彻不下去。只有企业的董事长或总经理具有贯彻战略的坚定决心，排除企业内外一切干扰，又制定了具体有力的措施，企业战略才能得到贯彻。因此，战略的贯彻实施也是非常复杂的。

2. 未来性及风险性

零售战略是为了零售企业明天更好地行动，因此预测很重要。所谓未来性，是指制订企业战略必须要对未来几年的企业外部环境变化及企业内部条件变化做出预测，成功的战略往往是预测准确的战略。因此，零售战略具有未来性。

但是，随着科学技术及国内外经济的变化速度越来越快，环境的动态性增强，许多事物具有不可预测性，环境的不确定性因素增多。因此，零售战略的制订及实施具有一定风险性，这是人们在制订及实施战略时必须充分估计到的。

3. 系统性及层次性

企业战略通常分为三个层次，即公司战略(Corporate Strategy)、业务战略(Business Strategy)和职能部门策略(Functional Strategy)。同样的，零售战略也分为三个层次，即公司战略、业务战略和职能战略。

公司战略的概念首先由安索夫提出，它主要关注两个问题：第一，公司经营什么业务；第二，公司总部应如何管理多个业务单位来创造企业价值。

业务战略，也称为业务单元战略(Business Unit Strategy)，起源于安德鲁斯的论述，主要关注企业经营的各个业务如何获取竞争优势的问题。

职能战略是公司战略与竞争战略在企业各职能领域的体现，是连接战略与企业职能活动的桥梁。由于职能战略通常是短期的、局部的，因而称为"策略"可能更为准确。职能策略主要包括市场营销策略、财务管理策略、人力资源开发与管理策略、研究与开发策略、生产制造策略等。

应当指出，公司战略、业务单元战略与职能策略之间必须保持高度的统一和协调，即各职能部门的策略是为了保证实现业务单元(事业部或子公司)战略服务的，而各业务单元战略是为了保证实现公司战略服务的，战略的三个层次之间必须要同步化、协调化，否则，公司战略是实现不了的。这就是企业战略，也是零售战略的系统性及层次性。

4. 竞争性及合作性

制订零售战略的目的就是使零售企业能在激烈的市场竞争中发展壮大自己的实力，使其在与竞争对手争夺市场和资源的竞争中占有相对的优势。因此，竞争性是零售战略的本质特征之一。

但是，企业存在的目的不是为了竞争，所以在竞争当中还可能与竞争对手在某些领域进行有条件的合作(如结成零售战略联盟)，以取得双赢或者多赢的效果，因此零售战略也具有合作性。

5. 稳定性及动态性

零售战略必须在一定时期内保持相对的稳定性，才能在企业经营实践中具有指导意义，不能因为在企业经营中发生了一些枝节性的问题，就随便去修改战略。

但是，如果企业外部环境或内部条件确实发生了较大的变化，零售战略也必须随之进行修改，因此战略又具有对环境动态适应的特点。所以，零售战略在执行过程中要按月、按季度、按半年、按全年随时观察企业内外环境变化，及时进行调整修正，才能达到战略目标，因此零售战略又具有动态性。

(二) 零售战略的定义

战略一词来自希腊语 Strategos，其含义是"将军指挥军队的艺术"。而战略一词与企业经营联系在一起并得到广泛应用的时间并不长，最初出现在美国经济学家巴纳德(Bernard)的名著《经理的职能》一书中。该书作者为说明企业决策机制，从有关企业的各种要素中产生了"战略"因素的构想，但该词并未得到广泛应用。企业战略一词自 1965 年美国经济学家安索夫(Ansoff)的著作《企业战略论》问世后才开始广泛应用，而且从那时起，"战略"一词还广泛应用于社会、经济、文化、教育和科技等领域。

借鉴战略管理对战略的定义，我们对零售战略的定义为：零售战略是零售企业根据其外部环境及企业内部资源和能力状况，为求得企业生存和长期稳定的发展，为不断地获得新的竞争优势，对企业发展目标、达成目标的途径和手段的总体谋划。

二、零售战略的类型与层次

(一) 零售战略的类型

1. 经营战略

经营战略涉及零售商的业务主题，阐明组织未来的业务经营方针、经营商将服务于哪些类型的顾客、目标顾客需要什么等思想和理念。简言之，经营战略要解决零售商的经营方向、思想与方针，明确目标市场与定位等基本问题。实践证明，清晰的市场定位对零售商未来 10 年乃至更长时间的行动都有基本的指导意义。例如，7-11 便利店把目光锁定在年轻人身上。

2. 发展战略

发展战略与零售商的盈利能力有关。企业的发展能力取决于盈利能力。在市场竞争中，零售商要想获得生存和发展，必须创造经济效益，即每个零售商都必须通过经营活动获取维持生存和发展需要的利润。零售商的发展战略主要包括财务目标、社会目标和个人目标。

3. 竞争战略

竞争战略涉及零售商在市场中的竞争地位及要采取的策略。一般来说，竞争地位受组织规模、市场份额、销售额、管理水平、经营效益等因素的影响。按照零售商在市场中所处的地位不同，可把零售商分为领导者、挑战者、追随者和补缺者四种类型。

4. 扩张战略

扩张战略就是零售商将来要达到的规模。该战略阐明零售商在未来 5 年或更长时间内应该发展多少、达到何种规模、选择何种业态、在哪个地区发展、采取怎样的资本运作战略等。扩张战略的核心是规模发展问题。该战略包括地理扩张战略、品牌扩张战略、多元化扩张战略和国际化扩张战略(如表 7-1 所示)。可供零售商采用的扩张路径包括滚动发展和收购兼并。

表 7-1　零售扩张战略

名称	内涵	具体类型与含义
地理扩张战略	零售商的网点空间布局战略和选址战略	区域性集中布局战略，即零售商在一个区域内集中资源密集开店，形成压倒性优势，以实现规模效应
		物流配送辐射范围内推进战略，即零售商在考虑网点布局时，先确定物流配送中心的地址，再以配送中心的辐射范围为半径向外扩张
		弱市场竞争先布局战略，即零售商优先将店铺开设在商业网点相对不足或竞争程度较低的地区，以避开强大竞争对手，站稳脚跟
		跳跃式布局战略，即零售商在主要的大城市或值得进入的地区分别开设店铺
		选址战略，即零售商根据目标市场需求、业态、规模、未来发展趋势等因素选择适当的店址开店，它属于长期性投资决策战略
品牌扩张战略	零售商在经营过程中对所经营的商品部分或全部地采用自有品牌的战略	单一品牌战略，即零售商经营的所有商品都采用同一种自有品牌，不使用制造商品牌
		双重品牌战略，即零售商经营的同一种商品，既采用制造商品牌，也采用零售商品牌
		混合品牌战略，即零售商经营的商品一部分采用制造商品牌，一部分采用自有品牌
多元化扩张战略	零售商利用现有资源和优势，运用资本运营的各种方式，投资发展本行业或不同行业的其他业务的营销战略	技术关系多元化，即零售商以现有业务领域为基础，利用现有的技术、管理、经验、特长等增加经营商品的品类或扩展新的业态，向与零售业相关的边缘业务发展的战略
		市场关系多元化，即零售商针对现有目标市场顾客的潜在需求，发展其他行业的有关业务的战略
		复合关系多元化，即零售商利用自身的人才、资金优势或根据联合经营的需要，投资发展与原来业务无明显关系的新业务的战略

名称	内　涵	具体类型与含义
国际化扩张战略	零售商以国界及其实质意义的存在为前提的跨国经营的营销战略	店铺选址国际化,即零售商根据自己的战略意图在海外选择适当的店址开店经营的行为
		商品供应国际化,即零售商从国外采购商品,然后到国内或第三国销售的行为
		资本国际化,即零售商通过在海外市场募集资金,然后向国内关联企业融资或在海外进行其他投资的行为
		信用卡国际化,即零售商通过发行在国外使用的信用卡而实现国际化的行为

(二) 零售战略的层次

1. 企业总体战略

企业总体战略关系到零售企业的资源配置和发展方向,是企业最为重要的战略举措。一家零售企业的成功与否首先在于它的总体战略是否正确,对于大型零售企业来说尤其如此。当一家公司要进入零售行业的时候或者一家零售企业要进行新的发展的时候,首先面临的是总体战略的制订,如进入零售业的哪个业态、采取何种组织形式、在什么城市和地区发展等。总体战略关系着公司的投资方向和资源配置,关系着公司的组织架构、人力资源,其意义非同一般。

2. 竞争战略

企业在市场上必须对基本的经营活动(业务单元)有一个设想,这一经营活动将决定企业经营活动的大致范围,采取哪些经营品种,商品线的宽度、深度和关联度,履行哪些服务职能以及建立什么样的企业组织形式,确定经营活动所在的城市、区域分布和具体选址。在竞争战略制订中可以考虑三种战略:成本领先战略、差异化战略和目标集聚战略。

1) 成本领先战略

成本领先战略也称低成本战略。当成本领先的企业的价格相当于或低于其竞争厂商时,它的低成本地位就会转化为高收益。尽管一个成本领先的企业是依赖其成本上的领先地位取得竞争优势的,而它要成为经济效益高于平均水平的超群者,则必须与其竞争厂商相比,在产品别具一格的基础上取得价值相等或价值近似的有利地位。成本领先战略的成功取决于企业日复一日地认真实施该战略。企业可以通过如经济规模、技术创新、获取最低的产品进价等途径,成为一个地区成本最低的零售商。

成本领先战略的运用不能过分强调成本优势而忽视了其他方面,应当以为顾客提供价值为前提。一些企业极易将成本领先看成是简单的价格竞争,从而步入低价竞争的风险之中。有时候价格过低并不一定有好处,如当商品价格与商品质量联系紧密时,消费者往往以价格来衡量产品质量。此外,企业若一味压低经营成本追求成本优势时,容易导致降低进货产品质量的要求以及服务水平。成本领先战略的运用还要防止引起激烈的价格战,要注意不能损害企业的形象。

零售企业要创造成本优势可以从以下四个方面进行思考：

(1) 进行企业经营成本影响因素分析。首先要了解自身的成本现状，通过找出那些对企业经营成本影响最大的或企业降低成本潜力最大的因素，深化已有的成本优势，创造可能的成本优势。

(2) 制订成本控制目标和成本控制计划，进行系统的成本控制。

(3) 与供应商建立良好的合作关系，节约采购成本。

(4) 实施连锁经营，创造规模效益。

2) 差异化战略

差异化战略是指为使企业产品、服务、企业形象等与竞争对手有明显的区别，以获得竞争优势而采取的战略。这种战略的重点是创造被全行业和顾客都视为独特的产品和服务。在实际生活中，零售业中的差异化战略反映了零售业动态和竞争性的特征。差异化战略可以从以下几方面着手：

(1) 形象差异。商店的形象，如店堂设计、商品陈列、环境气氛都显示出与众不同。

(2) 商品差异。经营的商品种类、品种、品牌和质量，使消费者在这里可以看到其他商店所没有的商品，给人耳目一新的感觉。

(3) 营销差异。在营销手段上别出心裁，通过特殊的营业推广、广告宣传等吸引顾客。

(4) 选址差异。商店地址的便捷性，如选址在地铁出口处、高速道路的出口不远处等。

(5) 服务差异。最常见的差异化战略是服务差异化战略，优质服务能给消费者带来持久的愉悦，而劣质服务会给消费者带来无法忍受的烦恼。优质服务还有明显的好处就是培养顾客的忠诚，稳定老顾客。不同的顾客、不同的消费时间和地点，顾客对服务的要求是不同的。不同的企业经营方式所提供的服务内容也不相同，这些服务具有主次之分。服务差异化也并不一定是提供更高的服务档次。服务差异还包括对供应商的服务，如对供应商的接待、收货和验货、信息反馈等。

3) 目标集聚战略

目标集聚战略是企业可以选择的第三种基本竞争战略，是指企业通过设计一整套行动来生产并提供产品和服务，以满足某一特定竞争性细分市场（特定的购买群体、特定的产品细分市场、特定的地理市场）的需求。近年来我国消费者群体中消费偏好多样化的趋势非常显著，零售业内存在大量可细分市场，每一细分市场有不同需求，只要选择合适的目标市场，并持之以恒地服务好目标市场，就有可能建立竞争优势。因此，以市场细分为基础的目标集聚战略对于我国零售企业尤其是中小零售企业应对外来零售企业竞争具有重要意义。

零售企业实施目标集聚战略，关键要做好下列工作。

(1) 在市场调查的基础上对市场进行有效细分。对市场进行细分，实际上就是根据消费者的差异性，对消费者进行分类或分群，如对消费者的地理特点、人口特征、行为方式、消费心理等进行分类。在对市场进行细分时，为了保证有效性，一定要在市场调查的基础上进行。

(2) 各个细分市场对企业价值各有不同，企业应选择有潜力的细分市场作为自己的目标市场，要仔细考虑市场是否有足够的现实需求或潜在需求；企业是否有能力满足这些需求并盈利；企业在这个细分市场上能否取得一定的竞争优势。

(3) 根据目标市场的特点，制订业务开展的详细计划。目标市场一旦选定，企业要根据目标市场的特点，确定零售网点的位置、选择商品经营范围、选择进货渠道、确定商品价格策略以及进行企业视觉设计和广告宣传等。

三、零售战略管理

零售战略管理是指零售商确定企业使命，根据组织外部环境和内部条件设定组织的战略目标和实施进度，并依靠组织内部能力将这种谋划和决策付诸实施，并在实施过程中进行控制的动态管理过程。

零售战略是零售企业对全局发展的筹划和谋略，战略管理是对确定战略和实现战略目标过程的管理。零售战略管理不仅包括决策方案的制订，还要涉及战略方案的选择、实施与控制等一系列活动，是一个系统过程。一般认为，零售战略管理过程是由明确企业使命、零售战略分析、确定实施目标、零售战略选择、战略实施与控制等几个相互关联的阶段所组成的，这些阶段有一定的逻辑顺序，包含若干必要的环节，如图 7-1 所示。

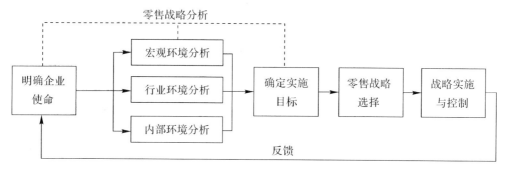

图 7-1　零售战略管理过程

(一) 零售使命

零售使命(Retail Mission)旨在阐述企业长期的战略意向，它是一个企业的行动指南，说明了企业存在的目的和理由。零售使命是制订零售战略的基础，它说明了零售商经营什么、打算经营什么、选择什么业态、主要服务于什么顾客、顾客需要什么等。

1. 影响零售使命的因素

(1) 零售商的历史。零售商经营的历史状况会使它在某一领域形成自己的特征和优势，如保证低价、优良服务或供应链整合优势等。这些累积的优势和特征是企业不可缺少的财富，零售商通常会据此选择零售使命。

(2) 管理者和所有者的偏好。零售管理者和所有者的性格特征、业务所长、文化背景、价值观念和管理风格等也会一定程度上影响零售使命的确定。例如，风险承担型的管理者倾向于制订激进的企业使命，沃尔玛的管理理念就受到了其创始人山姆·沃尔顿的影响。

(3) 市场环境。市场环境包括市场机会和市场威胁，零售商必须根据环境的变化来调整零售使命，充分利用市场机会来发展自己，同时避开和应对市场威胁，采取切实的措施或策略防止其可能对企业造成的危害。

(4) 零售商资源。资源是零售商完成其使命的保证。零售商资源不仅包括人、财、物等硬件内容，还包括员工素质、管理水平、社会形象、品牌知名度、开发新技术的能力等软件内容，特别是自身是否拥有特殊的能力和竞争优势。零售商内部结构和资源的调整也会影响到零售商的使命。因此，零售商确定自身的使命既要有充分的资源保证，又要充分利用企业的资源。

2. 使命陈述

使命陈述是对零售商的活动目标和计划开展的活动范围的一般性描述，它界定了该零售商要考虑的目标市场和零售方式。零售使命一经确定，就要做出准确的表述。从现代营销的观点看，企业使命的描述应该是市场导向，如表7-2所示。其有助于零售商关注顾客需求的无限性，为自身经营提供广阔的前景，更重要的是为零售战略提供长远的指导。

表7-2 企业使命的描述

商 店	顾 客	顾客需求	
		产品导向	市场导向
化妆品店	女性	出售化妆品	出售美的希望
自行车店	男性	出售自行车	出售交通工具

(二) 零售环境分析

1. 宏观环境分析

宏观环境是指零售商所面对的产业外的外部环境，是各类企业生存发展的共同空间，主要包括如下方面：

1) 政治法律环境

政治法律环境是指对零售商的生产经营活动具有现存和潜在作用与影响的政治力量，以及对零售商的经营活动加以限制和约束的法律、法规等。这些政策和法律既可以使零售商的经营活动受到保护，也可以使零售商的活动受到限制，具体体现在：

(1) 对经营商品的约束。零售商不仅要按照《中华人民共和国产品质量法》《中华人民共和国商标法》《中华人民共和国合同法》《中华人民共和国消费者权益保护法》《中华人民共和国食品安全法》等法律、法规的要求开展经营活动，还要在商品出售前进行严格的商品检测，使检测合格的商品上架出售，同时也要对消费者提供商品质量及安全的保证。

(2) 对商品价格的约束。国家与当地政府对零售价格在不同时期根据不同的商品会给予不同的控制，如《中华人民共和国价格法》《价格违法行为处罚规定》中都有相关规定。

(3) 对零售商开展促销活动的约束。如《中华人民共和国广告法》《中华人民共和国反不正当竞争法》《中华人民共和国消费者权益保护法》对利用广告促进商品销售、采用公平的促销手段开展竞争、保护消费者合法权益等方面提出了约束和要求。

2) 经济环境

经济环境是指一个国家的经济制度、经济结构、产业布局、资源状况、经济发展水平以及未来的经济走势等。对零售商影响最大的经济环境主要包括：

(1) 国民经济发展状况。它主要包括总体经济形势、社会生产状况、社会分配状况。它们会在总体上影响和制约零售商的经营与发展。

(2) 消费者收入。即消费者个人所能得到的所有货币收入的总和。消费者收入中的可支配收入和可任意支配收入是零售研究的重点，其中可任意支配收入是影响消费需求构成中最活跃的因素。

(3) 消费者支出。例如，消费者收入水平对支出模式的影响、收入分配平均程度对消费模式的影响等。

3) 社会文化环境

(1) 人口环境。人口是构成市场的基本因素，在收入水平一定的条件下，一个国家或地区人口规模的多少决定了该地区市场容量的大小。此外，零售商还要研究人口的地理分布、年龄结构、性别、家庭单位和人口数、教育构成、职业构成等因素，以确定自己的目标市场。

(2) 文化环境。文化是指一定社会经过学习获得的、用以指导消费者行为的风俗、价值观和习惯的总和，包括文化、亚文化、社会阶层等。文化对消费者购买行为有着最广泛而深远的影响，使消费者需求和购买行为具有相似性、习惯性和相对稳定性的特点。其中，宗教信仰和价值观念对消费者影响重大。

(3) 消费习俗。消费习俗是人们在长期经济活动和社会活动中所形成的一种风俗习惯。研究消费习俗，不但有利于组织好消费习俗用品的生产与销售，而且有利于积极正确地引导消费者健康消费。

(4) 道德规范。不同的道德规范决定不同的交往行为，决定不同的家庭模式及消费模式。我国向来以"礼仪之邦"著称于世，广大消费者对人与人之间的关系和情感极为重视，个人行为往往习惯于与周围环境或他人保持一致，这种重人情、求同步的心理，在消费行为中表现为向多数人看齐。

(5) 审美观念。审美观念是消费者用什么样的审美观点、态度和方法对人生和外界事物进行审美活动的总称。它是一个人审美情趣和审美理想的集中表现，支配着人们审美活动的全过程。随着生活水平的提高，消费者的审美观念发生了明显的变化，追求健康美、形式美、环境美等逐渐发展成为主流，为零售商提供了广阔的发展机会。

4) 科技环境

科技发展不仅带来了社会产品的极大丰富，为零售商提供了坚实的物质基础，而且还深刻影响着人们的生活方式和消费行为。从实践上看，科技对零售商经营管理的直接影响体现在以下方面：

① 创造零售新形式。例如，可视图文系统、家庭购物网络、电子目录商店出现。

② 使交易更有效率。例如，视频订货系统可以使顾客直接在电视柜台订货并在家等待零售商送货上门；介绍商品的可视光盘的使用大大便利了消费者了解和选择商品；高技术收款机的使用可加快收款速度；等等。

③ 改善企业经营控制。例如，POS、ED 不仅减少了排队和劳动力成本、获得了销售和库存的最新信息，还加强了企业与供应商的联系，从而使零售商更有效地管理库存商品、减少库存商品投资。

2. 行业环境分析

零售行业环境是对零售商影响最直接、作用最大的外部环境。零售行业环境分析通常采用迈克尔·波特的五力分析模型。结合零售业的具体情况，五力分析模型可转化为图 7-2 的形式。

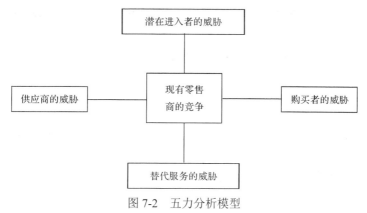

图 7-2 五力分析模型

1) 现有零售商的竞争

竞争的表现是：竞争者数量和实力的扩大加剧了竞争；价格竞争和非价格竞争形式带来的威胁；买方市场和用户转变费用低加剧了零售业招揽生意的竞争力度；大中型零售商的退出壁垒高，使得相当一部分企业继续留在行业内，加剧了行业内的竞争。

2) 潜在进入者的威胁

(1) 规模经济。一方面，具有某些特色和某些方面优势的小型零售商只要其规模大小和所在区域居民消费数量相匹配，就可以在竞争中找到自己的位置，进入零售业的规模经济壁垒较低；另一方面，大型综合超市、连锁店等在采购、分销、促销等方面要有明显的规模经济，进而形成进入壁垒。

(2) 原始资本需求积累。新企业进入零售业的创始资本投入较少，原始资本需求壁垒较低，但要获得全国性竞争优势，则需要有较高的前期投资、运营资本和抵御风险的能力，进入壁垒高。

(3) 产品差异性。零售商的产品差异性相对较小，使得其潜在进入者增加。为克服产品同质性，零售商需通过加强宣传推广、创建自有品牌等形成新的壁垒。

(4) 相对费用。零售商的经营技术比较简单，招募和培训员工比较容易，新企业进入零售业的相对费用壁垒较低。

(5) 行政法规。零售业是劳动密集型产业，相对投资少、见效快，各级地方政府为解决劳动就业，通常支持新建零售企业，使得新企业容易进入零售业，容易越过行政法规壁垒；同时，大多数国家会通过规划、许可证或者投资限额等形式限制外国大型零售商进入本国市场。

3) 替代服务的威胁

零售商面临的替代威胁来自两个方面：一是从整个零售产业的角度看，零售服务的替代者是指那些提供与零售业相似的服务，在某种程度上可以替代某种类型零售企业的行业、组织或个人，如饮食业、宾馆业、批发业等。二是从零售业内部的细分子行业角度看，零售业除了有专营经营外，还有商品与服务的交叉经营，使消费者可以进行多方面的比较和选择，形成对原有零售业内部一些零售商的竞争压力，同时也可能为一部分零售商创造新的销售增长源泉，如零售业态的发展与更新。

4) 购买者的威胁

消费者对零售商竞争策略的影响一直处于不利的地位，但随着消费者消费能力提升、自我保护意识增强，消费者自身素质得到提高，对零售商的要求也越来越高。消费者转换卖主的转变费用很小，顾客获取和掌握商品与服务信息的渠道越来越广，利用买方市场中厂商争夺顾客的竞争而从中得利，大额的教育费、养老储备和医疗费等消费性支出等都对零售业形成了巨大压力。

5) 供应商的威胁

零售商与供应商的关系是合作竞争关系。当前的趋势是零售商的力量越来越强大，改变了以往大型供应商掌控价格、品类甚至商品陈列和经销的局面。目前供应商的威胁正向两个不同的方向分化：名牌产品的厂家力量逐步增强；一般产品的厂家力量日益弱化。例如，供应商的集中程度高，则其讨价还价的能力强，而零售商的集中度高，则供应商就不会轻易施加压力；供应商在产品差异性、重要性、稀缺性等方面的可替代程度低，替换他人的可能性小，则来自供应商的竞争压力大；零售商转换供应商的转变费用较高，则供应商讨价还价的能力增强。

3. 零售商内部条件分析

零售商内部条件是指影响零售商生存和发展的内部因素，如企业的经营观念、管理体制与方法、经营目标与宗旨、企业精神与文化、业务流程管理水平等。常用的分析方法有以下几种：

1) 经营资源分析法

经营资源分析法用于确定零售商的资源状态，发现企业在资源上表现出的优势和劣势，从而找出在资源使用中所需要进行的变革。它的内容包括零售商现有资源及其利用情况、资源的应变能力、资源的平衡性和适应性等。

2) 企业能力分析法

企业能力是企业将资源加以统筹整合以完成预期任务和目标的能力。企业能力分析法的目的在于了解零售商在基础管理能力、信息管理能力、研发能力、门店运营能力、分销与配送能力等各个方面的能力，发现其能力的优势与劣势。

3) 价值链分析法

价值链分析法主要研究包括采购、营销、陈列以及其辅助作用的一系列价值创造活动共同组成的链条。价值链活动分为基本活动和辅助活动。前者是零售商经营的实质性活动，多与商品实体的流转有关，包括进货、分类整理与配送、上架、促销、售后服务等；后者是配合基本活动用于完成商品增值为目的的活动，包括商品采购、技术开发、人力资源管理以及零售商的总体计划、财务、行政和质量管理等活动。

(三) 零售战略目标

1. 零售战略目标的含义

零售战略目标是零售商在一定时期内，根据外部环境变化和内部条件的可能，为完成使命所预期达到的效果或完成的任务。战略目标是零售战略的重要组成部分，为零售商指明了发展方向和评价绩效的操作标准。零售商制订的战略目标往往是一个目标体系，包含了对零售活动不同环节所规定的目标。

2. 零售战略目标的内容

(1) 经营目标。经营目标是指确定企业的经营范围，如零售商将会服务于哪些类型的消费者、目标顾客需要什么、企业要经营的商品等。由于资源和能力的限制，面对众多的消费需求，零售商只能选择一部分消费者作为自己的目标市场，并据此确定经营范围。零售决策者必须通过各种方式进行细致的市场调查，通过分析市场选择适合于自己进入的目标市场，最后进行商品定位。

(2) 财务目标。财务目标是针对零售商经营活动的效益、经营达到的效果以及在市场中的地位提出的目标。零售商的财务目标主要包括：① 利润指标，如销售利润率、资产利润率、资本利润率、每股收益等；② 运营效率指标，如单位面积营业额、人均销售额、商品周转率等；③ 市场地位指标，即企业在当地市场零售额中所获得的销售份额，它反映了零售商的销售业绩和行业地位，一般用市场占有率表示。

(3) 社会目标。社会目标是指零售商满足消费者选购商品需要、履行社会责任的目标。社会目标包括：社会公平，是指零售商在经营活动中不能欺骗生产厂家、供应商和消费者，不诋毁竞争者；社会责任，是指惠泽社会。零售商的社会目标具体包括满足消费者需要、向顾客提供服务、依法纳税、提供就业机会、积极支持各种公益活动等。

(4) 个人目标。个人目标是指零售商提供的与员工有关的、满足其工作和生活需要的目标。它包括员工生活与工作基本条件满足目标、员工发展机会目标等。

(5) 形象目标。零售形象是公众对零售商的印象和评价。良好的形象是企业一笔重要的无形资产，是企业竞争优势的来源。良好的企业形象主要表现为高知名度、高美誉度等。

零售战略目标以财务目标为核心，相互联系，构成有机的整体。在实践中，这些目标可以分解到各个经营环节和经营部门，甚至到最小的经营单位。

第二节　零售竞争优势

一、零售竞争优势的含义

迈克尔·波特教授在他的《竞争优势》一书中指出：将企业作为一个整体来看是无法认识竞争优势的。竞争优势(Competitive Advantage)来源于企业在设计、生产、营销、交货等过程及辅助过程中所进行的许多相互分离的活动，这些活动中的每一种对企业的相对成本地位有所贡献，并且奠定了标新立异的基础。

竞争优势是相对竞争对手而言的，是超过对手的知识、能力、资源等方面的集合。竞争优势是指零售商拥有不同于竞争对手的独特能力，这一能力使其在某一零售市场上处于领先地位，能超越竞争对手的某些方面而赢得消费者。零售组织是由系列经营要素有机结合而成的，当某一零售商能够比竞争对手更好地使用这些要素时，它就拥有了一定的竞争优势。零售竞争，实质上就是零售商能力的较量，谁能更有效地利用、整合各种经营要素，满足消费者需求，谁就能在竞争中脱颖而出。这一竞争优势对零售商和顾客而言是"双赢"的。从长远来看，零售商是"赢"的(吸引顾客、扩大销售、获取利润等)，顾客也必须是"赢"的(得到满意的商品、获得尊重、体验愉快等)。否则，零售商受损(顾客光顾竞争者商店)，顾客也受损(不得不花时间和金钱去了解其他零售商)。

二、零售竞争优势的来源

不同行业的组织确立竞争优势的来源是不同的。对零售企业而言，建立竞争优势的主要来源有以下六个方面：

(一) 商 品

零售商店归根结底是为消费者提供购物的场所，任何一项零售经营策略的实施，无非是吸引顾客，使其满意地购买到称心如意的商品。如果离开了商品这一关键因素，即使是更优良的服务、更好的地址和购物环境、更低成本的运作也是枉然。因此，商品因素是其他因素的基础，其他各因素只有围绕商品这一核心因素来展开才能发挥应有的效应。

零售商通过商品来确立自己竞争优势的主要方式有：

(1) 商品范围更广，种类更多，更具选择性，能满足一站式购物的需要；

(2) 商品质量更可靠；

(3) 在相近质量基础上，商品的售价更低；

(4) 商品更新率高，更具时尚性和新颖性；

(5) 开发出独特的自有品牌商品。

与制造业不同的是，零售商大多经营的是他人生产的商品，不具有商品专有性(自有品牌除外)，竞争对手在大多数情况下也能购进和销售同样的商品，因此，要靠商品来形成竞争优势有时是十分困难的。这就需要零售商与供应商建立良好的、稳固的关系，从而可以用比竞争对手更低的价格或更好的合同条款购进商品，也可以保证畅销商品的供应。零售商同供应商之间的关系，就如同与顾客的关系一样，需要经过长时间的培养而且不会轻易被竞争对手所侵蚀。

(二) 服 务

顾客进入一家商店，除了希望能购买到称心如意的商品外，还希望得到令人满意的服务，尤其在各家商店经营的商品相差无几的情况下，服务水平和服务项目成了顾客选择商家的一个重要因素。服务因素是现代市场竞争中各行各业关注的焦点，世界各地都在兴起一场"以消费者为中心""以消费者满意为导向"的服务革命。人们已经认识到：要在 21 世纪消费者主导的市场竞争中生存，服务已成为赢得消费者、留住顾客的竞争优势来源。

优质的顾客服务能培养和保持顾客忠诚(Customer Loyalty)，这对零售商而言至关重要。综观那些颇有建树的零售商，无不在服务方面有口皆碑。零售企业一旦赢得了一种服务上的声誉，那么就能够长久地保持这种优势，因为对竞争对手来说，建立一种可与之相匹敌的声誉是很困难的。

（三）店址

实体零售企业要通过一定的营业场所为顾客提供售货服务，而且，不管是租借的营业场所还是自己投资建成的营业场所，一经确定，就需要投入大量现金去营建店铺。另外，当外部环境发生变化时，不像人、财、物等经营要素可以做相应的调整，店址一旦选定短期内很难发生变化，具有长期性、固定性的特点。因此，选址是一种长期性投资，关系着企业的发展前途。

由于选址对企业的影响重大，所以，企业在选择店址时不仅要研究所在区域的现状，还要能够正确预测未来，特别是要对竞争的态势做出评估，保证所选的店址具有一定的发展潜力，在以后的一定时期内有利可图。

企业的店址选择得当，就意味着其享有"地利"优势，集客和聚客就多，商品销售额就大，实现的利润额就高。在同行业商店之中，如果在规模相当，商品构成、经营服务水平基本相同的情况下，好的店址必然享有较好的经济效益。而且，实体店铺的店址具有物理空间的唯一性，一旦占据这个物理空间，就不能被竞争对手模仿、获取和占有，因此具有一定的不可模仿性、不可交易性和难于替代性。

（四）购物体验

伴随着物质文明的进步，人们的生活水准和消费需求也在不断升级。在后工业社会，人们更加关心生活的质量，关心自己在心理上和精神上获得的满足程度，而体验可以说正是代表这种满足的经济提供物。美国著名未来学家阿尔文·托夫勒(Alvin Toffler)在其名著《未来的冲击》一书中就对人类的这一需求变化趋势及相应的经济转型做出了预测。他指出，我们正在从满足物质需要的制度迅速过渡到创造一种与满足心理需求相联系的经济，体验由原来作为某种服务产品的附属……越来越多地按其本身的价值出售，好像它们也是物品一样；未来的工业将是一种体验工业。可见，人们的消费需求由实用层次转向体验层次是社会发展的一种必然。

由于市场竞争的加剧和技术传播速度的加快，同一行业的不同企业提供的产品越来越趋同，一家企业的产品很容易被竞争对手所复制。不仅实体产品如此，服务产品也面临着同样的局面，特别是在核心服务层次上。美国学者派恩和吉尔摩将产品或服务趋同的现象称为"商品化"(Commoditisation)。正因为商品化抹杀了商品和服务给人们带来的个性化、独特性的感受和体验，体验才显得弥足珍贵。

体验的来源既包括产品本身的愉悦(pleasure in the product)，如产品本身审美设计所带来的生理、心理、社会及象征意义的愉悦，购买或拥有所带来的愉悦；也包括人与产品互动产生的愉悦(pleasure from person-product interactions)，如来自期待与回味的愉悦，以及来自参与或卷入的愉悦。以上述分类看，"快乐或愉悦"是顾客参与生产性消费体验价值的核心，而这一核心体验属于人与产品互动的愉悦，并且是通过参与或卷入产生的愉悦。

结合零售行业的消费行为，具体的体验包括休闲体验、社交体验、审美体验、尊贵体验、乐趣体验、愉悦体验和享乐体验。如果零售企业能够给消费者提供和带来独一无二的购物体验，这也将成为零售竞争优势的来源。

【小案例】

西西弗书店独特的购物体验

西西弗书店(Sisyphe Bookstore，以下简称西西弗)于1993年8月在遵义创办。创办者将书店命名为西西弗，其名称来源于希腊神话中的西西弗斯(Sisyphe)。西西弗斯是科林斯的建立者和国王，他曾一度绑架死神，让世间没有了死亡。后来，西西弗斯触犯了众神，诸神罚他将一块巨石推到山顶，由于那块巨石太重了，每每未上山顶就又滚落下来，前功尽弃。受永世惩罚的西西弗斯每天周而复始地将大石推向山顶，绝不疲倦，从不放弃。西西弗的创办者取其坚忍不拔的精神，希望西西弗能成为图书乃至文化行业的西西弗斯。

目前，西西弗已经不仅仅是卖场或早已经超越了卖场，它以优质图书和优质阅读环境吸引顾客，运用文化营销策略提升书店的价值，让更多的人走进书店，热爱书店，并提供了咖啡、文创产品，实现了经营从以商品为中心到以消费者为中心的商业模式转变。西西弗正是通过"硬件"的空间阅读感与"软件"的读者归属感和文化感染力，使得书店实现了从"卖场"到"文化空间"的升级，实现的是一种场景化的升级和架构。

西西弗秉承"引导推动大众精品阅读"的经营理念，以满足"客群心理共性趋势需求"为目的，打造以物理空间体验为基础、以产品运营体验为核心、以服务互动体验为增值的"三位一体"复合体验模式。

西西弗的体验价值也体现在互补性业态的引入上，矢量咖啡和"不二生活"创意空间成为西西弗书店的标配。以咖啡店为例，咖啡店业态的引入能够更好地实现阅读体验空间的场景化构建，"一边闻着书香，一边喝着咖啡；一边闻着咖啡香，一边看书"是极好的阅读体验。所以，将书店和咖啡店捆绑在一起的价值要大于单个书店与单个咖啡店的价值相加，因为咖啡店的存在提升了书店的价值，同样书店的存在也提升了咖啡店的价值，两者是基于场景化架构的完美的互补关系。

(五) 低成本运作

同一业态的零售商满足着消费者同一方面的需要，不同的成本运作意味着零售商满足消费者的能力不尽相同。一个零售商，如果能够以更低的成本来提供与其竞争对手同样的商品质量和服务，那它就既能获得比其竞争对手更高的边际利润，同时又能使用潜在的利润来吸引更多的顾客，并增加销售额。沃尔玛之所以能跃居世界零售第一，就在于其拥有优于竞争对手的低成本运作能力，使其在竞争中掌握了更大的主动权。

低成本运作可以利用潜在利润为零售商带来两方面的竞争优势。一是对于那些对价格比较敏感的顾客而言，企业低成本运作可以直接转化为商品价格优势，从而为顾客提供更物有所值的商品。二是对于那些对价格不是很敏感的顾客，零售商可以不采用更低的价格，而是通过提供更好的服务、更多的花色品种以及视觉效果好的商品陈列来从其竞争对手那里吸引更多的顾客。

规模是实现低成本运作的基础，有了一定的规模就可以保证采购和管理成本的降低并取得这方面的优势。通过规模的扩张，就有利于通过规模经济实现低成本运作，就有条件以更低的价格获得市场份额，又能够进一步带来规模的扩张。

（六）信息管理系统

面对全球化的市场竞争，零售企业跨地域、跨行业、多元化的经营，企业如何对内部资源进行有效整合，提高资源整体利用率和企业快速响应市场的能力？同时，当代信息技术涉及的领域也在爆发式扩大，从软硬件环境、网络、信息系统等迅速扩大到数据仓库、电子商务、大数据、云计算、人工智能、物联网等各个领域。各类不同的技术、方法和环境，系统的开放性、易操作性、柔性，对管理革新的支持，对日益需要灵活应变的各类商业策略的实现过程，共同构成了现代商业系统的复杂性。而信息技术还需要在日益增长的商业环境中适应现代企业管理模型的变革。随着信息技术和通信技术的发展，一些新的信息化应用和管理思想的产生，对零售企业发展战略和目标起到了关键的促进作用。

零售企业由于其跨地域、经营多元化的特点，具有普通单一企业所无法获得的资金和市场优势。伴随着企业的发展，企业在采购、销售等领域协作地域范围不断扩大，可能在全国都有分支机构，合作伙伴遍及各地。同时企业也由于其规模的庞大，分散化的管理等问题都迫切需要借助信息管理系统来解决。

从信息系统 IT 架构发展的历史来看，企业管理模式正经历了集中–分散–再集中的应用路线。随着信息技术的广泛应用和深入发展，IT 技术已经深刻地影响着企业的运作和管理，一些基于信息技术的新管理理论和模式正在形成，如当前最为流行的供应链管理等。企业的信息战略不仅重要，更是塑造竞争优势和获得成功的关键。

综上所述，零售竞争优势来源如图 7-3 所示。

图 7-3 零售竞争优势来源

这六种要素并不是独立的，它们之间相互关联，如服务与低成本运作之间、店址与低成本运作之间、低成本运作与信息管理系统之间是相互支撑、相互制约的。竞争优势也许来源于其中一种要素，也许来源于各种因素的综合作用。大多数情况下，零售企业不会只依靠单一的一种方式来建立竞争优势，而是以复合多样的方式在他们所处的位置的周围建立起尽可能高的一堵墙，以阻止竞争对手的进入。在六种竞争优势要素中，低成本运作和信息管理系统是需要以规模为基础的，是需要追求规模经济的，因此往往是大型零售企业的专利；而对于购物体验，不论是大型零售企业还是小型零售企业，尤其是小型零售企业，都是有条件和有能力去追求的竞争优势。

本 章 习 题

问答题

1. 零售战略的定义和特征是什么？
2. 分析零售战略的基本类型。
3. 零售企业的竞争优势来源有哪些？
4. 零售扩张战略的类型有哪些？

第八章　网　络　零　售

【学习目标】

1. 了解网络零售的定义、特点以及与传统零售的差别；
2. 掌握 B2C、C2C、O2O 的含义；
3. 了解影响实体零售与网络零售协同的要素，了解两者协同的形态和演进；
4. 了解建立网上商店的一般过程。

第一节　网络零售概述

一、网络零售的定义与特点

（一）网络零售的定义

网络零售也叫电子零售，零售商与顾客之间主要通过电子网络进行商务、交流等活动，零售商在网上发布商品信息，或根据顾客的问题回答相关信息，顾客则在网络上进行选择、谈判、购买、支付。网络零售具有互动、信息量集中及全球接触等特点。

中国电子商务研究中心发布的网络零售调查报告给网络零售的定义是：网络零售是指交易双方以互联网为媒介进行的商品交易活动，即通过互联网进行的信息的组织和传递，实现了有形商品和无形商品所有权的转移或服务的消费。买卖双方通过电子商务(线上)应用实现交易信息的查询(信息流)、交易(资金流)和交付(物流)等行为。网络零售也称网络购物，包括 B2C 和 C2C 两种形式。

网络零售能为零售企业和社会均创造高效益。首先，它降低了零售企业的采购价格，减少了商品库存和积压，降低了商品价格，并创造了新的销售机会；其次，电子零售带来了全社会的增值，促进了知识经济的发展，开创了一个新行业。

（二）网络零售的特点

网络零售除了具有一些传统零售方式共有的特点之外，其作为电子商务的一种形式，还有其独有的特点，包括商务性、服务性、集成性、可扩展性、安全性和协调性。

1. 商务性

网络零售最基本的特点为商务性，即提供买卖交易的服务、手段和机会。网络零售提供一种客户所需要的方便途径。因而，网络零售对任何规模的企业而言，都是一种机遇。

就商业性而言，网络零售可以扩展市场，增加客户数量；通过将网络信息连至数据库，企业能记录下每次访问、销售、购买形式和购货动态以及客户对产品的偏爱，这样企业就可以通过统计这些数据来获知客户最想购买的产品是什么。

2. 服务性

技术创新带来新的结果，互联网应用使得企业能自动处理零售过程。现在，在互联网上许多企业都能为客户提供完整服务，而互联网在这种服务的提高中充当了催化剂的角色。企业通过将客户服务过程移至互联网，使客户能以一种比过去简捷的方式完成过去他们较为费时才能获得的服务。例如，将资金从一个存款账户移转至另一个存款账户，查看一张信用卡的收支，记录发货请求，乃至搜寻并购买稀有商品，这些都可以足不出户且实时完成。显而易见，网络零售提供的客户服务具有一个明显的特点，就是方便。这不仅对客户来说如此，对于企业而言，同样也能受益。

3. 集成性

网络零售是一种新兴产物，其中用到了大量新技术，但并不是说新技术的出现就必须导致老设备的死亡。互联网的真实商业价值在于协调新老技术，使用户能更加行之有效地利用已有的资源和技术，更加有效地完成任务。网络零售的集成性，还在于事务处理的整体性和统一性，它能规范事务处理的工作流程，将人工操作和电子信息处理集成为一个不可分割的整体。这样不仅能提高人力和物力的利用，也提高了系统运行的严密性。例如，为了帮助企业分析、规划其互联网零售发展战略，指导设计和建立应用，更好地集成新旧资源，充分利用已有资源，BM 建立了一种可伸缩性的网络计算模型 NCF。这种模型是开放的，并且是在现实产品和丰富的开发经验的基础上提出的。

4. 可扩展性

网络零售正常运行，必须确保其可扩展性。互联网上有数以亿万计的用户，在传输过程中，时不时会出现高峰状况。倘若一家企业原来设计每天可受理 40 万人次访问，而事实上却有 80 万，就必须尽快配有一台扩展的服务器。对网络零售来说，可扩展的系统才是稳定的系统。如果在出现高峰状况时能及时扩展，就可使系统阻塞的可能性大为下降。网络零售中，耗时仅两分钟的重新启动也可能导致大量客户流失，因而可扩展性可谓极其重要。

5. 安全性

对于顾客而言，无论网上的物品如何具有吸引力，如果他们对交易安全缺乏把握，他们根本就不敢在网上进行买卖。企业和企业间的交易更是如此，在网络零售中，安全性是必须考虑的核心问题。欺骗、窃听、病毒和非法入侵都在威胁着网络零售，因此要求网络能提供一种端到端的安全解决方案，包括加密机制、签名机制、分布式安全管理、存取控制、防火墙、安全互联网服务器、反病毒保护等。为了帮助企业创建和实现这些方案，国际上多家公司联合开展安全电子交易的技术标准和方法研究，使企业能建立一种安全的网络零售环境。

6. 协调性

商务活动是一种协调过程，它需要雇员和客户、生产方、供应方以及商务伙伴间的协调。为提高效率，许多组织都提供了交互式的协议，网络零售活动可以在这些协议的基础上进行。利用互联网将供应方连接至管理系统，再连接到客户订单处理，并通过一个供货渠道加以处理，这样公司就节省了时间，消除了纸质文件带来的麻烦并提高了效率。

（三）传统零售与网络零售的比较

网上商店使得分销成本降低，交易过程达到高效率化。网上交易大大缩短了购物过程，减少了购物环节，既可以降低制造商、零售商的分销成本，也可以节省顾客购买的时间成本，使顾客在便利的条件下买到廉价的商品。分销成本的节省主要源于两个方面：一是店铺费用的节省，网络商店将有形店铺进化为无形店铺，故不必支付房地租金、装修费用、水电费用等，只需支付自设网站、软硬件、网络使用及维修等低廉费用即可；二是库存费用的节省，网上商店也可称为无存货商店。同时，交易突破了时空限制，使得交易随时随处可能发生。网上商店的开办常常依托于国际互联网，因此商店与顾客之间的空间距离为零。顾客只要拥有电脑并上网，就可以在世界范围内的网上商店漫游。同时，商店一进入网上，就等于进入世界上的任何国家，瞬间就成为国际品牌，是低成本扩张的好方法。更有意义的是网络虚拟购物中心(Cyber Mall)的形成。它是把若干商店的网页集中起来，组合成一个网上综合性购物场所，使顾客可以一次购足想买的商品。其优势在于顾客可以十分便利地比较产品的品质和价格，只需轻点鼠标就可以由一家商店跳到另一家，而不必像传统购物方式那样到处奔波。传统的店铺销售都有固定的营业时间，顾客只有在商店营业时间内才能进店购物，可商店营业时间也常常是顾客上班时间，十分不便；在目录销售、电话销售和电视销售中，时间主动权都掌握在商家手中，因为商品信息是定时定期发布的。网上商店打破一切时间上的限制，它不需要像店铺那样雇用导购员，也不需要向目录销售那样安排电话接听员。这样，它一方面不受《劳动法》的限制，另一方面避免了员工因劳累或缺乏训练而伤害客户。它完全可以一天 24 小时，一年 365 天地持续营业，顾客随时可以上网，上网时间就是商店营业时间，似乎营业时间是由顾客控制的。

网上商店由于低营业成本以及时间、空间等方面的优势，成为传统商店强有力的竞争者。未来，网上商店可能占据主导地位或成为零售业的基本形式，但多数学者认为它不可能取代传统商业的地位。他们认为传统商业不可取代的原因如下：第一，城市是以城为廓，以市为实，城以市兴。城市一体，构成现代城市的基本内容。有城无市，只能靠网上购物，没有商店，没有商业街，没有商业中心，城市也就失去了生机和活力。第二，现代消费观念集购物、休闲、旅游、娱乐于一体，时兴体验经济。购物是一种享受，是一种社会接触、人际交往、时代气息的熏陶。这些都是网上购物无法替代的。第三，不是所有的商品都适合网上销售。第四，经济发展的不平衡和消费的多样性，要求多层次、多形式、多业态的购物场所，才能满足各自的需求。传统零售与网络零售的比较见表 8-1。

表 8-1　传统零售与网络零售的比较

比较项目	传统零售	网络零售
企业规模	规模有大有小，大者连锁店遍布全国，小者专为社区服务	规模中小者居多
组织结构	大的零售企业具有完整的组织结构，富有零售经验；小的零售店组织结构与人员构成简单	扁平化的管理模式，人员构成精干，市场适应性和创新能力较强

续表

比较项目	传统零售	网络零售
营销策略	主要采用传统的媒体进行营销，如电视、报纸等	在线广告结合线下广告，同时会利用网络工具进行推广
库存策略	具有自己独立的库存中心，能够随时把握库存量，并制订库存策略	部分规模大的网络零售商建有比较齐全的库存中心，小的零售商通常利用供应商的库存中心
配送策略	有自己的分销店面，供应运输体系都比较成熟，成本相对较低	多采用第三方配送网络，规模大者会有自己独立的配送体系
市场状况	市场规模大，竞争激烈，常进行低价竞争	市场不健全，还处于发展阶段，规模较小
消费者构成	消费群体庞大，消费心理成熟，比较容易建立消费者忠诚度，提供售后服务	喜好网上购物，且对隐私较看重的消费者
支付方式	购买时直接现金支付或刷卡支付	多种支付手段，在线支付结合线下支付

但网络零售的发展对传统零售还是产生了比较重大的影响，表现在以下四个方面：

(1) 网络零售推动了传统零售业的自我创新变革。

网络零售的诸多优势引发传统零售业的创新变革。网购的兴起改变了消费者的消费习惯，很多消费者在传统商店对商品进行体验后用手机在网上直接购买，传统商店的销售功能不断弱化，体验功能不断增强。城市中的大型连锁企业开始实行 O2O 线上线下融合的模式，线上下单购买线下体验拿货或享受服务，线上线下统一价格管理等方式来抵御电商的冲击。电商逐步渗入农村，农村原有的传统的小商家也积极触网，也不再受限于门店面积小出样少的限制，开设小网店，接进异业联盟商品，不仅在品类和品牌上迅速扩张，在宣传上也体现了网店宣传的高效性，拥有更广阔的空间。

最初，百货店的商品销售是顾客隔着柜台和售货员进行交易；后来撤掉了柜台顾客直接在超市内自由行走自己选购；同时也出现连锁店，在不同的地点都可以享受到同样的商品和服务；而现在，消费者只需要轻点鼠标或指尖轻点手机屏幕就可以让商品被送货上门，不需要出门。一系列的销售模式逐步消除中间环节，形成了极致简洁的网购模式，这是一场零售业态的全新革命。

(2) 网络零售改变了传统零售业以往的经营模式。

传统企业触网后，原来经营商品的模式逐步向经营顾客的模式转变。在传统零售企业，企业会根据产品的占比和存货对指标做分解，有主推商品会对顾客选购的品牌做出洗牌，并往商家想要主推的商品上引导。一般在销售过后企业会对销售数据进行分析，分析销售数据和品类占比以及品牌占比。而互联网电商的销售模式则更多地关注顾客，从顾客的搜索引擎启动就开始了，对顾客浏览的商品、购物网页停留的时间、购物关注点等过程——留存进入大数据库分析，觉察顾客的购物心理，更先一步觉察顾客需求，并有针对性地向顾客推送几款他想要购买的商品，实现了精准营销。

网购使顾客的选择主动性增强，不拘泥商家的推荐，越来越多的顾客有个性化需求，用户根据自己的需求主动上网搜寻将取代传统的商家单向推销式的销售模式，企业也逐步把重点转移到经营顾客上来。以前的商品供应是根据数据库来做决策，现在的商品供应是根据线上的顾客需求来做决策。由后端的商品转移到了前端的顾客，更关注顾客需求。

(3) 网络零售带来了更加完善的客户管理。

① 客户资料管理的优化。传统的零售企业对于客户资料的管理，大的企业有自己的 CRM 系统，而中小企业仅仅停留在登记顾客信息，用纸质、电子文档登记或用购买的软件系统录入等方式。网络销售已经可以在后台大数据库自动抓取有效的顾客基本信息，自动留存，不需要额外的手工录入。

② 客户互动方式的优化。传统企业会在销售现场询问顾客或销售后期针对登记的顾客资料进行电话回访、发放促销信息通知等方式来实现互动，是需要商家主动去维护的，互动带有选择性和滞后性。而网络零售顾客主动性更强一些，打破了空间的限制，顾客不需要去实体店，直接在网上实时互动，提出评价或建议。例如，购买前提出个性化建议，便于商家和供应商进行个性化定制；购买后相关的售后维修也是实时互动，高效沟通。通过共享平台将生产厂家、销售商家、购买的顾客高效地连接在一起，随时共享信息，零售商不仅更深入地了解顾客需求，同时也能及时根据建议做出改进策略。

(4) 网络零售引起传统零售门店多元化发展。

① 模式多元化。虽然网购对实体店有一定影响，但实体店满足了顾客体验的需求，所以它并不会消失。线上的图片和参数与实物给顾客的体验相比还是有一定差距的，网购少了真实的体验，而实体店又有自身的各种限制，但实体店与虚拟网店的结合完成了互补，既满足了消费者的消费需求，又提高了消费质量。O2O 模式(Online to Offline)线上线下相结合的方式在未来会成为一种趋势，即在网上下单在实体店取货或享受服务。

② 商品多元化。原来的传统零售企业只销售店内出样的商品，如家电或百货；而借助电商的平台，实现了商品品类的足够多样化，如家电可以引进红酒、建材、家居等品类，与其他商家联合实现无库存销售。这就打破了受面积局限影响出样的限制，实现无库存的商品引入。例如，苏宁原来是经营家电的实体店，做苏宁易购后实现了多品类多样化的销售格局；汇通达旗下的会员店原来只做家电销售，开设网店后也实现了农资、农具、农药等多品类销售的格局。

③ 服务多元化。原来的传统零售企业多数只销售商品，而触网后则开发了 App 或网上商城或公众号等工具，不仅仅是卖货，还提供了天气查询、机票车票查询、新闻、笑话、手机充值、代缴煤气水电费等服务，更进一步增加了顾客黏性，吸引了粉丝，加强了粉丝黏度，增加了复购率。

④ 宣传多样化。传统企业宣传会通过传统的店内宣传布置、电视媒体、游动的促销人群等方式，而网上的虚拟店铺可以有链接，可以有 App 下载。当顾客不愿意下载 App 占用空间时，网店的链接发挥了更好的作用，网店的链接和其中某个商品的链接都可以直接推送到朋友圈或微信群，操作简单、商品促销直接、宣传快速有效、运作成本低。各商家可以通过朋友圈集赞、分享转载等送礼品的促销方式来完成连环式的宣传推广。

二、网络零售模式的划分

按照平台是企业或个人，网络零售可分为 B2C 模式、C2C 模式和其他商业模式。B2C

模式平台上的卖家是企业，而 C2C 模式的卖家则是个人。目前，在我国国内比较典型的 B2C 网络零售平台主要有京东、当当、卓越亚马逊、苏宁易购等；而代表性的 C2C 交易平台则主要有淘宝、拍拍网、易趣等。

1. B2C 模式

B2C 是英文 Business-to-Consumer(商家对客户)的缩写，其中文简称为"商对客"，是指企业与消费者之间的电子商务模式。

在 B2C 的网络零售模式中，作为销售方的企业通过互联网为消费者提供一个新型的购物环境——网上商店，而消费者则通过网络进行商品的浏览、选择、购买与支付。这种模式不仅节省了客户和企业的时间和空间，而且大大提高了交易效率。与此同时，B2C 网络零售的付款方式为货到付款与网上支付相结合，大多数企业的配送选择物流外包以节约运营成本。因此，随着我国消费者消费习惯的改变以及各个 B2C 网络零售平台的支付体系和诚信安全体系的不断健全，我国的 B2C 网络销售平台正处于快速增长的阶段。

而根据 B2C 网络交易平台的运营主体和运营模式的不同，B2C 的网络零售模式又可以划分为网络零售企业直接销售模式、网络零售企业提供交易平台模式、制造商自建网络销售模式和传统零售商自建网络销售模式等四种。其中，网络零售企业直接销售模式是以当当网、京东为代表，一方面需要自己采购各类商品，另一方面又需要通过自身的网站进行销售；网络零售企业提供交易平台模式则以天猫为代表，仅提供一个虚拟交易平台，向各类品牌制造商出租虚拟的店铺；制造商自建网络销售模式，以中粮我买网为代表，是直接由制造商来建设和运营的网络交易平台，实现生产商与消费者的直接交易；而传统零售商自建网络销售模式，则以国美在线和苏宁云商为代表，由传统的实体零售企业建立和运营，实现零售企业线下销售和线上销售的融合。

2. C2C 模式

C2C 是英文 Consumer-to-Consumer(消费者对消费者)的缩写，其中文简称为"客对客"，是指消费者与消费者之间的电子商务模式，简单地说，就是消费者提供服务或产品给消费者。

C2C 网络销售模式的产生以 1999 年易趣的成立为标志，随着互联网的出现和发展，使交易突破了地域的局限，把地球变成一个巨大的"地摊"。然而，互联网的虚拟性决定了 C2C 的交易风险往往难以控制，因此 C2C 的网络销售模式往往需要一个处于主导地位的平台提供者，并建立一套合理的交易机制。而我国的淘宝所推出的"支付宝"以及相应的赔付制度，则是 C2C 网络销售模式的典型。

3. 其他网络零售商业模式

近年来，网络零售的新型商业模式开始不断涌现，如比较购物网站、易物类购物网站和论坛类购物网站等。

比较购物网站是网络中间商的一种，是使用专门设计的比较购物代理程序(软件)，为消费者提供网络导购、商品价格比较、销售商信誉评估等服务的网络虚拟中介组织。按其在消费者购买决策过程中的作用不同，比较购物代理可以分为价格比较购物代理和议价代理两种类型。价格比较购物代理是收集产品特征与销售方面特征的信息，提供网上价格比较服务的网络中间商，如安达信咨询公司设计的便宜货搜寻器(Bargain Finder)是第一家提供网上价格比较服务的价格比较购物代理。议价代理是指网络消费者指定的，代表其与销售商进行交易磋商的网络中间商，如易趣网(eachnet.com)。中国也出现了几家比较购物网站，如丫丫购物搜索、大拿网等。

易物类购物网站是提供以物易物交易平台的网络虚拟中介组织。其信息来源于注册用户，在信息的收集处理上不需要大量的投入，因此运营成本不高。现阶段的个人易物网站大多停留在同站交换的简单化发展阶段。例如，国内的"舍得网"是一个闲置物品交易网站，客户登记自己的闲置物品供其他会员免费索取，就能得到由对方支付的舍得券；通过"舍得券"，客户可以免费索取其他人的闲置物品，或低价换购由舍得网提供的超值商品。

论坛类购物网站是依托论坛的专业性和用户群体的特殊性，使群体之间互通有无的网络虚拟中介组织。其所销售的商品大多是用户使用过的二手商品，尤其是数码类商品。正是论坛积聚了一批兴趣爱好相似的用户群，而且凭借用户在论坛的声望拥有了区别于陌生的用户群的特征，商品更容易卖出。但这类论坛的管理员实施松散的管理体系，对买卖双方的约束力不够。

三、网络零售的流程与功能

(一) 网络零售的流程

网络零售利用先进的通信技术和计算机网络的三维图形技术，把现实的商业街搬到网上，使消费者足不出户就可以方便、省时、省力地选购商品，而且订货不受时间限制，商家会送货上门。完整的网络零售流程如图8-1所示。

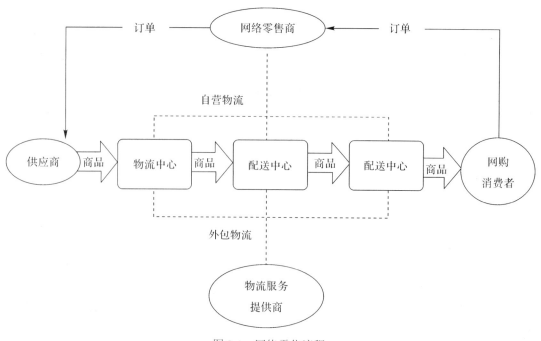

图 8-1　网络零售流程

（二）网络零售的功能

1. 信息传播功能

网络的最大优势在于它巨大的信息量，并能使人们在这些信息中进行充分的选择。商家可以把自己的信息以声音、影像、图片及文字等形式输入自己的网站，而网络零售的消费者则坐享其成，在其乐无穷的随意徜徉中，选购到自己满意的商品。

2. 广告促销功能

网络零售可通过多媒体技术展示一些特别推荐的商品。但是接受网络零售广告的消费者可以自主选择广告内容，不受报纸、电视传统的单向、强迫式宣传的影响。网络零售的营销活动借助数据分析和现代营销理论，能够更有针对性地对消费者的偏好进行定向营销。

3. 货币支付功能

根据依托的支付工具种类不同可以将支付方式分为传统支付方式和现代电子支付方式。传统支付方式包括现金支付、票据支付以及信用卡支付等。现代电子支付方式主要有互联网支付、移动支付、电话支付、金融专网支付、有线电视网络支付等。随着信息技术的发展和银行系统的完善，电子支付方式已经比较成熟，消费者购物结算的后顾之忧逐渐得到解决。

4. 商品交付功能

购买者支付电子货币后，对那些不能通过网上传送的商品，可以等待商家送货上门；对那些能在网上传送的商品，如电子书刊、电脑软件、音像制品、机票等，则可直接由商家通过网络传递到购买者的网络终端。总之，网络零售和现代物流的有机结合能够有效并且低成本地将货物送达顾客手中。

第二节　网络零售与实体零售的协同发展模式

一、网络零售与实体零售的协同发展(O2O 模式)

（一）O2O 的内涵

O2O 是英文 Online-to-Offline 的缩写，其中文简称"线上对线下"，是指将线下商务的机会与互联网结合在一起，让互联网成为线下交易的前台。O2O 模式的实施有几个基础条件：网上商城和线下实体店、线上线下的营销推广、线上线下的对接方式。O2O 模式把线上线下的优势完美结合，让消费者在享受线上优惠价格的同时，又可以享受线下的贴身服务。O2O 模式对线下的体验提出了更高的要求。

随着 O2O 的发展，出现了一种反向的 O2O 模式，即线下到线上(Offline-to-Online)。其关键在于利用线下的信息展示渠道(包括二维码等)及各种线下推广活动等将用户引导至线上。例如，苏宁提出的"互联网门店"就是一种典型的反向 O2O 模式，利用在实体店内顾客扫描二维码的形式,将顾客引导到线上平台。除了卖家外,网络交易平台也采用 O2O 模式,团购网就是其中的一类,如中团网、齐家网等大众商品团购网站,以及美团网、58 团购、大众点评网等生活信息团购网站,另外还有一种为消费者提供信息和服务的网站,如 360 同城帮、赶集网、瓜子网等。

(二) O2O 模式的类型

目前品牌商实施 O2O 模式通常采用以下两种基本方式:

(1) 由品牌商自建"官方商城+实体店"。消费者直接在门店的网络店铺下单购买,然后线下体验服务;品牌商提供在线客服服务,品牌商或加盟商负责收款发货。

(2) 品牌商在第三方平台(如天猫、京东等)开设旗舰店,与品牌商在实体店内的专业店互动。这是网上旗舰店提供在线客服服务,实体店或第三方平台收款,实体店提货的方式。例如,顾客可以在优衣库官方旗舰店订货,到"优衣库"实体店提货。

O2O 营销模式不是设计出来的,而是线上商家群体、线下商家群体以及商品商家群体、服务商家群体等多方面博弈的结果,如图 8-2 所示。随着企业经营方式的不断创新,O2O 模式的运营方式将会更加多样化。

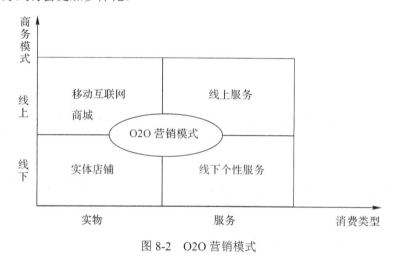

图 8-2　O2O 营销模式

(三) O2O 模式的特点及运营

作为传统企业与网上运营相结合(Bricks & Click)的模式,O2O 模式在迅速发展的过程中表现出了以下特征:

(1) O2O 模式充分利用互联网跨地域、无边界、信息量大、用户规模大的优势,挖掘线下资源,进而促成线上用户与线下用户商品或服务的交易。消费者到现场获得服务,提高体验水平,促进了电子商务的多元化发展。

(2) O2O 模式将线上订单和线下消费相结合,所有的消费行为均可以准确统计,能够及时、有效地对商家的营销绩效进行数据统计分析与效果评估,对消费者的行为进行追踪,从而适时调整营销策略,为消费者提供更优质的产品和服务。

(3) O2O 模式提供的商品和服务具有成本优势,价格便宜,购买便利。O2O 模式作为线下商务与互联网的海量信息和无边界性的结合体，可充分挖掘线下资源，同时缩短消费者的决策时间，实现了消费者降低购物成本的愿望。

(4) O2O 模式与 B2C 模式相比较而言，更侧重服务性消费(包括餐饮、电影、美容、SPA、旅游、健身、租车、租房等)，还可以设计一些超值服务提高顾客的满意度。从国内情况看，目前，商户点评、地图导航、在线预订、优惠券等网站已经成为 O2O 服务的主要入口。

(5) O2O 模式对企业的线下能力提出了更高的要求，线下能力的高低在很大程度上将决定这个模式能否成功，而线下能力的高低又是由线上的用户黏度决定的。因此，拥有大量优质用户资源、本地化程度较高的垂直网站将借助 O2O 模式，成为角逐未来电子商务市场的主力军。

(四) O2O 模式的发展机遇

社会经济的飞速发展推动了科学技术水平的不断进步，在现代信息技术的推动下，O2O 开始普及。同时国内众多的知名零售企业具有长期稳定的优质供应商，保障了充足的供货资源和规模化的成本优势，充分利用这些供应商渠道资源与线上业务进行整合，提高了企业整体效益，从而充分发掘了电子商务对企业的价值。可以说 O2O 模式给零售企业带来了巨大机遇。

(1) 创新经营模式，为降低传统行业的运营成本带来可能。

现在传统零售企业面临许多困难，如居高不下的房租成本、装修成本，还有实体店面的地理位置限制。可以说，作为现如今的线下营销体系，可谓是"酒香也怕巷子深"。好的地理位置虽人流量大、位于主流商圈，但这些门店的投资都不低，很多管理者不得不考虑成本问题。然而随着信息技术的快速发展，带来了电子商务软件和技术的成熟，如 Web2.0 技术已经非常普及，不管是用 PHP、JSP 还是 ASP，都不再是高深的技术。图片和视频制作软件早已普及为一般网站技术工具。电子商务软件的成熟，必将带来网站制作成本的降低，这样就给传统行业，甚至是小微企业使用电子商务技术开拓业务带来可能。可以看到，当前许多传统零售企业试水 O2O。一方面，利用互联网和电子商务技术，使得传统企业迅速引入电子流、信息流管理机制，优化企业人力、物力和财力等多方面的效能，增大销售规模、降低企业成本。另一方面，零售企业利用电子商务打破了时间和空间的限制，摆脱了旧的销售渠道和销售区域的束缚，使得交易行为可以在整个网络、全天候进行，从而极大开拓了销售范围和对象。具有创新思维和远见的企业，往往能洞察市场环境和消费行为变化的先机，率先改变原来的经营策略以适应外部环境的变化。例如，腾讯、阿里等电商不惜通过并购等方式加快扩张，占领线下资源，在线上线下互相融合的背景下重整行业，新兴的电子营销平台为零售企业带来新的格局。

(2) 推动零售企业开发新产品品类，提供个性化服务。

过去联营模式是众多零售卖场的经营模式，如今随着零售商对供应商尤其是大品牌供应商控制能力的下降，中间环节逐步压缩了零售终端的利润空间。更重要的是联营模式还导致了商品的同质化，各大连锁店的商品是一样的，一家店做了活动，另一家店就会投诉，零售卖场很难具备自身独特的卖点。同时，线下零售企业的店面有限，只能展示最精彩的商品，或是因货品不齐全导致顾客流失率非常严重，或固定周期的进货速度慢让顾客不得不选择他家。越来越多的标准化商品不可能满足用户的需求，也无法满足零售卖场的发展与创新需要，更加影响了零售企业的利润空间。在 O2O 模式下，传统零售企业可以借助互联网开发新的产品品类，改善营销策略，通过互联网积累的消费者购买偏好、网站销售数据，可以从中加以分析总结，并将这些消费者的需求及时有效地反馈到决策层，促进企业有针对性地进行研发活动，为顾客提供更加个性化、多样化的服务。电子商务的快速发展，使我们进入了大规模定制时代，企业在满足顾客个性化的前提下实现了规模效益，更能创新产品品类，提高零售企业的竞争力与生存力。

(3) 打破传统零售企业时间与空间限制，拓展销售渠道。

实体零售企业的区域特性一直是影响零售行业发展的壁垒，如何把一个门店有效覆盖面积最大化，从而能够吸引更大范围的客户群，一直是商家关注的焦点。电子商务的发展拓宽了企业的销售范围，突破了时空限制，使企业可以通过网上平台最大限度地推销自己的产品和服务，挖掘潜在的目标客户群，更给企业带来了无限的发展机会。

传统零售卖场习惯被动的"等客上门"，没有主动性，与自身会员很少有互动和沟通，营销效率不高。基于 O2O 模式的传统零售业，随着互联网技术、智能手机、网上支付系统等各领域的共同发展，网络销售规模快速增长，各大电商开始了一轮又一轮的客户争夺战，促销力度不断被加码，促使越来越多的消费者选择网上购物，使网购规模占社会消费品零售总额比例逐年攀升。

传统零售企业转型升级成互联网零售企业，成为我国零售业未来的必经之路。苏宁云商集团提供了一个很好的模式，即逐渐形成"一体两翼"的"互联网路线图"，以此来升级传统零售业。"一体"顾名思义就是在"互联网+"的经济背景下把互联网零售作为经营的主体，"两翼"是指要打造线上线下共同发展以实现全渠道经营模式。

(4) 为传统零售企业提供供应链升级机会，提高效率优势。

传统的"制造商→分销商→经销商→顾客"的供应链模式让制造商与零售商、制造商与顾客之间的联系阻断，无法实现产品供应和市场信息的双向无阻碍沟通。这不利于其洞悉市场，把握消费者需求。在这样的现状下，企业更愿意实施纵向一体化战略，以 O2O 营销模式来扩大企业规模，替代企业横向之间的相互协作，这样供应商、制造商、零售商等之间就能紧密地联系在一起，使商品的生产环节与销售环节同步，把商品的供与需转变为"实时"的过程，进而改善了企业销售预测和库存管理的能力，降低了整个供应链的库存成本，也大幅降低了贸易往来成本。同时，传统交易模式缺点明显，如成本高、易错漏，各个环节都耗费太多的时间。由于工作人员疏忽或工作时间安排出现问题，可能会延误信息的传递，丢失最佳商机。而以互联网为依托的电子商务克服了这些困难，很多环节不需要相关人员的干预，极大地缩短了交易时间，而且交易过程异常便捷，提高了营销效率。

二、影响实体零售与网络零售协同的要素

尽管现有研究并没有充分阐述实体零售与网络零售的交互作用机制，但既有研究中已经蕴含了二者相互影响的思想。实体零售与网络零售协同的过程受到内部、外部要素的共同影响与相互作用，最终实现零售企业的市场价值。作为一个完整的协同过程，实体零售

与网络零售会逐步经历以下过程：交互作用→要素影响→冲突出现→冲突解决→层次升级→协同发展。这个过程是连续的、循环的，并存在多种活动交叉进行的现象，因此出现实体零售与网络零售协同层次的升级及形态的不同表现。实体零售与网络零售是一个互动的过程，在整个商业活动中，零售企业是主体，其中也少不了上游供应商及下游顾客的参与。影响实体零售与网络零售的因素有很多，有三个方面的相关要素会对实体零售与网络零售协同演进产生影响，如图8-3所示。

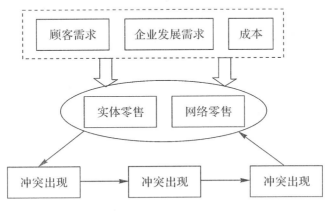

图8-3 实体零售与网络零售协同要素作用

(一) 顾客需求

顾客需求构成市场需求，找准顾客需求并从顾客需求出发才能吸引顾客从而带来效益。在实体零售与网络零售协同过程中，顾客在购物中的体验反馈等会直接影响二者的发展。顾客需求的不同导致实体零售与网络零售的目标顾客也不同。例如，有些顾客愿意在实体购物中享受实际的购物体验及面对面的销售服务，有些顾客则追求网络购物的价格低廉、配送便利、不受空间时间的限制。这种需求差异影响实体零售与网络零售对顾客群的划分及实际销售效果。除了商品的品质与种类外，顾客的需求也涉及购物环境、售后服务，这必然影响顾客对实体或者网络销售渠道的选择。开展提高顾客满意度的相关业务有利于实体零售与网络零售的协同发展，若不能从顾客需求出发，则会给二者的协同发展造成不良影响。在"电商大战"中，尽管商家赔本赚吆喝，多数消费者在实际网购过程中发现并没有多少价廉物美的商品可选择，且不少商品处于无货状态。这不仅没有让顾客从中受益，也使商家的信誉大打折扣。这样的做法没有真正地从顾客需求出发，反而造成了电商乱象，很可能给本品牌的零售业务造成不良影响。零售企业需要争取更多的顾客以获取更大的利润。顾客需求不断变化，带动实体零售与网络零售的共同配合满足不断变化的顾客需求。因此，顾客需求影响着实体零售与网络零售协同的方式。

(二) 企业发展需求

零售企业的发展决定了传统零售企业开展网络零售的时机，贯穿整个实体与网络协同的过程，企业的发展在时间维度上影响着二者的协同演进。企业发展需求要素可以分为技术发展需求、规模发展需求和管理发展需求。

1. 技术发展需求

网络零售对于技术的要求较高。在我国，实体零售转型发展网络零售大致有三种方式：进驻淘宝、天猫等第三方交易平台；企业自己建立 IT 系统通过 PC 端或者用户手机销售产品；企业不仅拥有自己的销售系统平台，甚至开放平台吸引更多商家入驻。如果零售企业在后台技术方面发展迅速，能吸引技术人才，则有利于网络零售的发展，同时利用这种优势为企业做宣传，带动实体零售的发展。

2. 规模发展需求

零售企业的规模影响其商业模式的选择。刚起步的企业由于规模小、顾客少、知名度不高等原因，可能只选择单一发展实体零售或者网络零售，为未来的市场试水。在其积累了一定的企业资源与优势后，可选择进驻第三方交易平台开展网络零售业务或是拓展实体零售业务。待实力雄厚、规模扩大后再选择更有利于企业发展的商业模式，如采取网络与实体零售共同发展，自建零售渠道等。

3. 管理发展需求

随着企业的技术、规模不断发展，企业的管理理念、管理方式应该与时俱进。企业通过培育和营造组织文化，可以加强客服人员的管理，提高服务意识，从而提升顾客满意度。另外，企业在开展实体零售与网络零售业务时，应运用新理念，特别是在处理与顾客和供应商之间的利益分配等问题上，应采用新眼光看待市场机遇及挑战。

作为内生因素，技术、规模、管理的发展是零售企业不断的追求，通过这些因素的作用与发展，实体零售与网络零售的协同不断提升，使得零售企业能够增强市场竞争能力，提高盈利能力。

（三）成本

成本是零售企业在整个发展过程中必须考虑的一个重要因素。实体零售由于拥有实体店铺，在店铺租金、仓储库存、人员管理等方面的成本较大；相对于这些实体成本来说，网络零售花费较少，但在网络技术的运营维护上需要较大的成本支出。对于同时开展实体零售与网络零售业务的企业，可以通过进驻已经成熟的第三方平台，借助该平台的知名度、影响力以及用户数量经营网店，这种模式对于刚起步的企业来说成本相对较低。也有不少企业选择建立独立的官方网站，打造一个属于自己的虚拟购物渠道，在此平台上尽可能为其目标客户提供丰富的商品。相对于使用第三方平台，自建网购平台的投入和风险都较大。例如，美特斯·邦威服饰曾发布公告称，由于电子商务在物流配送、营销资源和信息系统等方面所需投资巨大，前期财务风险不可控，其电子商务业务未能有效发展，故停止进行电子商务业务运营。除了自建网购平台，不少企业自建物流中心，未考虑到不断提高的运营成本，结果是"水泥"拖累甚至拖垮"鼠标"。另外，实体零售与网络零售的交易环节存在差异，使得二者的交易成本不同，这会影响零售企业在实体或网络业务之间的选择。可见，成本要素影响并制约着实体零售和网络零售的发展，实体零售与网络零售的协同往往需要时间，逐步进阶转化，最终才能形成收益。因此，成本要素是协同过程中不得不考虑的因素。

三、实体零售与网络零售协同的形态

对零售企业而言，在起初的市场探索形态，企业发展较缓慢。在双渠道共生形态，实体零售与网络零售协同形式出现，企业快速稳定发展。在双渠道协同形态，企业发展速度逐渐减缓，协同形态更新。其形态层次如图8-4所示。

图8-4 实体零售与网络零售协同形态示意图

(一) 市场探索形态

零售企业的实体零售与网络零售的协同多是从单一发展实体零售或者网络零售业务开始，逐步拓展另一业务。处在第一层次的零售企业起初一般表现为纯实体零售或纯网络零售，逐步发展为一种市场探索的形态，一方面积累企业资源优势，另一方面探索开展新的零售业务。

在市场探索的形态下，常见的问题主要是零售企业受企业自身发展或成本因素的制约无法满足顾客需求。顾客需求促使企业提升服务质量及品牌形象，推动实体零售与网络零售业务的开展，但是初步开展零售业务时，企业规模小、投入成本高等因素使得零售企业不能较好地满足顾客需求。因此在市场探索的形态下，实体零售与网络零售协同较缓慢，还会遇到试水无果撤出市场的曲折。

在协同的第一层次，实体零售与网络零售虽然在形式上融合度并不高，一般的表现形式只以实体零售或者网络零售为主，但已经在为未来的协同积累资源。

(二) 双渠道共生形态

双渠道共生形态是目前最常见的零售形态，既有现实存在的实体零售，又有虚拟市场的网络零售。双渠道共生常见的表现形式有B2C、C2C等。一种是传统实体零售企业，通过开展网络零售配合实体零售。在这个阶段，实体零售仍起主导作用，网络零售作为一种辅助实体销售的方式。传统零售企业已经有了实体零售建立的口碑及固定的顾客源，有利于开展网络零售业务。另一种是零售企业在原本已经开展的网络零售基础上发展实体零售，由网络零售带动实体零售的发展。在淘宝网上，网店拓展实体零售业务的也不在少数。

由于双渠道共生的重要性及复杂性，处在此形态下的实体零售与网络零售在协同过程中会出现问题，二者在顾客源、价格、成本等各方面有着不可避免的冲突，如商家为争夺顾客源大打价格战。另外，简单的B2C、C2C零售模式只是单纯的在线支付，送货到家，大多B2C业务在物流配送环节选择外包，因此在货品质量、退换货、配送等方面的问题也越来越凸显。顾客需求在网络零售中没有得到满足，可能会降低其购物满意度，进而对实体零售的业务造成不良影响，也可能给零售企业的口碑、信誉带来负面影响。

随着互联网及配送服务在各个地区的普及，实体零售与网络零售共生发展的速度相对于市场探索来说更为迅速，但是由于二者的结合并不紧密，不断产生的冲突降低了协同的效率。

（三）双渠道协同形态

在实体零售与网络零售协同的第三层次，二者既相互区别，又共享资源，通过解决冲突完善零售业务的发展。例如，在产品价格上，可能出现实体零售与网络零售的价格趋同；在市场营销前台与物流、仓储、产品信息、顾客信息等资源方面，通过共享资源，相互借鉴融合，获取更大的收益。

目前，成为实体零售与网络零售协同共进的主流方式可能为 O2O 模式——网络购物、实体提货的方式。顾客通过这种选择达到"两个世界选其优"的结果。这一过程避免议价，通过在到达实体店之前货物已经备好这种方式，使顾客享受到购物的便利。同时在这种 O2O 模式下，通过网上预购与网上支付，能够实现精准营销，降低缺货或积压的风险。

实体零售与网络零售通过资源共享、相互配合，将线上与线下的机会结合起来，将能促进企业发展。例如，苏宁易购借助苏宁本身的品牌效应，喊出"同一个苏宁同一个价"的口号，使得实体店铺与网络店铺通过平衡价格，吸引更多的顾客，在协同中发展。又如，苹果手机体验店能够让顾客在现实中感受到产品的使用乐趣，通过改善顾客体验，提升服务水平，更利于产品的销售。而零售企业推出的在线预约、在线支付、在线咨询、在线订制、在线投诉等各种体验服务也会成为网络零售中的新亮点。

四、实体零售与网络零售协同的演进

一个完整的实体零售与网络零售协调同步过程并不是在短时期内能够完成的，起初缓慢发展积累资源，在内外部要素作用的同时，实体零售与网络零售也相互影响并发生碰撞，产生冲突。通过对冲突的解决，协同的形态发生演变，实体零售与网络零售实现逐步协同。整个实体零售与网络零售协同演进的过程并不是简单的此消彼长，而是在内外部要素作用之下，经历不同形态转换的过程。同时各要素环环相扣，连同发展中产生的冲突，推动实体零售与网络零售的协调与同步。根据以上实体零售与网络零售协同要素及形态的分析，实体零售与网络零售协同演进过程如图 8-5 所示。

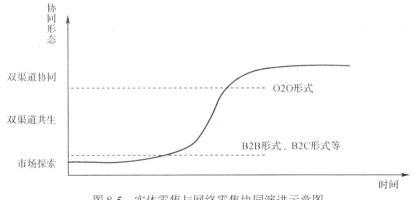

图 8-5　实体零售与网络零售协同演进示意图

(一) 从市场探索形态到双渠道共生形态

在实体零售与网络零售协同的市场探索形态下，实体零售和网络零售整合的程度并不高。与此同时，内外部的要素不断刺激零售业务向多渠道发展。在外部激烈竞争的市场环境中，由于自身发展的需要及资本的积累，在顾客信誉不断提升后，零售企业综合企业内外部信息，开始涉足网络零售，扩大业务范围。

我国互联网处在蓬勃发展阶段，多数零售企业对于实体零售与网络零售的结合还在探索中，二者结合并不紧密，资源不能有效共享。同时网络零售处于成长阶段，可能因退换货服务等不完善，造成一部分顾客的满意度降低，甚至导致实体零售的顾客流失。

实体零售与网络零售协同层次升级的大致过程为：顾客需求推动实体零售与网络零售的协同演进，同时影响零售企业的服务与口碑，由实体零售与网络零售协同带来的收益带动企业发展，企业加大零售业务的投入成本，实体零售与网络零售协同形态更新，协同层次升级。在此过程中，顾客需求、企业发展需求及成本要素影响并推动二者的协同，同时也会产生阻力。图 8-6 简单勾画出市场探索形态演进至双渠道共生协同形态过程中受相关要素影响的因果关系。它的主要回路包括：① 顾客需求→实体零售与网络零售协同→收益增加→企业自身发展→投入更多成本→(新的)实体零售与网络零售协同；② 顾客需求→服务、口碑提升→企业自身发展→协同层次升级→(新的)实体零售与网络零售协同。同时，零售企业的市场占有率及其对于信息的收集与反馈，都与实体零售与网络零售的协同程度形成正反馈。以上过程体现了各要素对零售企业在商业活动中的影响及作用，实体零售与网络零售正是在这种反馈系统中不断更新发展。

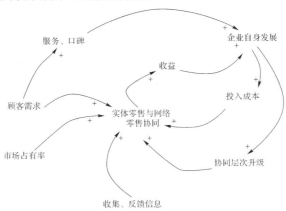

图 8-6 协同要素影响协同状态因果示意图

在内外部因素共同作用下，零售企业协同的演进首先是主要发展实体零售或者网络零售，在建立一定稳定的顾客群及树立良好信誉以后，再发展网络或者实体零售，同时利用已有的资源为新渠道的拓展打下基础。实体零售与网络零售双渠道共生，相互配合协同，既有冲突又有发展。

(二) 从双渠道共生形态到双渠道协同形态

就我国而言，在实体零售与网络零售协同的第二层次，传统实体零售商争相进入网络零售。京东、淘宝、天猫等在国内的发展风生水起，引得不少传统零售商纷纷触网。例如，苏宁打造了自身的网上零售平台苏宁易购，而国美此前已经斥资数千万元直接收购了库巴购物网，沃尔玛宣布正式入股中国电子商务企业 1 号店。而这只是一个开始，因为逐渐扩张的企业需要在实体零售与网络零售协同的基础上找到适合自身发展的模式，以占有更多市场份额。

双渠道共生形态承上启下，在发展至双渠道协同形态的过程中，零售企业面临不少问题。进驻第三方平台的企业在平衡实体与网络定价、货物配送方面都存在问题。短时间内建立属于自己的网络销售平台并非易事，大量技术与资金的投入都会与成本控制造成冲突，在建立此平台之后，能否实现盈利存在很大风险。网络零售需要更大空间的发展，这与成本的上升产生了冲突。

零售企业结合自身发展的特点，发挥优势，共享资源，可促进实体零售与网络零售更紧密地结合。面对冲突，传统大零售商宜家并未选择直接进驻第三方交易平台或自建网售平台，而是灵活地运用 O2O 模式，在加拿大等地区，通过手机终端的应用 App，在终端让顾客观摩产品的 3D 模型，让顾客购物时更轻松。零售企业通过解决冲突，走出一条有特色的道路，将能推动实体零售与网络零售演进。

实体零售与网络零售从共生演进至协同的阶段，二者产生的冲突既是阻力又是动力。零售企业利用新对策解决冲突并加强实体零售与网络零售的协同程度，提高优势资源的共享率。同时，新对策带来的新问题可能再次造成冲突，影响实体零售与网络零售的发展。如图 8-7 所示，企业在不断整合优势资源，不断加强实体零售与网络零售的业务协同。它的主要回路包括：① 企业优势资源共享→实体零售、网络零售发展；② 冲突→对策→新问题→新的冲突→实体零售、网络零售发展。在这个过程中，冲突会对两种零售方式产生负反馈，但是可以通过对策响应，解决冲突。同时，不良的解决方法可能会留下新问题，导致新的冲突。

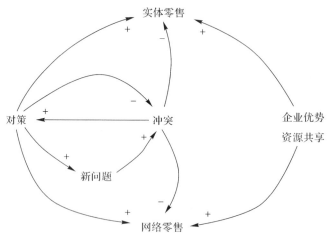

图 8-7 实体零售与网络零售协同冲突因果示意图

协同演进中的冲突，同时也是机遇，协调实体零售与网络零售的途径，可以选择 O2O 模式，或者利用不断发展的手机用户的资源，在开发手机客户端等先进技术方面探索商机。在企业资源积累以后，结合顾客需求及自身发展，再通过对信息的综合、资源的整合，建立符合本企业特色的网购平台，或开发移动客户端，通过移动互联网终端销售，凸显企业的特色和优势。

第三节　网上商店的建立

电子商务系统建设是网上零售正常运行的保障，是一个包括商务、技术、支付、物流等许多角色与要素的系统工程。网上商店要想获得成功，必须具有一个完善的电子商务系统。在建立网上商店时，必须充分研究涉及电子商务系统与零售业相关的所有因素，进行全面分析、统筹规划，形成尽可能完善的电子商务系统设计方案来支持和完善网上零售。

一、网上商店的定位

进行商务分析，确定网上商店的定位，是实现电子商务在零售业应用计划的第一步。这一阶段的工作主要是进行充分的商务分析，主要包括需求分析(企业自身需求、市场需求以及客户需求等)和市场分析(市场环境分析、客户分析、供求分析和竞争分析等)两个方面，通过商务分析，来确定零售企业的经营重点、网上商店的定位。

网上商店的定位包括两方面的定位——商品定位与网上消费者定位。两个定位应该做到相辅相成，即以什么样的适当商品满足哪一类消费者的需要。此时要详细考虑和分析消费者：这些消费者关心的是什么问题？他们愿意在网络上购物而不是在传统零售店购物的目的与动机何在？这些问题都关系到消费者的切身利益和网络营销宣传策略的制订，因此必须明确。

网上商店确定其经营定位之后，就应围绕其定位进行网站的其他设计与开发。

二、网上商店的整体规划设计

在完成网上商店定位的基础上，在掌握电子商务最新技术进展的情况下，充分结合商务和技术两方面的因素，提出电子商务系统的总体规划、系统角色以及电子商务系统的总体格局，即确定电子商务系统的商务模式，以及与商务模式密切相关的网上品牌、网上商品、服务支持和营销策略四个要素。电子商务系统设计工作可以由此展开，即从子系统、前台、后台、技术支持、系统流程、人员设置等各个方面全面构架电子商务系统。此阶段工作完成的好坏，将直接关系到后续电子商务系统建设和将来电子商务系统运行和应用的成功与否。

三、网上商店的建设实施

(1) 获取 Internet 的域名，建立 Web 服务器与零售企业的连接。

Internet 是通过一系列计算机通信(传输)协议来进行信息沟通的。因此，获得网址并建立 Web 网页，是零售企业利用 Internet 进行营销的先决条件。

域名是接入国际互联网用户在网上的名称，是一个企业或机构在国际互联网上的识别标识。在网上人们通过域名来查找入网企业的网络地址，互联网域名在世界范围内是唯一的。这样，域名实际上与商标有类似的意义，成为网上零售企业形象的一部分，于是网络上时常发生域名抢注、重金购买事件。目前国际域名的申请是由"Internet 特别委员会"即"Internet NIC"指定的注册中心受理，而国内的二级地址与域名注册由中国互联网信息中心(CNNIC)负责。

网络营销域名的注册安排一般有两种：一是以零售企业的名称作为域名，以借助于原有的知名度(此类主要指传统零售业开辟网上零售的情况)，进一步在互联网上树立零售企业的良好形象；二是独立域名注册(主要指专门的网上零售企业)，展现网上零售的特色，培养、尊重和强化消费者的忠诚度。

网络域名决定后，就需要构建零售企业的 Web 服务器，使用一套在 Internet 上使用的符合 WWW(World Wide Web)标准的计算机系统。WWW 系统主要提供的是多媒体信息的浏览与发布，也支持多点间的计算机相互通信和资源访问。零售企业构建 Web 服务器，通常有两种做法：一是自建，适用于交易规模大、潜在顾客地理分布广、人数多的零售企业。尽管自建服务器投资较大，建站周期长，需要网上零售企业拥有较高水平的计算机网络系统维护队伍，运行成本高，但这种方式建立的网上零售企业的服务器与运行系统，企业有自主权和调配权，网络速度快、效果好，有利于发挥系统功能。二是托管，即租用 Web 服务器提供的系统存储空间，建立虚拟服务器托管方式，成本低、费用低、管理简单。但因为用的是一种在网络寄附生存的形式，用户访问速度慢，查询困难，因而只适应交易规模不大的企业。

(2) 提供恰当的营销信息内容。

开展网络营销，零售企业必须认真考虑在网页上安排的营销信息内容是否具有吸引力，只有富有吸引力的网页内容，才能使网页具有生命力，才能完成营销目标。一般来说，设计的主页应包括以下几个方面的内容：

① 公司介绍：包括公司背景、发展历史及组织结构。

② 产品目录：提供公司产品和服务的电子目录，最好设一个搜寻器，方便客户透过网站搜查有关产品及品牌，在适当地方还应列出有关产品、服务的一些技术性资料。

③ 联络资料：列出公司地址、电话、传真及电邮地址等联络资料，有助于促进和外界，特别是和潜在客户的沟通。

④ 公司动态：企业透过网站介绍公司动态，借以推介公司的新产品、服务，提供公司发展的最新情况，以建立公司形象。

⑤ 客户服务资料：为公司提供线上即时客户服务，包括热门答问(FAQ)、付款等，可考虑提供线上查询服务，或建立数据库，方便客户搜寻资料。

(3) 将信息转变为 HTML 格式，以便计算机识别。

完成主页信息编写后，这些主页中文信息必须转换为互联网所能阅读的格式，这种格式就是 HIML。这种转换需要借助编辑程序来完成，而编辑程序可以委托程序设计员完成。

(4) 将做完的信息资料在互联网上发布。

首先，要将准备与互联网链接的文件信息复制到一台与互联网链接的计算机中。然后，用 FTP(远程传输协议)软件将编写的信息传送到网络服务商的服务器上。当网络服务器显示信息输送完毕，并经过上网检查，主页信息的任务就完成了。

(5) 网上商店的商品销售。

网上商店将商品销售出去的方法通常有三种。第一种，在网上显示网上商店的订货电话号码。这是因为一些用户喜欢采用电话订货或邮寄支票订购的老方法，为了迎合这些顾客的需求，销售商需要在主页和订货子页中显示地址、电话号码和传真号码。第二种，使用电子邮件订货。第三种，使用一般的在线订货方式订货。在销售商的主页上可以有包括所有产品的价目表，在每一项产品描述后面，可以增加一个"订货"的选项。用户选择这一项，他们会看到一个订货表格，用户填写表格并发送后，就可以完成订货过程。这张表格可以由 HTML 制作后并链接到主页上。

(6) 网上付款。

在网上商店进行网上购物时，消费者面对的是虚拟商店，对产品的了解只能通过网上介绍完成，交易时消费者需要将个人重要信息(如信用卡号、密码和个人身份信息)通过网上传送。由于互联网的开放性，网上信息存在被非法截取和非法利用的可能，存在一定的安全隐患。同时，在购买时消费者将个人身份信息传送给商家，可能被商家掌握消费者的个人隐私，有时这些隐私信息可能会被商家非法利用，因此网上交易还存在个人隐私被侵犯的危险。

随着技术的发展和网上交易的规范，现在出台了一系列网上交易安全规范，如 SET 协议，它通过加密技术和个人数字签字技术，保证交易过程信息传递的安全和合法，可以有效防止信息被第三方非法截取和利用。电子现金的出现是一种有效的匿名电子支付手段，它的原理很简单，就是用银行加密签字后的序列数字作为现金符号。这种电子现金使用时无须消费者签名，因此在交易过程中消费者的个人身份信息可以不被泄露，从而保护个人隐私。

四、网上商店的整合运行

网上商店建设完成之后，在进行实际运作的过程中往往会表现出它的不足之处，因此需要经过必要的调整和改进。因此网上商店的建设不是一劳永逸的事情，必须在系统应用的过程中，根据企业商务和网络技术等各方面的变化，不断创新、改进、完善，从而确保和提高网上商店的竞争力。

本 章 习 题

问答题

1. 网络零售的含义及与传统零售的差别是什么？
2. B2C、C2C、O2O 的含义是什么？
3. 影响实体零售与网络零售协同的要素是什么？

第九章　新 零 售

【学习目标】
1. 掌握新零售的概念和要素内容；
2. 掌握新零售的框架；
3. 掌握三种架构类型的零售商业模式。

第一节　新零售的概念

一、新零售的定义

（一）新零售概念的提出

新零售的概念是马云在 2016 年 10 月举行的云栖大会上提出的，马云认为，"今天电子商务发展起来了，纯电商时代很快会结束，未来的十年、二十年，没有电子商务这一说，只有新零售这一说，也就是说线上线下和物流必须结合在一起，才能诞生真正的新零售，线下的企业必须走到线上去，线上的企业必须走到线下来，线上线下加上现代物流合在一起，才能真正创造出新的零售来。物流公司的本质不仅仅是谁比谁做得更快，物流的本质是真正消灭库存，让库存管理得更好，让企业库存降到零，只有这个目的，才能真正达到所有的物流真正的本质。"

小米创始人雷军认为，"无论是电商还是线下实体店，最根本的是要改善效率，只有效率提升了，我国的产品才能越做越好，消费者需求才能最大程度释放！"雷军认为小米的商业模式通俗地讲就是用互联网的技术和方法做线下零售。京东董事长刘强东认为，"技术的应用从来都没有在根本上改变零售的本质：成本、效率、体验。所以，我们并不需要不断地用新词去定义一个行业。"名创优品全球联合创始人叶国富认为，"新零售是以产品为中心，利用新技术提升顾客体验和运营效率。"

目前，实业界缺乏一个对"新零售"概念统一的和公认的严谨定义，即便是阿里巴巴集团公司的员工，他们有时候自己也认为这个问题其实很难讲得清楚。阿里巴巴集团 CEO 助理颜乔承认，"如果我们现在能够讲清楚什么叫新零售，那就不叫新零售了，因为新零售一定是没有人做过、没有出现过的零售业态。"

阿里研究院对新零售的概念给出了明确定义。简单而言，新零售是"以消费者体验为中心的数据驱动的泛零售形态，是基于数据驱动的人、货、场商业三要素的重构"。其核心价值是将最大限度地提升全社会流通零售业运转效率。

　　具体而言，新零售是以消费者为中心，在人、商品与服务、供应链等各个环节数字化的基础上，通过数据流动串联各个消费场景，包括智能手机、移动终端、电脑、实体卖场及未来可实现的新通路等，利用数字化技术实现实体与虚拟零售供应链、交易交付链、服务链的全面融合，提供给消费者覆盖全渠道的无缝消费体验，以物流配送部分替代实体交付形式为特点的高效普惠型泛零售业态。

　　区别于以往任何一次零售变革，新零售将通过数据与商业逻辑的深度结合，真正实现消费方式逆向牵引生产变革。它将为传统零售业态插上数据的翅膀，优化资产配置，孵化新型零售物种，重塑价值链，创造高效企业，引领消费升级，催生新型服务商并形成零售新生态，是中国零售大发展的新契机。

（二）新零售的要素人、货、场

　　新零售是人、货、场的重构。

　　在消费者端，过去传统零售条件下，对消费者画像是一件非常困难的事情，各种调研只能完成模糊的画像；而在大数据条件下，可以对消费者进行更清晰的画像，包括其性别、年龄、收入、特征都可以进行画像，直至完成全息清晰的画像，对品牌商而言，消费者的形象跃然纸上。

　　在交易商品上，消费者的诉求也从单纯的"商品+服务"，过渡到"商品+服务+内容"。消费者不光关心商品的性价比、功能、耐用性、零售服务等指标，更关心商品的个性化专业功能，以及商品背后的社交体验、价值认同和参与感，甚至在服务方面，基于大数据技术的定向折扣、个性化服务、无缝融合的不同场景，都将给消费者带来全新的体验。

　　在场景上，新零售将带来"无处不在"的消费场景，无论百货公司、购物中心、大卖场、便利店，还是线上的网店、各种文娱活动、直播活动，都将成为消费的绝佳场景。其中，各种移动设备、智能终端、VR设备等将发挥重要的作用。

　　总而言之，新零售将重构"人、货、场"这三个要素，从过去的"货→场→人"进化到"人→货→场"。在传统零售条件下，品牌商按照经验供货，线上线下割裂，对消费者的画像也是模糊的；而在新零售条件下，消费者实现数字化和网状互联，可以清晰辨识和服务，最优供应链+智能制造，实现了按需智能供货，加上无所不在的消费场景，从而实现了"人→货→场"的重构。

（三）新零售与传统零售的区别

　　首先，数字化技术打通虚拟与现实各个环节，实现实体与虚拟深度融合，传统零售的人、货、场在物理空间和时间维度上得到最大的延展，消费者不受区域、时段、店面的限制，商品不受内容形式、种类和数量的限制，消费者体验和商品交付形式不受物理形态制约。

　　其次，消费者实时"在线"，品牌商与零售商以消费者为中心，利用数字技术随时捕捉全面全域信息感知消费需求，完成供需评估与即时互动，激发消费者潜在的消费需求，提供给消费者全渠道全天候无缝融合的消费体验及服务。

　　再次，回归零售的本质，零售企业利润将主要来自商品和服务的增值，而不再是信息差利润。中国传统零售业在发展过程中以商业地产租金、联营扣点方式赚取高额利润的方式将不可持续，借助新技术和新资源降低成本，为消费者提供差异化的满足个体需求和用户体验的商品及服务，才是零售发展的方向。

最后，全供应链数字化，流通路径由复杂向简单转变，供应链前端更加柔性灵活，数据化管理为实现库存最优化乃至"零库存"提供精细的决策支持。供应链后端形成快速高效经济的新仓配一体化，供应链、交易交付链、服务链三链融合。部分供应链中间商职能产生转变和分化，成为新生态服务商。

二、新零售的背景

（一）技术支撑

互联网、大数据、物联网、云计算、人工智能、移动支付等技术发展日趋成熟，移动电商、移动支付、物流体系、虚拟现实技术以及物联网智能终端等广泛应用于社会生活中。这些技术的广泛应用，有效地消除了人们面对新技术时的陌生感，使得消费者能够更加自然地接受新零售。因此，相关技术的发展和广泛引用，为新零售的产生提供了支撑。

技术革命为新零售的出现和发展奠定了基础。大数据处理能力的提升、人工智能的发展、分布式仓储物流网络的建立，为新零售的发展提供了强大的动力。早期互联网技术仅限于数据传输、信息交换等功能，与其他产业融合发展后，创新了"+互联网""互联网+"的产业发展新模式，如"互联网+农业""互联网+扶贫""互联网+服务"等，互联网已经渗透到经济发展与人民生活的各方面。互联网技术特别是移动互联网技术的应用，促进了移动支付的发展，使人民生活更加便捷，也消除了零售企业与消费者在时间和空间上的间隔。大数据与人工智能技术的使用，使刻画每一位消费者的消费肖像成为可能，零售业可以更好地掌握消费趋势和个性化消费需求，有利于提升企业对市场信息的响应速度。物联网技术应用在电视、空调、冰箱甚至汽车等主要生活消费品上，提高了企业获取消费者消费习惯、消费偏好等市场信息的效率，使新零售业态更加完善与成熟。

技术在新零售中发挥着基础和关键作用。从传统零售向新零售的转变中，科技起关键性的作用，大数据技术、互联网技术、物联网技术、现代物流技术等都是新零售发展的动力。实行全产业链技术创新、提升零售业全行业运营效率、持续提高市场响应速度和消费者消费体验效果，已经成为新零售企业的基本共识和发展目标。在新零售业态的诞生发展过程中，众多零售商不断创新、应用和完善新技术，目的是探索更加高效的运营模式，更好地满足消费者的需求。零售业不再是传统印象中的"体力主导"产业，而是高科技产业，竞争规则和商业模式也因此全面升级。

（二）消费群体和消费理念的变化

消费群体年龄结构变化明显，中国银联和京东金融联合发布的《2017年消费升级大数据报告》显示，虽然现阶段70后仍然占据消费主体地位，但是消费贡献率正在逐年下降，80后、90后群体消费增速迅猛崛起。与此同时，新的消费理念也层出不穷，知萌咨询机构发布的《2018中国消费趋势报告》显示，新精致主义消费、Z世代(泛指1995年以后出生的人群)来袭、跨次元经济、智能化陪伴、轻量化生活等逐渐成为新的消费趋势。亿欧智库发布的《新零售的概念、模式和案例研究报告》认为，新兴消费群体的消费特征主要体现在：品牌忠诚度低、享受即时服务、个性化、重体验、注重品质、时间碎片化、注重社交娱乐、倾向移动端购物。

在消费升级的同时，消费者也逐渐升级。在物质资源日益丰富的背景下，随着中产阶级的崛起，中产阶级的消费观将进一步影响消费的整体升级。当前的新零售概念正是建立在中产阶级快速崛起与消费升级的基础之上的。目前的消费升级主要呈现出四个方面的特征：一是消费品质从"能温饱"向"要吃好"转变，消费者对品质的要求越来越高；二是消费形态从"买产品"向"买服务"转变，消费者不再仅仅满足于单纯的产品消费，而是越来越重视服务性消费；三是消费方式从"线下买"向"线上买"转变，越来越多的消费者开始依靠网购进行消费，降低了线下消费所占的比重；四是消费者(尤其是中产阶级消费者)的消费行为从"标准化"向"个性化""差异化"转变。消费升级所呈现的特征，特别是其中对于个性化的追求，对于服务的特殊要求等，会倒逼零售业的整体升级。

整体而言，现阶段消费群体的年龄结构正在发生变化，年轻消费群体增速迅猛，新的消费理念和消费特征正成为重要的消费趋势。而传统零售，已经难以满足这种新兴消费群体的消费偏好和兴趣，更难以适配他们的消费理念，因此，难以顺应新消费趋势。

(三) 零售行业的发展现实

实体零售行业发展缓慢。商务部和 Wind 的数据显示，我国零售行业近几年同比增速按业态分，都出现了较为明显的放缓现象，其中便利店、购物中心以及超市的发展速度保持较高，在 2016 年同比增长分别达到 7.7%、7.4%以及 6.7%；百货店和专业店增速较慢，2016 年分别是 1.3%和 3.1%。整体而言，实体零售行业发展缓慢，进入瓶颈期。

全球实体零售发展放缓，亟须寻找新的增长动力。在过去五年中，享有"外资百货第一店"之称的百盛商业集团至少关闭了 15 家门店。公开数据显示，2017 年上半年，在涉足百货业的 57 家上市公司中，77%的公司营业收入下降，75%的公司净利润下降，67%的公司营业收入与净利润双下降。国内知名服装企业美特斯·邦威公布的 2017 年第一季度财报显示，其第一季度营业收入仅为 16.74 亿元，同比下降 12.89%；净利润 2 895.3 万元，同比下降 43.68%。在美国，实体零售企业的发展也不容乐观，截至 2017 年上半年，已有 12 家零售企业宣布破产。为了应对零售行业所面临的问题，线上和线下企业均在跨界融合。

网络零售行业增速趋缓，获客成本不断攀高。虽然我国网络零售总额发展迅猛，但是增长速度也在逐渐趋缓，增长速度从 2012 年的 68.7%，下降至 2017 年的 46.8%。除此之外，电商的获客成本也在不断攀高，2014 年京东的获客成本是 82 元，到 2016 年则上升为 148 元，而到 2018 年整个电商行业的平均单个用户的获客成本已经超过 200 元。获客成本的增加，对在线零售的增长产生了重要影响。实体零售行业发展缓慢，而网络零售行业增速趋缓，获客成本不断升高，正是现阶段零售行业发展不得不面对的现实。

第二节　新零售的框架

新零售的框架包括搭建设施、重构要素和实现目标三个层级，如图 9-1 所示。

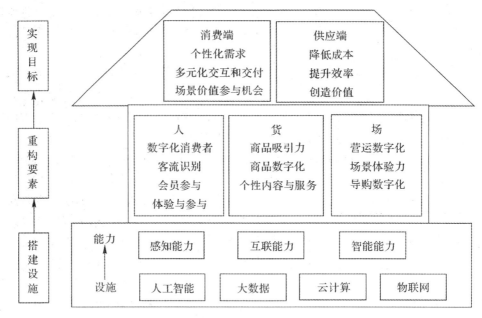

图 9-1 新零售的框架

一、搭建基础设施

(一) 基础设施的"ABC 战略"

基础设施的搭建以三大设施为基础，又称为"ABC 战略"。其中，A 是 AI，即人工智能；B 是 Big Data，即大数据；C 是 Cloud，即云计算。另外，物联网的建设也将成为基础设施，阿里巴巴集团在 2018 年云栖大会深圳峰会上宣布集团将全面进军物联网领域，IOT(Internet of Things)是阿里巴巴集团继电商、金融、物流、云计算后新的主赛道。互联网的下半场是将整个物理世界数字化，道路、汽车、森林、河流、厂房，甚至一个垃圾桶都可以被抽象到数字世界，连到互联网上，实现"物""物"交流，"人""物"交互。

1. 人工智能

人工智能(Artificial Intelligence，AI)是研究、开发用于模拟、延伸和扩展人的智能的理论、方法、技术及应用系统的一门新的技术科学。

人工智能是计算机科学的一个分支，它企图了解智能的实质，并生产出一种新的能以人类智能相似的方式做出反应的智能机器。该领域的研究包括机器人、语言识别、图像识别、自然语言处理和专家系统等。人工智能从诞生以来，理论和技术日益成熟，应用领域也不断扩大。可以设想，未来人工智能带来的科技产品，将会是人类智慧的"容器"。人工智能是对人的意识、思维的信息过程的模拟。人工智能不是人的智能，但能像人那样思考，也可能超过人的智能。

人工智能是研究人类智能活动的规律，构造具有一定智能的人工系统，研究如何让计算机去完成以往需要人的智力才能胜任的工作，也就是研究如何应用计算机的软硬件来模拟人类某些智能行为的基本理论、方法和技术。人工智能是研究使计算机来模拟人的某些思维过程和智能行为(如学习、推理、思考、规划等)的学科，主要包括计算机实现智能的原理、制造类似于人脑智能的计算机，使计算机能实现更高层次的应用。人工智能将涉及计算机科学、心理学、哲学和语言学等学科，可以说几乎是自然科学和社会科学的所有学科，其范围已远远超出了计算机科学的范畴。人工智能与思维科学的关系是实践和理论的关系，人工智能是处于思维科学的技术应用层次，是它的一个应用分支。

2. 大数据

大数据(Big Data)，IT 行业术语，是指无法在一定时间范围内用常规软件工具进行捕捉、管理和处理的数据集合，是需要新处理模式才能具有更强的决策力、洞察发现力和流程优化能力的海量、高增长率和多样化的信息资产。

在维克托・迈尔・舍恩伯格及肯尼斯・库克耶著述的《大数据时代》中，大数据指不是用随机分析法(抽样调查)获取数据，而是采用所有数据进行分析处理。IBM 提出大数据的 5V 特点包括：Volume(大量)、Velocity(高速)、Variety(多样)、Value(低价值密度)、Veracity(真实性)。

麦肯锡全球研究所对大数据的定义是：一种规模大到在获取、存储、管理、分析方面大大超出了传统数据库软件工具能力范围的数据集合，具有海量的数据规模、快速的数据流转、多样的数据类型和价值密度低四大特征。

现在的社会是一个高速发展的社会，科技发达，信息流通，人们之间的交流越来越密切，生活也越来越方便，大数据就是这个高科技时代的产物。阿里巴巴创办人马云就提到，未来的时代将不是 IT 时代，而是 DT 的时代，DT 就是 Data Technology 数据科技，显示大数据对于阿里巴巴集团来说举足轻重。

有人把数据比喻为蕴藏能量的煤矿。煤炭按照性质有焦煤、无烟煤、肥煤、贫煤等分类，而露天煤矿、深山煤矿的挖掘成本又不一样。与此类似，大数据并不在"大"，而在于"有用"。价值含量、挖掘成本比数量更为重要。对于很多行业而言，如何利用这些大规模数据是赢得竞争的关键。

大数据的价值体现在以下几个方面：

(1) 对大量消费者提供产品或服务的企业可以利用大数据进行精准营销；

(2) 做小而美模式的中小微企业可以利用大数据做服务转型；

(3) 面临互联网压力之下必须转型的传统企业需要与时俱进充分利用大数据的价值。

3. 云计算

云计算(Cloud Computing)是分布式计算的一种，指的是通过网络"云"将巨大的数据计算处理程序分解成无数个小程序，然后通过多部服务器组成的系统处理和分析这些小程序，得到结果并返回给用户。云计算早期，就是简单的分布式计算，解决任务分发，并进行计算结果的合并。因而，云计算又称为网格计算。通过这项技术，用户可以在很短的时间内(几秒钟)完成对数以万计的数据的处理，从而达到强大的网络服务。

"云"实质上就是一个网络。狭义上讲，云计算就是一种提供资源的网络，使用者可以随时获取"云"上的资源，按需求量使用，并且是无限扩展的，只要按使用量付费就可以。"云"就像自来水厂一样，我们可以随时接水，并且不限量，按照自己家的用水量，付费给自来水厂就可以。

从广义上说，云计算是与信息技术、软件、互联网相关的一种服务，这种计算资源共享池叫作"云"。云计算把许多计算资源集合起来，通过软件实现自动化管理，只需要很少的人参与，就能让资源被快速提供。也就是说，计算能力作为一种商品，可以在互联网上流通，就像水、电、煤气一样，可以方便地取用，且价格较为低廉。

总之，云计算不是一种全新的网络技术，而是一种全新的网络应用概念。云计算的核心概念是以互联网为中心，在网站上提供快速且安全的云计算服务与数据存储，让每个使用互联网的人都可以使用网络上的庞大计算资源与数据中心。

从技术上看，大数据与云计算的关系就像一枚硬币的正反面一样密不可分。大数据必然无法用单台的计算机进行处理，必须采用分布式架构。它的特色在于对海量数据进行分布式数据挖掘。但它必须依托云计算的分布式处理、分布式数据库和云存储、虚拟化技术。

通过搭建这些基础设施，可以帮助我们实现三大能力，即感知能力、互联能力和智能能力。

(二) 基础设施实现的三大能力

1. 感知能力

感知消费者、供应链、生产制造，形成基础数据。

1) 消费感知领域

消费者在购物时，智能设备能匹配消费者的消费数据(消费的商品、金额、时间等)、购物偏好(颜色偏好、时间偏好、品牌偏好等)、个人特征(年龄、性别、区域、职业、人生阶段等)等基础信息，为营销和服务策略的制订提供数据支持。

这部分基础数据主要是消费者大数据。消费者大数据反映的是消费者对产品购买决策过程(产生需求、搜集信息、评价替代物、购买决策和购后感受)的离散化表达，如消费者的个体特征、消费者需求偏好、消费者浏览查阅信息的记录或痕迹、消费者在网上对商品的评论和评价、消费者购买商品和使用商品的场景、消费者的社会网络关系，是各类与商品消费相关的消费者个体特征、消费者心理、消费者行为、消费者社会网络关系等的数据总称。

2) 供应链领域

获取仓储、配送、销售环节的各类数据，甚至将客户数据、企业内部数据、供应商数据汇总到供应链体系中，通过供应链上的数据采集和分析来优化供应链，做到对客户快速响应以降低成本。例如，在农产品的流通过程中，鲜活农产品的生物性能(含水量高、保鲜期短、极易腐烂变质等)对运输的条件和保鲜条件提出更高的要求，因此，运输环境的监控和地理位置追踪是农产品流通过程中非常重要的部分，采取措施包括：在运输车辆上安装物联网数据采集仪器，采集农产品流通过程中的环境参数(温度、湿度、二氧化碳含量)、对应的地理位置(经、纬度)以及采集时间(甚至精确到秒)等。

这部分基础数据主要是物联网大数据，也包括消费者大数据、物联网大数据与制造业大数据的融合。物联网大数据反映的是对产品流通过程(包括物流过程和使用过程)的离散化表达，即通过在产品或相关设备上安装设置各类传感器设备(如射频识别、红外感应器、定位系统、激光扫描器、气体感应器等)，实时搜集产品物流场景和使用场景的产品物流和使用运行状态的数据总称。

3) 生产制造领域

多数制造业的流程传统而粗糙，数字化会给制造业带来更精准、更先进的工艺和更优良的产品。例如，在工业制造生产线设备上安装传感器，来收集温度、压力、热能、振动和噪声等各类数据，利用这些数据，进行设备诊断、用电量分析、能耗分析、质量事故分析等。如在改进生产工艺方面，利用这些数据，就能分析整个生产流程，了解每个环节是如何执行的。一旦有某个流程偏离了标准工艺，就会发出报警信号，从而帮助用户快速发现错误，及时解决问题。

制造业大数据反映的是对产品生产过程的离散化表达，是围绕产品生产制造的从客户需求到销售、订单、计划、研发、设计、工艺、制造、采购、供应、库存、发货和交付、售后服务、运维、报废或回收、流程再制造等整个产品全生命周期各个环节所产生的各类数据的总称。

2. 互联能力

我们把 A 设备的感知数据和 B 设备的感知数据及时与其他设备数据连通起来，相比以前的数据孤岛实现了数据的互联。数据由小变大，能够更完整、更精准地判断一个事物。例如，在互动营销方面，将用户在优酷上的电影观看数据和淘宝上的购物数据进行互联，于是消费者在观看电影的时候将会看到自己感兴趣的商品广告。又如，将线上天猫的消费数据与线下百货公司的消费数据进行互联，消费者在天猫搜索过一个皮包，然后去百货公司的时候，导购终端上推送消费者可能感兴趣的皮包。通过感知数据的互联，线上平台之间、线上与线下之间实现了数据共享和互通，数据孤岛被打破。随着阿里巴巴、京东这类线上零售巨头与实体零售合作加速，未来线上线下多场景的数据将被打通，用户数据将变得更加完整。互联能力在一定程度上代表了各种不同类型大数据的融合能力，如图9-2所示。

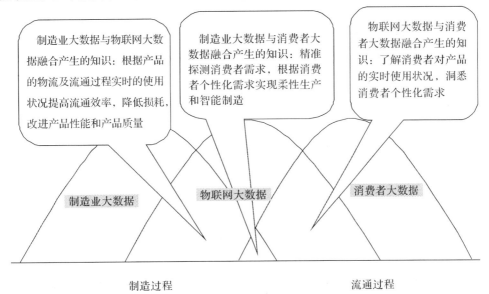

图9-2　大数据的融合互联

三种大数据融合使彻底定制化(Radical Customization)在生产制造上成为现实可能，并可以深度探知消费者个性化需求，包括消费者实时化的购买场景和使用场景在哪里，即时的影响消费者购买和使用的关联性群体是哪些群体，同时购买的产品有哪些，关联使用的其他产品有哪些，并可以通过大数据分析进一步通过产品或服务满足消费者衍生需求。

可以预见，数据将向中心化、集中化发展，但同时"数据安全问题将是难以回避的话题，尤其是用户隐私数据"。

3. 智能能力

智能能力是指对数据进行加工处理，通过模型算法为生产、流通、营销提供智能决策的能力。过去工人根据工艺需求和经验在数控机床加工，如先做什么后做什么，用什么刀具，如何设定转速等。这就是人的决策。当我们把产品交给"智能"的机床后，把数字化产品定义、人的知识和经验输入给机床，机床的智能软件将按照指令自动加工，甚至这个软件还可以优化加工路径以达到省时省力的目的。在执行层，所有的决策都是在明确的目标和确定的资源下做出的。在执行层局部范围，系统边界清楚，系统环境简单，开放性有限，属于简单系统的确定性问题。因此，一个高度"智能"的设备资源，它的执行决策可能"自主决策"并"精准执行"。

从信息系统架构的角度上来看，智能能力的实现也需要以大数据为基础，通过数据仓库、联机分析处理、数据挖掘、模型库、数据库、知识库等结合起来形成的决策支持系统，才能够实现智能决策，如图9-3所示，以大数据为基础和支撑的信息系统架构的智能决策能力主要体现在业务模型层和应用层。

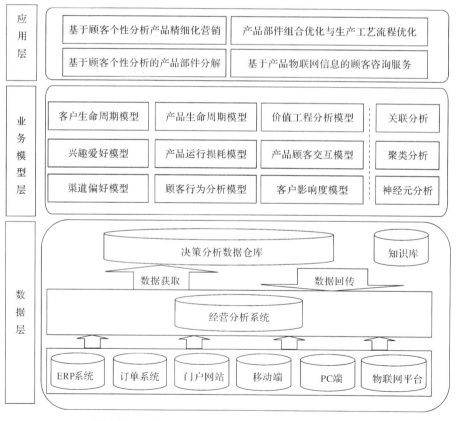

图 9-3 以大数据为基础和支撑的智能决策系统架构

二、重构零售要素

前面我们通过搭建基础设施获得了"感知""互联"和"智能"三大能力，接下来我们需要将三大能力应用到零售场景中。"人、货、场"论是零售行业中一个不变的主题，不管技术和商业模式怎么改变，零售的基本要素都离不开"人、货、场"三个字。人代表消费者，即为了满足消费者的需求，消费者的满意和愉悦感是检验零售模式成功与否的核心；货代表价值，匹配人的需求所对应的商品价值，围绕这个价值我们需要考虑"卖什么、卖多少、怎么卖、赚多少"；场代表消费场景，无论是互动场景，如直播互动、短视频互动、微信互动，还是交易场景，如天猫交易、京东交易，也不管是线上场景，还是线下场景，我们都称之为"消费场景"。

"人、货、场"三个要素共同构成了新零售的三大关键要素，新零售做的所有工作都是围绕这三点进行的，具体如下：

(一) 人

1. 消费者数字化

要想做到消费者洞察，数字化是前提。消费者数字化指通过智能设备收集消费者画像信息，建立消费者数字标签体系，便于日后的精准营销和差异化服务。

2. 客流识别机制

客流识别机制指通过客流识别，监控区域之间、品牌之间、店铺之间、楼层之间、商品之间的客流差异等信息，分析差异原因，给出选址、选品和营销调整方案。

3. 建立会员数据化

如果说要将80%的精力去服务20%高价值的客户，那么怎么能够在客户走进门店的那一刻，便能判断出此人是否是高价值客户呢？因此，建立数字化的会员档案至关重要。会员一旦走进门店，智能设备便能收集客户基础信息，然后将客户数据与会员档案进行匹配，若判断是会员，则第一时间提醒导购人员。

(二) 货

1. 商品吸引力

功能、价格、体验设计构成了商品吸引力的三个关键，典型案例是小米和名创优品。小米公司选择海量、刚需、高频商品切入市场，覆盖3C电子和生活周边商品，商品的选择能够满足80%人群的80%的需求。小米借助极致的供应链体系，以及不超过5%净利润的定价标准，在消费者群体中形成"低价格、高品质"的口碑，构建了商品吸引力。名创优品的核心理念是"优质低价"，所售商品以时尚休闲生活百货为主，产品设计奉行"简约、自然、富质感"的生活哲学。名创优品的产品具有"三高三低"特点，即高品质、高效率、高科技、低成本、低毛利、低价格，其产品的毛利只有7%～8%。低价的背后同样是极致的供应链和高效的库存周转率。

2. 商品数字化

实现商品数字化，将能够实现多种应用，如跟踪商品的动销情况，根据商品销售情况优化选品、调整货架摆放、跟踪商品库存、加快库存周转等情况，并可以实现不同店铺、不同渠道之间的商品调拨。

3. 内容与服务

消费升级下，消费者需要的不仅是商品，还有服务、体验以及内容。商品、服务、体验、内容共同组成了"货"的概念。现在经常提到内容营销，内容即商品，不要狭隘地理解公众号上发一篇文章就叫内容，这是一个泛内容的概念。我们和消费者之间做一次互动，如做一场直播秀、录短视频、举办一场活动、邀请粉丝参与沙龙分享，这都叫"内容"。可以说"内容"是文字、视频、音频活动、主题分享等多种形式的集成。简单说来，所有与消费者的互动，都可以称作"内容"。围绕内容、服务和商品的每一次消费者互动过程，持续强化了消费者价值观的共鸣，升级了企业与消费者的关系。此时，我们销售的"货"是由"内容"承载的价值观，而不仅是商品，是和消费者价值观产生共鸣、从物理形态的销售转向心理形态的销售，从物质满足到精神满足的升级。

(三) 场

无论是"新零售"还是传统零售，均离不开人、货、场这三个要素，只是在不同的技术环境下，侧重点略有不同而已。电商出现之前，传统的线下零售更注重(或者说只注重)零售的"场"，一切经营均围绕场所展开，精心设计场的选址、场的定位、场的布局等，很少关注商品和消费者。而"新零售"则是要通过融合线上与线下渠道，放大并创新人、货、场三个要素之间的互动关系。在人的方面，基于消费数据进行顾客画像，有助于了解顾客深层次的需求；在商品生产研发方面，基于用户需求的顾客对工厂(C2M)模式真正实现了消费对生产的逆向牵引；在消费场景方面，线下实体店、直播、虚拟现实(VR)、移动端均被应用于消费场景创新。新零售的"场"可以从以下几个方面展开：

1. 数字化

所有营销过程全部要数字化。例如，哪个活动做的有效果，哪个活动没效果，哪一类人群对活动更加感兴趣，哪个渠道的ROI(投资回报率)高，哪一则广告的点击率高，哪一则广告的点击转化率高，哪个页面客户停留时间久，哪个区域客户停留时间久，等等，这一系列工作，全部要数字化。只有提升用户的访问深度和停留时间，才能产生更多的购物机会。

2. 场景体验力

以单纯卖货和休闲娱乐为核心的商场都有一定局限。新型的IP(知识产权)型商场开始出现，如芳草地、方所、K11、海洋主题的正佳百货等是这类商场的核心。新场景下，消费者是为了与同类价值观人群的互动而来，是为了与商场的人文价值共鸣而来。因此，新零售时代下，如何构建IP型商业，提升场景体验力，成为新课题。

3. 导购数字化

消费者的时间越来越稀缺，在商场里走上两千米才找到想要的皮包是常有的事，但这是违背用户体验的，所以需要提供数字化的导购，帮助消费者解决"这里是否有我要的商品""这件商品是否值得购买""如何快速找到这件商品"等购物环节，帮助客户高效完成消费决策和购买过程，进而提升用户体验。数字化导购为消费者提供最短路径、最短时间找到最想要的商品，不要让消费者去找，不要让消费者去等，要为消费者提供能够帮助其减少时间成本和精力成本的个性化推荐。

三、实现零售目标

（一）满足个性化需求

消费升级时代，每个消费者都希望得到不同的服务和商品，来彰显自己的个性。因为"我们不一样，每个人都有不同境遇"，商品作为符号的特征，能够表达客户不同境遇的诉求。通过"人、货、场"要素的重构，机器将比客户更懂客户，他们知道客户需要什么，根据不同的客户标准划分客户，进而提供千人千面的商品和服务。

即使面对同样的商品，也没有两个消费者的需求是完全一样的。这种需求包括所需要的产品功能是不一样的，因为产品的物理表现或功能表现的差异能够与其他产品相区别，从而由产品的专属性带来消费者身份识别的差别。产品的这些专属差异也能够反映消费者兴趣、偏好、品位与风格的差异，产品差异因专属性能够带来消费者自我表达的象征价值。

在新零售背景下，零售企业要能够洞悉消费者个性化需求，深度挖掘消费者未被满足的潜在需求，了解和掌握消费者购买行为特点和规律，甚至让消费者参与产品的设计、研发和生产过程，由单纯的产品销售者角色向需求满足服务者角色转变。

（二）实现多元化交互和交付场景

交互场景就是社交互动的场景，交付场景就是商品购买交易的场景。新零售时代，消费者行为越来越碎片化，也导致交互和交付场景的碎片化。例如，消费者去斗鱼看一场直播的时候，边看边听边买，看和听的动作是交互，买的动作是交付，即"直播+电商"；消费者也可能看了一个微信公众号的文章，通过购买链接或二维码，跳转到微商城进行购买，即"内容+电商"；消费者甚至可能会通过玩游戏获得积分，拿游戏积分去兑换商品，即"游戏+电商"。所以，交互的场景变得多元化，交付的场景也变得多元化，场景既有交互的功能和属性，也可能会有交付的功能和属性。天猫、微信既是交互场景，也是交付场景。并且，"店"作为一个抽象的概念，可能融合了交互场景和交付场景，既可能在实体店铺或以淘宝为代表的购物平台里，还可能在游戏里、一本书里或者地铁广告里。

（三）创造体验价值

20 世纪 70 年代，托夫勒提出，"体验工业可能会成为超工业化的支柱之一，甚至成为服务业之后的经济基础。"也有学者指出，体验将成为开创新价值的目标，因为体验价值的易保留性与可回味性，使体验成为企业营销及创新价值的新途径。

1998 年，美国经济学家约瑟夫·派恩和詹姆斯·吉尔摩将体验诠释为："当一个人达到情绪、体力、智力甚至精神的某一特定水平时，他的意识中所产生的美好感觉，是其自身心智状态与那些策划事件之间互动作用的结果。"而体验价值是指顾客在参与某项产品或服务消费之后获得的总体利益感知或评价，具有显著的主观性和个体偏好。

需求引发动机，动机导致行为，期望判断价值。期望价值理论指出："动机是个体的需要和环境中可获得的目标的价值共同引起的。"这说明，价值与产生需求的动机有关，当个体期望值达到预期目标时，会感到满意；当期望值超出预期目标时，会感到惊喜。体验作为一种心理层面的反应，能帮助用户转化为获得有价值的感受。价值来自人的判断抉择，体验是对价值进行认知理解，是一种新的价值创新思路，其本质是对现有市场的重新组建或新市场的开拓，反映了现代企业由技术规模驱动价值逐渐转变为创新驱动价值的一个趋势。

根据阿里研究院对新零售的定义——新零售是以消费者体验为中心的数据驱动的泛零售形态，所以新零售的一个很重要的目标是要创造体验价值。

消费者在新零售的场景中，有可能会获得休闲体验、社交体验、审美体验、尊贵体验、乐趣体验、愉悦体验、享乐体验，前三个属于行为体验，后四个属于情感体验。所以，结合新零售的背景体验价值，又可以将其分为休闲体验价值、社交体验价值、审美体验价值、尊贵体验价值、乐趣体验价值、愉悦体验价值和享乐体验价值。

【小案例】

言几又书店的体验价值——杭城言几又来福士店读者访谈

言几又是一家城市创新型文化生活一体店，主要为 18～40 岁的城市新青年群体提供文化类综合服务。目前该店盈利以书籍销售为主，在此基础上为新一代年轻人提供崭新设计主导的新生活方式用品，如新食品、新饰品、新家居、新挂饰、新动漫化产品、新情趣品等。

以下是在言几又书店对一些读者的访谈：

1. 受访者 1

问：您平时喜欢逛实体书店吗？言几又吸引您的地方是什么？

答：很喜欢。言几又吸引我的地方是它为我提供了一个安静阅读的场所，每当我拿着书在阅读区细细品味时，同在阅读区的人也安安静静地在看书，言几又为我们这些都市繁忙的人群提供了一处闹中取静的场所，而且它与别的书店不同的地方是这里的阅读区更为安静，特意设立了儿童专区，让阅读的环境更好。

问：您一般多久来一次言几又书店？

答：大概一周一次。

问：您在言几又会有消费欲望吗？如果有，会选择消费什么呢？

答：言几又无论是书籍还是文创周边都非常吸引人，但我本人并不喜欢在这种书店买书，我会选择在这里喝咖啡进行阅读，或是买一些文创周边。

问：您觉得言几又的书籍陈列以及各类文创产品的陈列如何？这种弱化功能区的体验式空间您觉得怎么样？

答：据我所知，言几又是杭州最大的文创书店，就像逛商场一样，在文创区每走几步就能看到许多新奇的文创产品。

问：您觉得言几又作为一家书店，所提供的书籍您如何？包括且不限于书籍质量、种类、价格等。

答：价格较传统书店高，而且多是热销书。

问：您觉得言几又文化氛围如何？在这里，周围的其他消费者给您什么样的感受？

答：确实文化气息不错，今天在看书时，认识了一位书友，和他聊得特别开心。

问：您觉得这里的阅读氛围如何？包括且不限于背景音乐、香氛、灯光等。

答：有书香气的氛围，暖光和背景音乐都很适合。

问：您觉得这里提供的服务如何？服务人员态度又怎样？

答：都挺不错的。

2. 受访者 2

问：您平时喜欢逛实体书店吗？言几又吸引您的地方是什么？

答：比较少逛。言几又吸引我的地方是它的儿童阅读区做得非常好，今天陪孩子一起逛言几又，现在在言几又里看书的孩子很多，或坐或趴，都在翻看着自己喜爱的书。而且书店里特别弄了个儿童阅读区，孩子们在这里也不会影响到其他的读者，看书看累了还可以和其他小朋友一起聊天玩游戏。

问：您一般多久来一次言几又书店？

答：一个月一次吧。

问：您在言几又会有消费欲望吗？如果有，会选择消费什么呢？

答：这里的文创挺吸引我的，你看我的孩子盯着那个人工手绘的熊猫都好久了，而且这些文创做工非常精美，价格也不贵。

问：您觉得言几又作为一家书店，所提供的书籍如何？包括且不限于书籍质量、种类、价格等。

答：儿童类的书种类还挺多的，质量也不错。

问：您觉得言几又文化氛围如何？在这里，周围的其他消费者给您什么样的感受？

答：孩子今天在儿童专区和别的小朋友玩耍，看他今天玩得挺开心的，自己还能交到一些宝妈朋友。

问：您觉得这里的阅读氛围如何？包括且不限于背景音乐、香氛、灯光等。

答：整体很好，灯光柔和。

问：您觉得言几又书店的设计如何？与同类书店相比有何特别之处？包括且不限于装修、布局、主题风格等。

答：有专门设置的儿童区，非常好。

3. 受访者 3

问：言几又书店最吸引您的地方是什么？

答：当时因为诗会认识了很多朋友，大家来自社会各界，但对于诗歌有着同样的热爱，也没有年轻和年长之间的隔阂，互相之间的交流自由而愉快。吸引我的大概就是这个原因，能够去听喜欢的讲座，接触到志同道合的人。

问：您认为言几又哪些方面做得比较好？

答：言几又这个空间充满了设计感，并且给我一种不断在变化流动的创造的感觉。在言几又能看到很多普通书店没有的书，比如艺术设计类和一些外文书籍，还有很多最新出版的好书。

问：您认为言几又需要改进的地方有哪些？

答：希望互动性更强些，比如成立读书小组之类。当然还希望咖啡区更好一些。另外，在卖设计品区域我至今没有想要下手买的冲动。

问：在言几又您会有购买欲望吗？如果想买，会买什么？

答：有，买书哇，还有咖啡。

(四) 降本增效

新零售时代，成本得到降低，背后得益于数字驱动。例如，一方面，营销广告变得更加精准，客户看到的广告不再是千篇一律，而是后台系统通过客户识别画像，根据客户喜好进行投放，投放更精准，成本更低廉；另一方面，门店的运营效率也得到提升，一家库存周转快、商品动销快的门店，其背后一定有一套强大的数字化供应链体系，能够帮助选款、定价、进货、补货、制订合理销动动线等，以往依靠人工经验完成的工作，现在由系统完成，效率得到提升，也节省了大量人工。

第三节　新零售的商业模式

一、商业模式和零售商业模式

(一) 商业模式的定义和内涵

商业模式是企业价值创造活动的主要组成及其相互关系的整体逻辑分析框架，是一种包含了一系列要素及其关系的概念性工具，用以阐明某个特定实体的商业逻辑。它描述了公司所能为客户提供的价值以及公司的内部结构、合作伙伴网络和关系资产用以实现(创造、推销和交付)这一价值并产生可持续盈利收入的要素。

商业模式研究的核心是价值创造。在互联经济条件下，新需求、新方式等新价值源泉不断出现，企业在考虑如何利用这些新价值源泉时，常常面对超越自身产业边界或跨界的产业，所以设计价值链、外部供应商、顾客、合作伙伴等成为主要问题。

阿米特与佐特(2001)指出，商业模式的分析对象应当是企业所在的网络，是与企业经营有直接关系的系统，即从企业原材料供应为起点、到消费者完成消费为终点所涉及的所有相关者组成的系统，而不是单独的企业。商业模式是由各个参与者的价值主张所构成的价值网络，各个参与者共同为最终消费者做出贡献，同时在这个过程中满足每个参与者的价值要求。企业所在网络的整体配合协调能力决定了网络整体以及个体的绩效。对供应商、互补产品提供商、渠道商以及消费者等价值活动的分析与再组合，是发现潜在价值源泉、设计各参与者价值主张、优化外部价值网络的重要活动，这就是商业模式创新。

企业的价值创造活动由企业以及消费者共同完成，这一基本特征决定了商业模式的分析框架必须包含一系列要素及其关系。亚历山大·奥斯特瓦德等人提出了包含以下9个要素的参考模型：价值主张(Value Proposition)、目标顾客群体(Target Customer Segments)、分销渠道(Distribution Channels)、客户关系(Customer Relationships)、价值配置(Value Configurations)、核心能力(Core Capabilities)、合作伙伴网(Partner Network)、成本结构(Cost Structure)、收入模型(Revenue Mode)，详见表9-1。

表 9-1 亚历山大·奥斯特瓦德的商业模式基本框架

主要方面	构成模块	描　述
产品	价值主张	价值主张是企业的所有产品与服务的概览,它们对顾客提供了价值
顾客界面	目标顾客群体	目标顾客群体是企业试图向之提供价值的那部分顾客群体
	分销渠道	分销渠道是企业与顾客接触的途径
	客户关系	客户关系描述了企业与顾客之间形成的联系
基础管理	价值配置	价值配置描述企业为了向顾客提供价值而必需的活动与资源的安排结构
	核心能力	核心能力是指执行向顾客提供价值所必需的活动的能力
	伙伴关系网	伙伴关系网是指为了向顾客提供价值而由两个或者多个企业自愿达成的合作协议
财务	成本结构	成本结构是实现所有商业模块而产生的支出
	收入模型	收入模型描述了企业通过一系列利润流获取收益的方式

亚历山大·奥斯特瓦德与伊夫·皮尼厄在《商业模式新生代》一书中，对商业模式的9个要素或组成部分做出了更明确的描述。为了能用这些要素或组成部分描述、分析、设计商业模式，他们引入了一种可视化的工具——商业模式画布(Business Model Canvas)以及一系列的工具与方法(包括客户洞察、创意构思、可视思考、原型制作、故事讲述、情境推测)，并且与企业战略、流程再造等联系和整合起来，文字与图解结合，使得所引入的方法与工具具有可操作性，深受实践者与咨询公司的好评。

(二)零售商业模式

接受和继承绝大多数学者对商业模式的一般和共同认知，我们对零售商业模式进行一个定义：零售商业模式是零售企业或从事零售活动的企业进行价值创造的逻辑，是以价值创造为导向的核心企业与消费者、供应链合作伙伴等利益相关者互动的交易活动和系统。

这个定义需要注意以下三点：

(1) 主体是零售企业或从事零售活动的企业。

这是因为并不是只有零售企业能从事零售活动,批发商也可以从事零售活动(如杭州四季青服装批发市场的很多批发商兼具零售行为),制造商也可以从事零售活动(如小米的小米之家,格力开设格力专卖店,恒源祥入驻天猫商城)。

(2) 最主要的利益相关者是消费者和供应链合作伙伴。

零售企业的外部利益相关者会有很多,尤其在牵涉到零售国际化过程中,会包括当地政府、当地消费者、社区公众甚至竞争者,但是最主要的利益相关者一是消费者,二是供应链合作伙伴,零售企业在整个供应链中具有主体地位,是一个很重要的供应链环节,甚至是具有主导地位的主体。

(3) 零售商业模式是一种交易活动和系统。

学界对新零售的学术概念及学术内涵争议较大，零售本身并不存在"新"与"旧"之分，新零售本身并不是一种理论架构或理论体系，需要运用某种更有适应性的理论对这一经济现象进行洞察。商业模式则是这种具有可能适应性的，能够洞察新零售经济现象的底层理论，我们可以运用商业模式理论对新零售现象进行理论洞察。

二、三种架构类型的零售商业模式

从零售企业作为供应链主体的视角来看，零售商业模式存在三种架构类型：一体化架构、定制化架构和场景化架构，代表了零售商业模式创新的三个方向，如图9-4所示。

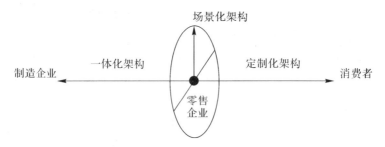

图9-4　三种架构类型的零售商业模式

零售商业模式的一体化架构代表的是向制造企业方向靠近的努力和行为，由向制造企业采购转变为自己生产制造；定制化架构代表的是向消费者方向靠近的努力和行为，由向消费者销售转变为代表消费者和帮助消费者进行采购或制造，消费者个性化需求是整个供应链的起点；场景化架构代表的是在自身销售界面的场景建设的努力和行为，由产品销售转变为基于产品销售的体验价值创造及获取和顾客黏性获取，以及在此基础上的衍生产品与服务的推广和扩张。

以下重点对三种架构类型的零售商业模式进行论述。

(一) 一体化架构零售商业模式

如图9-5所示，一体化架构的形式实体制造企业和零售企业实现了融合的一体化，所反映的功能——产品制造和产品销售，也实现了一体化。在未实现一体化前，制造企业与零售企业的产品制造功能和产品销售功能是需要双方的界面接口交易完成；在实现一体化后，如图9-5所示，双方的界面融合，整个供应链流程只剩下与消费者形式实体的界面和接口以实现产品消费功能。

图9-5　零售商业模式一体化架构图

为什么零售企业有可能倾向于自己"制造"(make)或"组装"(alley)而不是"购买"(buy)的一体化？这可以由新制度经济学经典的交易成本(TCE)理论来解释。科斯(1937)最早注意到，由于交易成本的存在，生产不能由市场上的一系列交易来协调，而应通过将交易内部化(企业或纵向一体化)来协调，因为利用市场是有交易成本的。奥利弗•威廉姆森(1985；1999)指出，由于契约当事人的有限理性、机会主义倾向，加上市场的不确定性、小数目谈判及资产专用性的存在，使得市场交易成本高昂，但又不可能签订一份囊括交易的未来所有或然情况的契约(签订这样的契约的成本是很高的)，导致契约的不完全性，所以需要通过一体化来降低市场不确定性和机会主义倾向。

从信息论角度来看，任何组织之所以能够维持自身的内在稳定性，是由于它具有取得、使用、保持和传递信息的方法。就企业而言，与物流同时形成的是信息流，企业家及管理者都只能通过信息流来了解、判断和控制物流。企业家的决策过程就是他根据所掌握的信息在信息研判基础上做出决策的过程，一旦涉及决策，就必然与信息的收集、加工、处理和使用发生联系。企业的生产经营活动不仅需要并产生信息，还必须及时处理和利用这些信息做出决策。其核心问题因而是如何有效地生产、收集、处理和利用信息，从这个角度讲，企业就是一种生产、收集、处理和利用信息的机制。

从系统架构的理论角度上来讲，在形式实体的边界范围之内，信息是可以自由流动和传导至边界内的每一个部分，而形式实体和形式实体间的信息传导必须通过形式实体之间的界面接口，否则信息无法介入另一个形式实体内部。由于形式实体和形式实体的一体化程度存在差异，会导致两者之间信息共享的程度也会存在差异，能够直接有效控制和处理信息的能力也会影响和决定企业的边界。典型的例子是宝洁和沃尔玛共享信息的关系，两者通过战略联盟的契约化实现合作，从而使宝洁的企业边界(主要是信息控制和处理能力的边界)渗透和进入沃尔玛的企业边界范围之内。

总之，制造企业和零售企业的信息共享化程度能够体现和反映两者的一体化程度，当实现了完全一体化后，两个形式实体就变成一个形式实体，信息就实现了可以在一个实体内部自由流动的完全共享。结合新零售的背景，大数据毫无疑问可以在其中发挥重要作用。

(二) 定制化架构零售商业模式

如图9-6所示，定制化架构的形式实体也包括制造企业、零售企业和消费者，但和一体化架构不同的是零售企业和消费者两个形式实体结合得非常紧密。在定制化架构中，零售企业的功能也由商品销售转化为消费者的采购代理，是立足于消费者的商品需求而进行筛选、收集和汇聚的面向制造企业的采购代理。

图 9-6　零售商业模式定制化架构图

在定制化架构中，零售企业作为形式实体，它的功能具有独特的存在价值，如果缺省这一形式实体的功能，成千上万分散的消费者无法有效形成汇聚的需求而实现制造企业生产制造的规模经济，制造企业也无心和无力探测每一个不同个体的消费者差异化需求。正是由于零售企业这一实体形式的存在，并和消费者无限靠近，一方面能够探测和收集个体层级(Individual Hierarchy)的细致入微的消费者个体差异化需求，另一方面通过分类、归类、合并、整合从而形成需求的规模经济，并通过与制造企业(可能不止一家制造企业)的界面接口，实现产品的生产制造从而满足消费者的个性化需求。

其中消费者信息化和大数据化的程度是定制化架构零售商业模式的表现属性。消费者信息化和大数据化的程度反映的是零售企业借助信息技术和大数据的手段能够识别、感知和洞察消费者能力的高低程度。消费者在消费行为中或购买决策过程中(产生需求、搜集信息、评价替代物、购买决策和购后感受)会产生大量信息，消费者的会员管理则是消费者信息化的初步阶段，必然包含着消费者个体特征(如性别、年龄、职业等)的信息。目前许多消费者在网络环境购物，会产生大量的消费痕迹和轨迹，零售企业通过对不同消费者的消费行为特征打上不同标签，则可以建立清晰的消费者画像，这就形成了消费者大数据。消费者大数据是各类与商品消费相关的消费者个体特征、消费者心理、消费者行为、消费者社会网络关系等的数据总称。零售企业借助信息技术和大数据的手段识别、感知和洞察消费者的能力越高，则与消费者的靠近程度越高，越能够探知消费者个体性的需求差异，实现精准营销。

(三) 场景化架构零售商业模式

如图 9-7 所示，和一体化架构与定制化架构不同，场景化架构既不是和制造企业一体化，也不是和消费者无限"靠近"，而是在自身销售界面的场景建设的努力和行为，由产品销售转变为基于产品销售的体验价值创造及获取和顾客黏性获取。零售企业这一形式主体成为承担场景空间建设的主要主体，制造企业形式主体主要提供产品，并且提供的产品也成为承载和传播场景文化价值的载体和媒介。消费者形式主体在场景中既作为消费实践的主体，本身也作为客体成为场景背景的一部分，感受、体验和消费着场景所传播的文化价值，并与场景中的其他消费者形成场景文化价值的交流、互动和"共鸣"，实现心理体验的自我认同(期望自己认为自己是场景的一部分)和社会认同(期望别人认为自己是场景的一部分)。

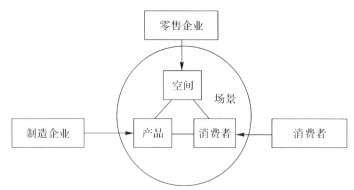

图 9-7　零售商业模式场景化架构图

作为场景的三要素——空间、产品和消费者，空间的审美性越强，产品作为场景文化价值载体的媒介性越强，消费者对场景传达的文化价值的认同性越强，就越体现和符合零售商业模式的场景化架构特征。

(1) 空间的审美性。对于建筑空间，通过加强建筑的装饰装潢，加入诸多艺术和文化元素，强化空间传达的文化价值取向，增强空间的审美感；对于信息空间，通过提高网站的美观性和审美性，植入文化和艺术元素，增强审美体验。

(2) 产品作为场景文化价值载体的媒介性。产品不仅满足消费者的功能性需求，本身也成为传递和传播场景文化价值的媒介。

(3) 消费者对场景传达的文化价值的认同性。消费者在场景中作为消费实践的主体，其对场景文化价值的感受、体验和认同本身也是消费实践的部分内容甚至是重要内容。

【小案例】

盒马鲜生开启新零售时代

零售行业负重前行之际，在 2017 年，阿里巴巴旗下的新零售项目"盒马鲜生"却逆势开店，覆盖上海、北京、宁波、武汉、广州等地，并实现规模化盈利。盒马鲜生打破原有门店功能，对其更新定位，是集超市、物流配送、体验互动和餐饮为一体的复合功能体。它不仅为顾客提供商品服务，还提供了一种生活方式。

新零售的典型代表盒马鲜生，既能够通过信息技术进行供应链的整合，实现生鲜产品的直采，因此具有一体化架构的属性；又能借由手机 App 端，通过消费者的消费痕迹和轨迹，探知消费者的个性化需求，通过大数据和互联网技术，实现快速响应，因此也具有定制化架构的属性；还能够将卖场转变为集菜场、餐饮、厨房和便利店为一体的新型零售场景，因此也具有场景化架构的属性。

本 章 习 题

问答题

1. 新零售的概念是什么？
2. 新零售的要素内容是什么？与传统零售相比，新零售的要素组合有何特点？
3. 试论述新零售的框架是怎样的。
4. 试论述三种架构类型的零售商业模式是怎样的。

参 考 文 献

[1]　肖怡. 零售学[M]. 3 版. 北京：高等教育出版社，2013.

[2]　罗明. 零售学[M]. 上海：上海财经大学出版社，2017.

[3]　陈文汉. 零售学[M]. 2 版. 北京：北京大学出版社，2015.

[4]　魏中龙，张景云，郭崇义. 零售管理[M]. 北京：企业管理出版社，2014.

[5]　喻旭. 新零售落地画布：实施方法、工具和指南[M]. 北京：清华大学出版社，2018.

[6]　周永庆，吴礼勇. 新零售：打造商业新生态[M]. 北京：中国铁道出版社，2018.

[7]　陈丽芬，黄雨婷. 高质量零售[M]. 北京：机械工业出版社，2019.

[8]　陈立平. 卖场营销[M]. 北京：中国人民大学出版社，2008.

[9]　李桂华. 零售营销[M]. 北京：机械工业出版社，2012.

[10]　李飞. 中国民营零售集团商业模式研究[M]. 北京：经济科学出版社，2014.

[11]　王涛. 供零战略：供应商如何冲出零售商的货架包围[M]. 北京：中国社会科学出版社，2007.

[12]　程莉，郑越. 品类管理实战 [M]. 修订版. 北京：电子工业出版社，2008.

[13]　王国顺，何芳菲. 实体零售与网络零售的协同形态及演进[J]. 北京工商大学学报(社会科学版)，2013(6)：27-33.

[14]　姜红，曾锵. 零售业开放的经济安全评价预警指标体系构建[J]. 国际贸易问题，2009(6)：105-112.

[15]　曾锵. 零售商圈吸引力：基于雷利法则和赫夫模型的实证研究[J]. 财贸经济，2010(4)：107-113.

[16]　曾锵. 基于关联规则客流分析的商业集聚效应研究[J]. 商业研究，2012(1)：29-35.

[17]　曾锵. 基于商业集聚和消费者需求层次的零售业态谱序研究[J]. 商业研究，2014(4)：1-10.

[18]　曾锵. 购物中心内零售集聚的需求外部性度量研究[J]. 商业经济与管理，2015(12)：15-24.

[19]　李靖华，曾锵. 商圈视角的网络购物对实体零售影响：替代抑或互补[J]. 商业经济与管理，2018(4)：5-15.

[20]　曾锵. 场景化架构零售商业模式研究[J]. 商业经济与管理，2020(6)：5-17.